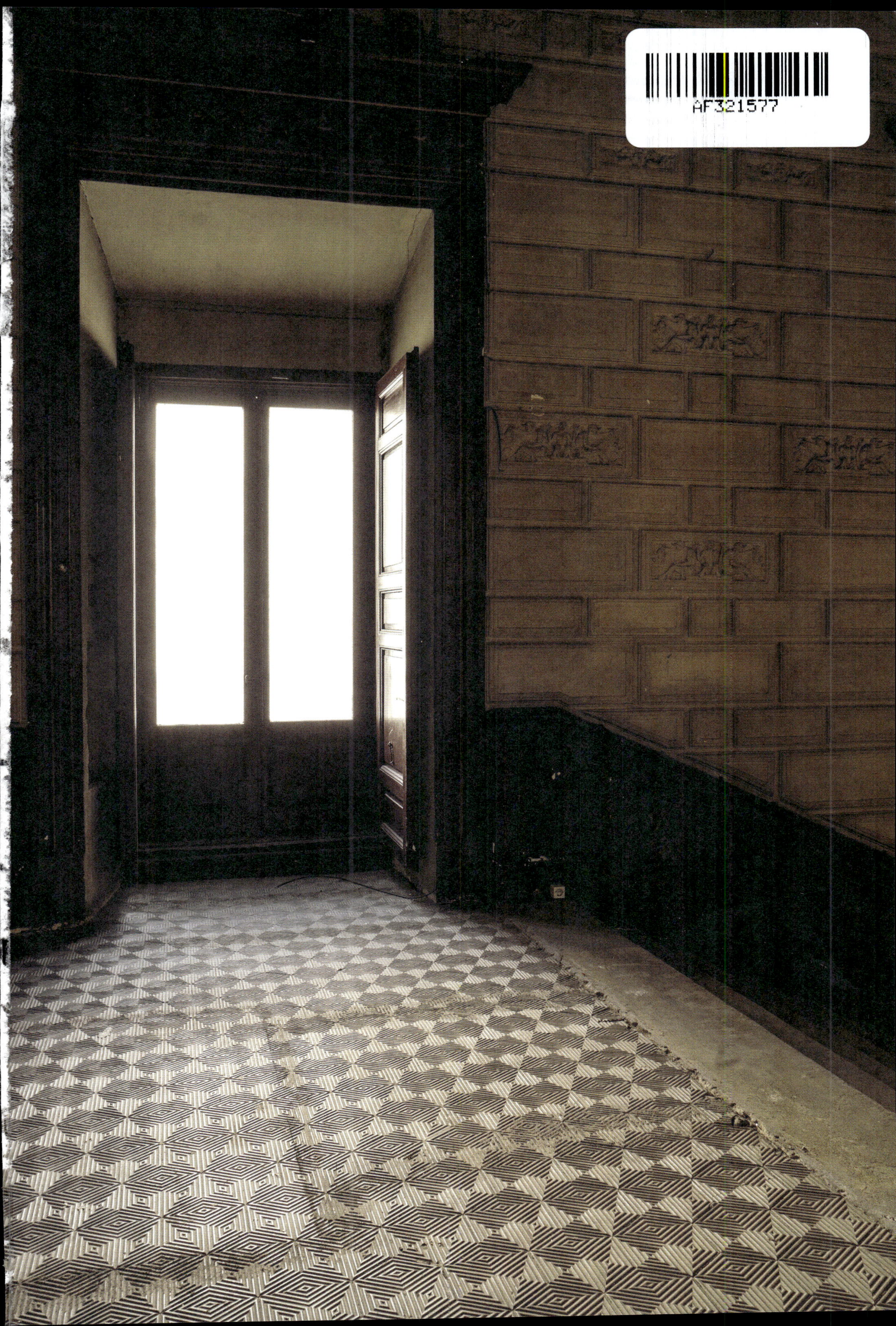

AF321577

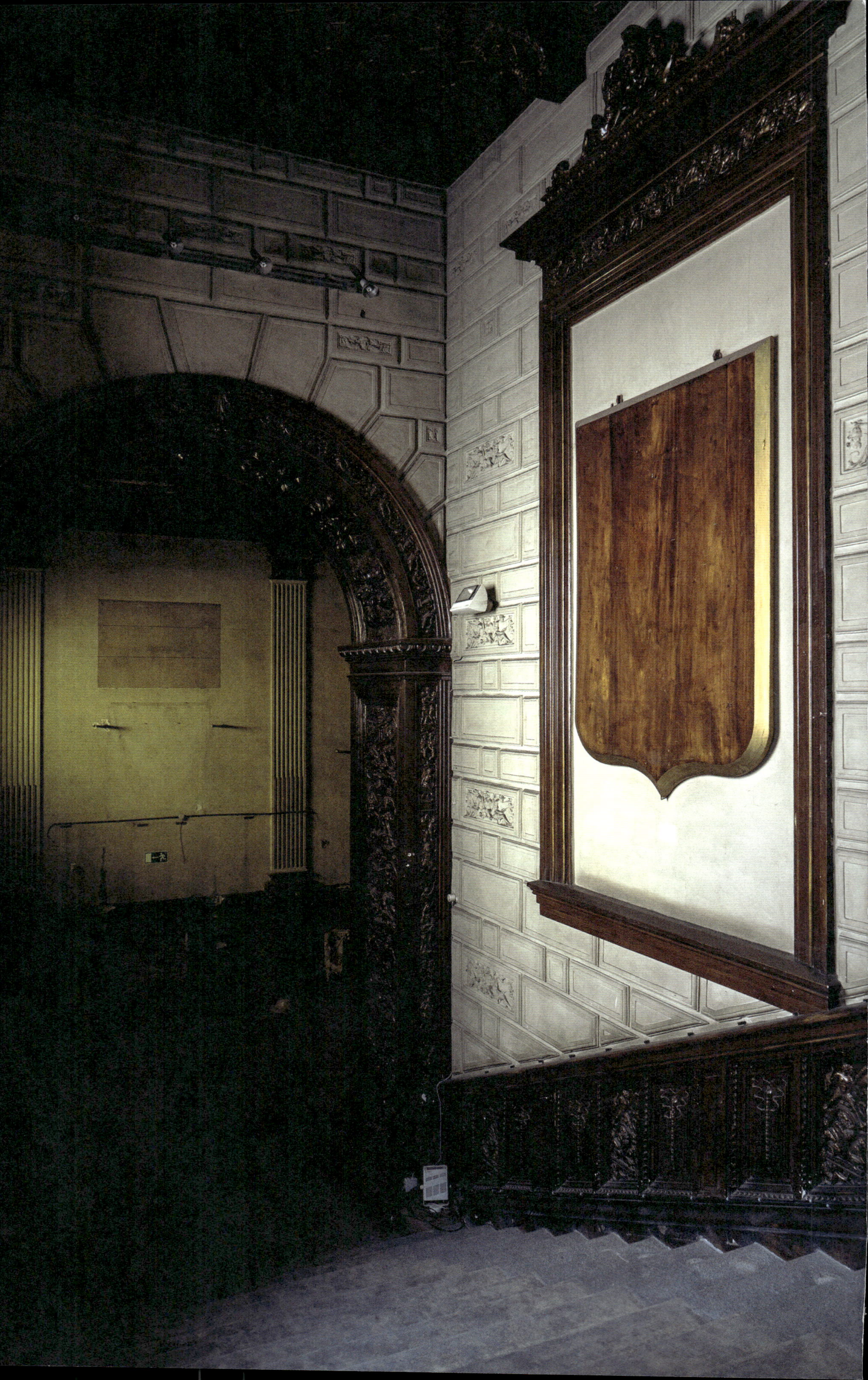

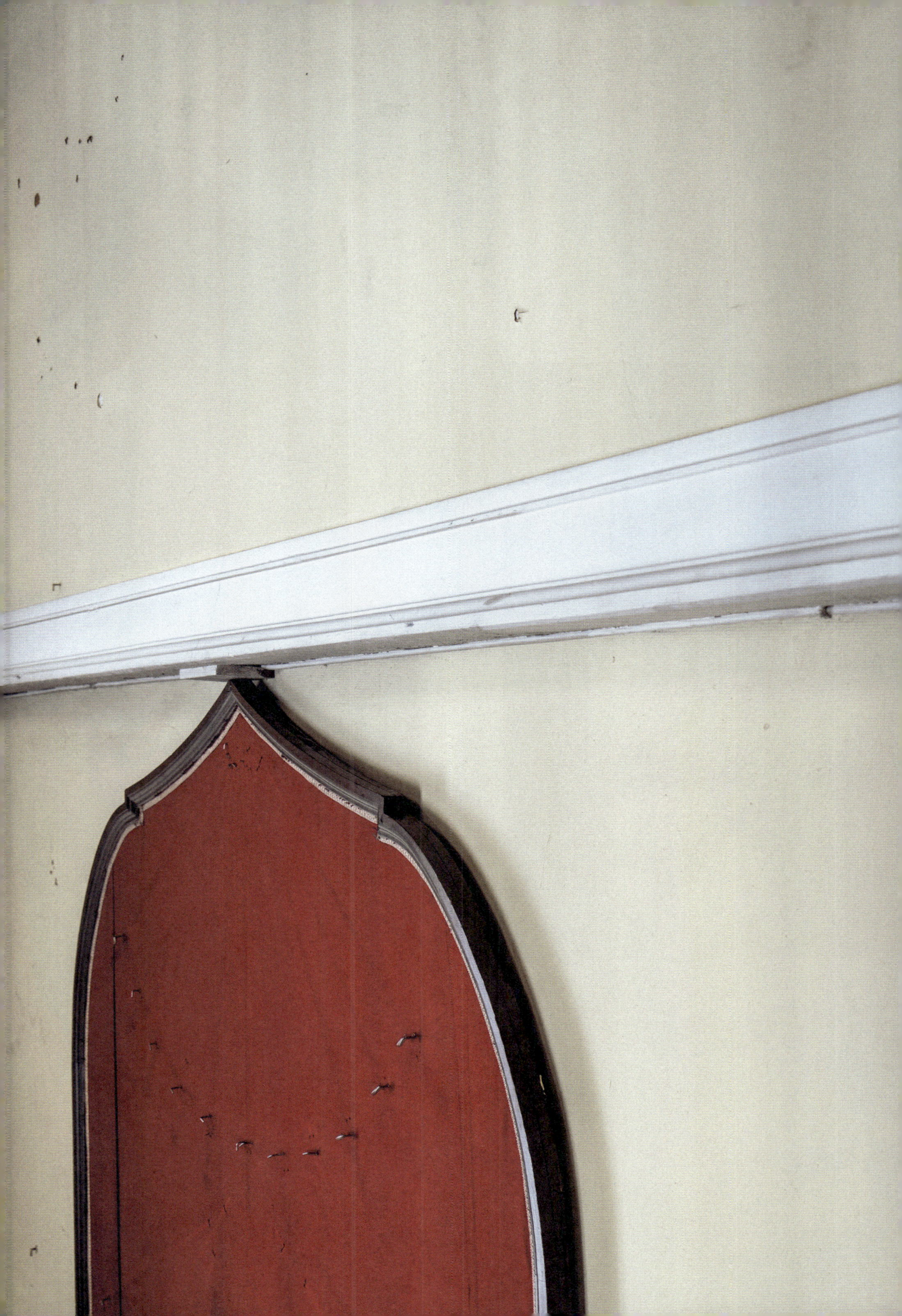

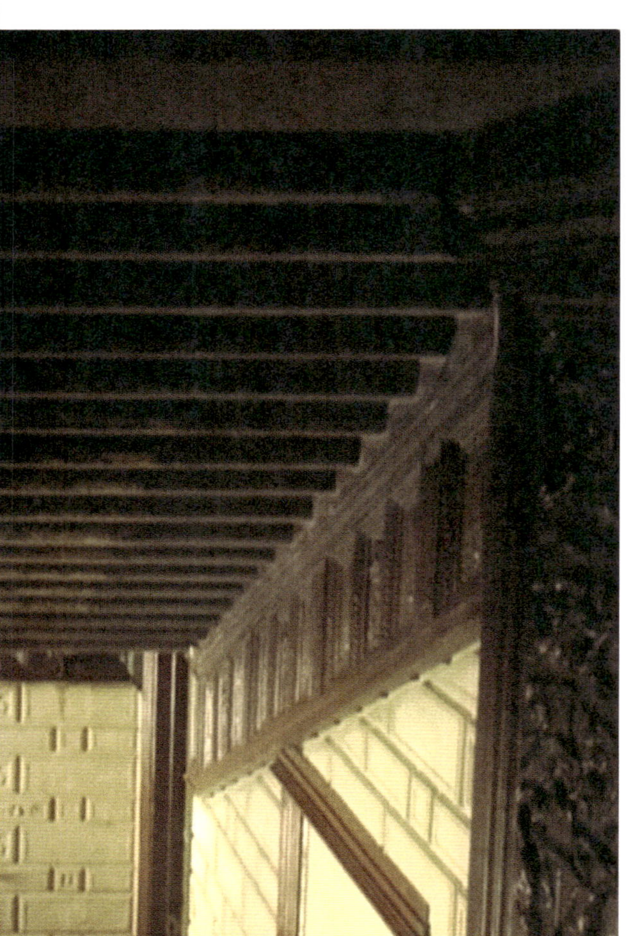

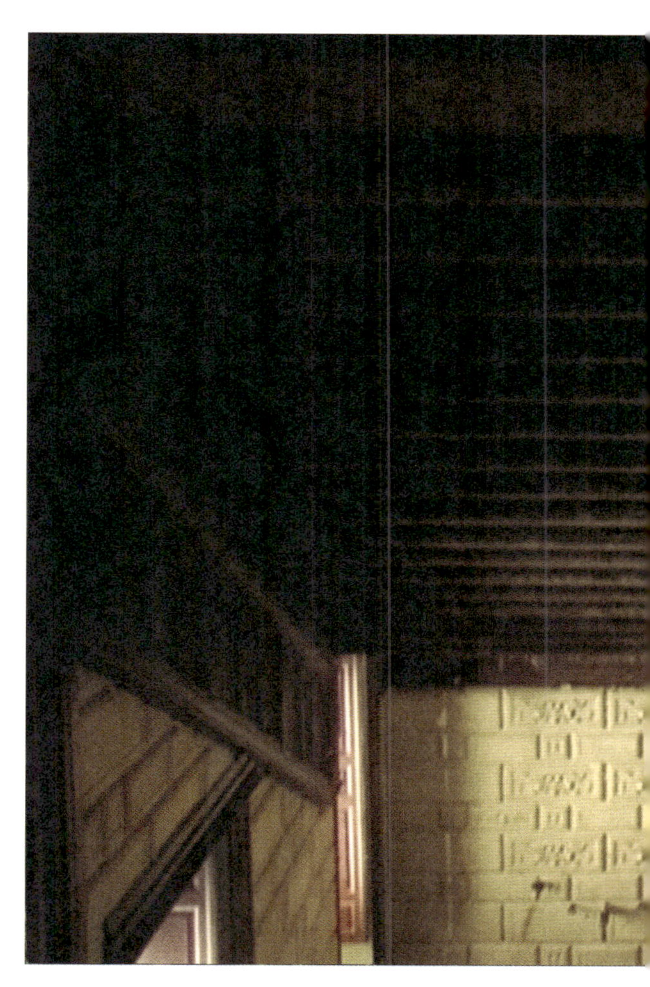

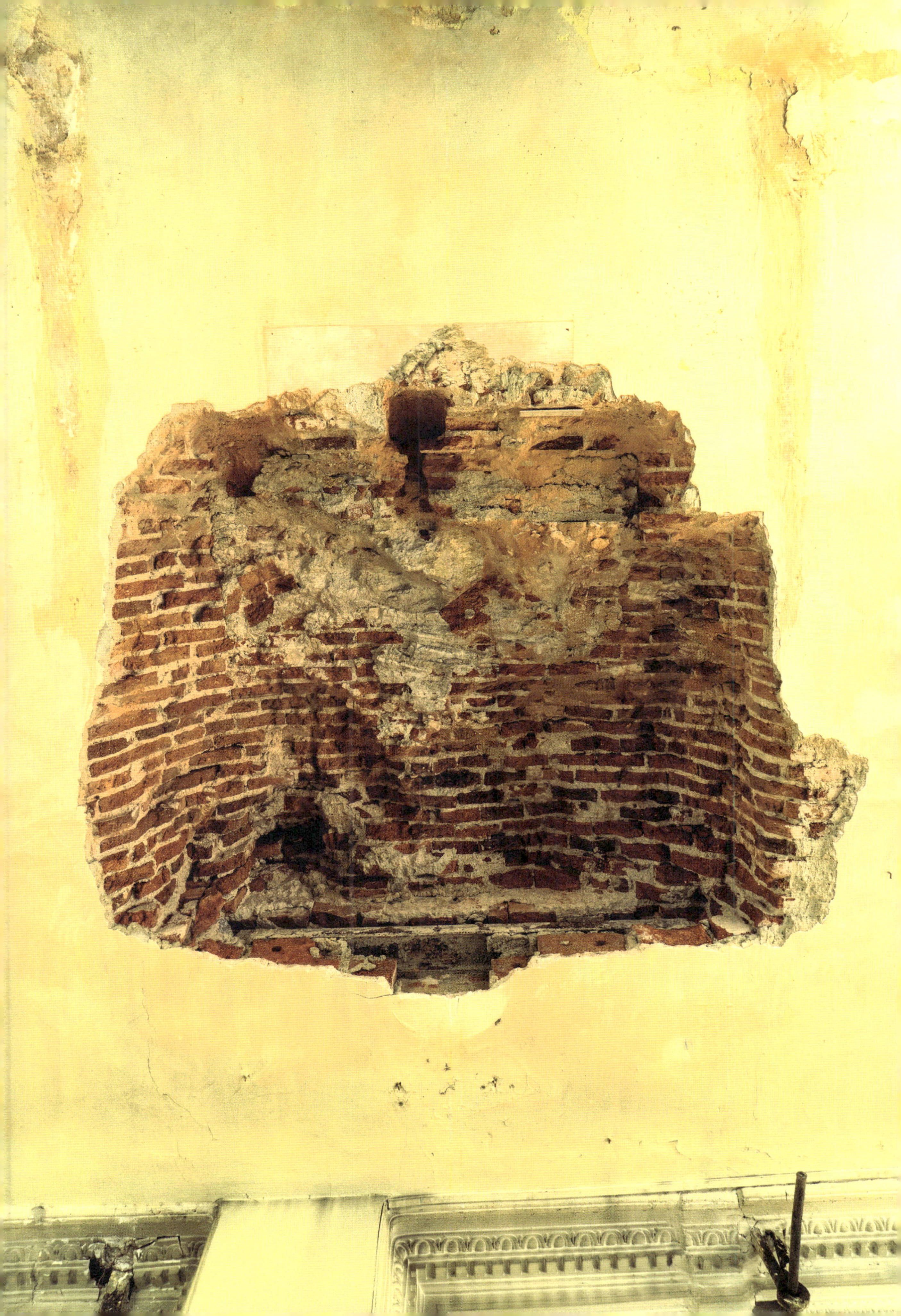

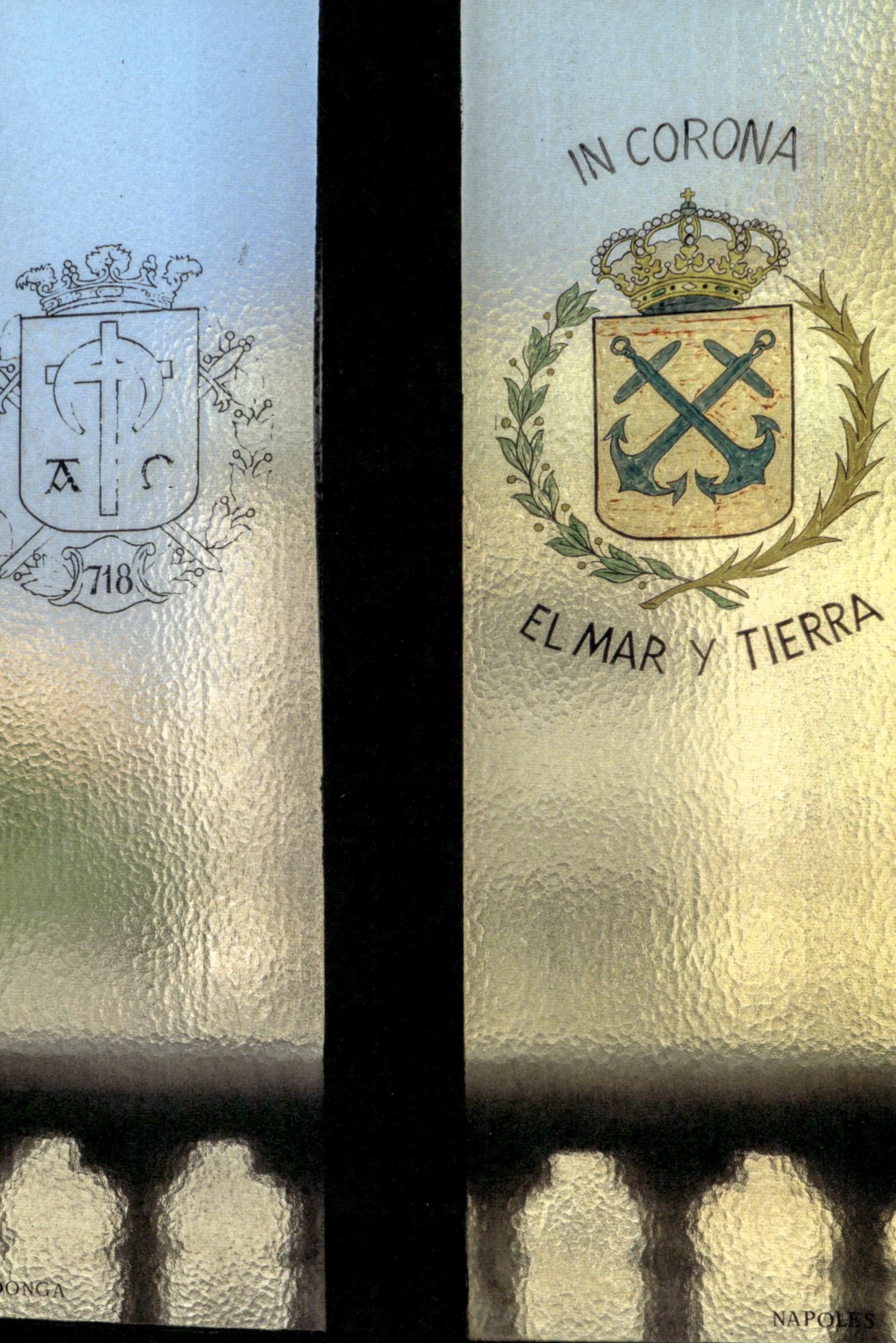
COVADONGA
718
IN CORONA
EL MAR Y TIERRA
NAPOLES

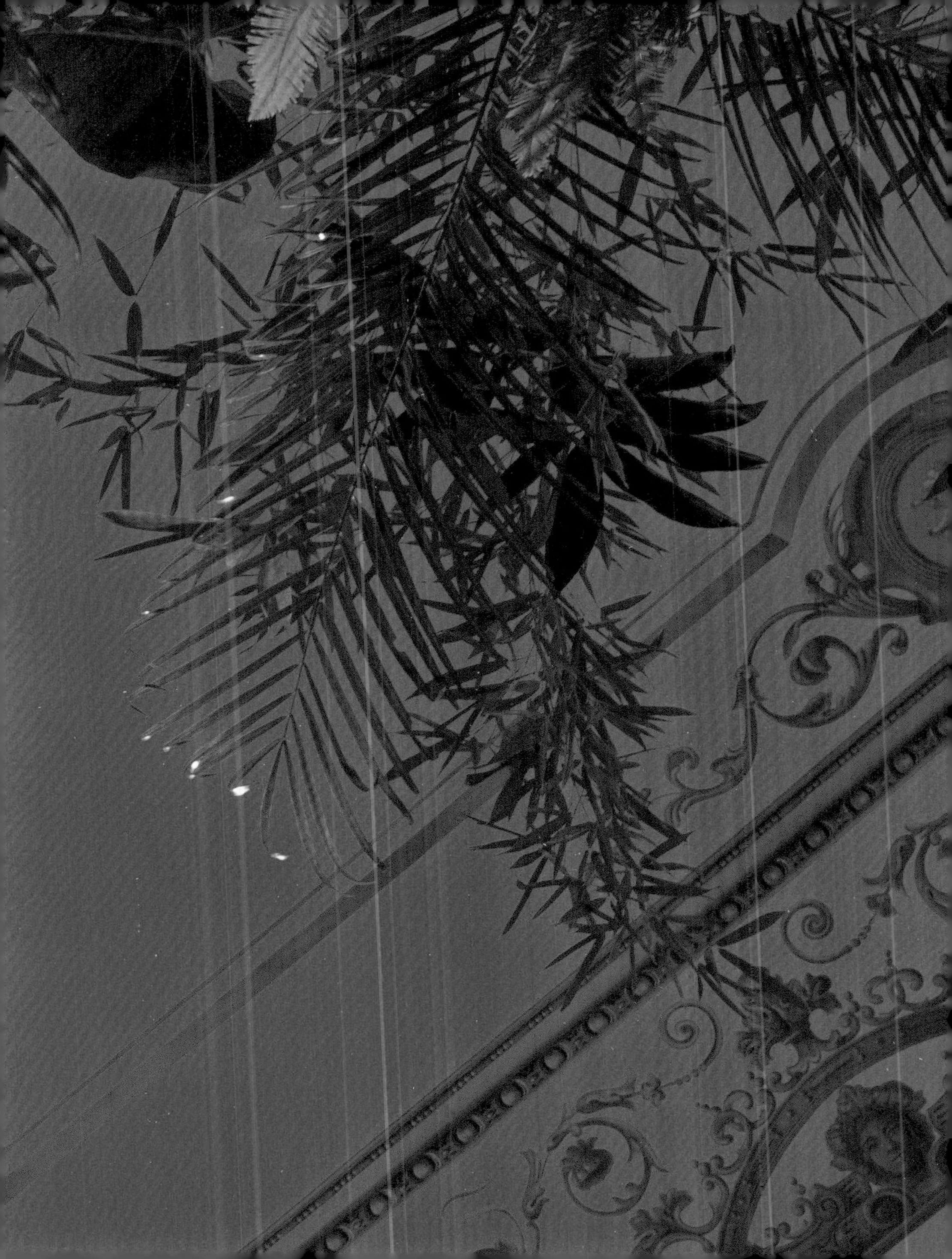

PAVIA
VALENCIA

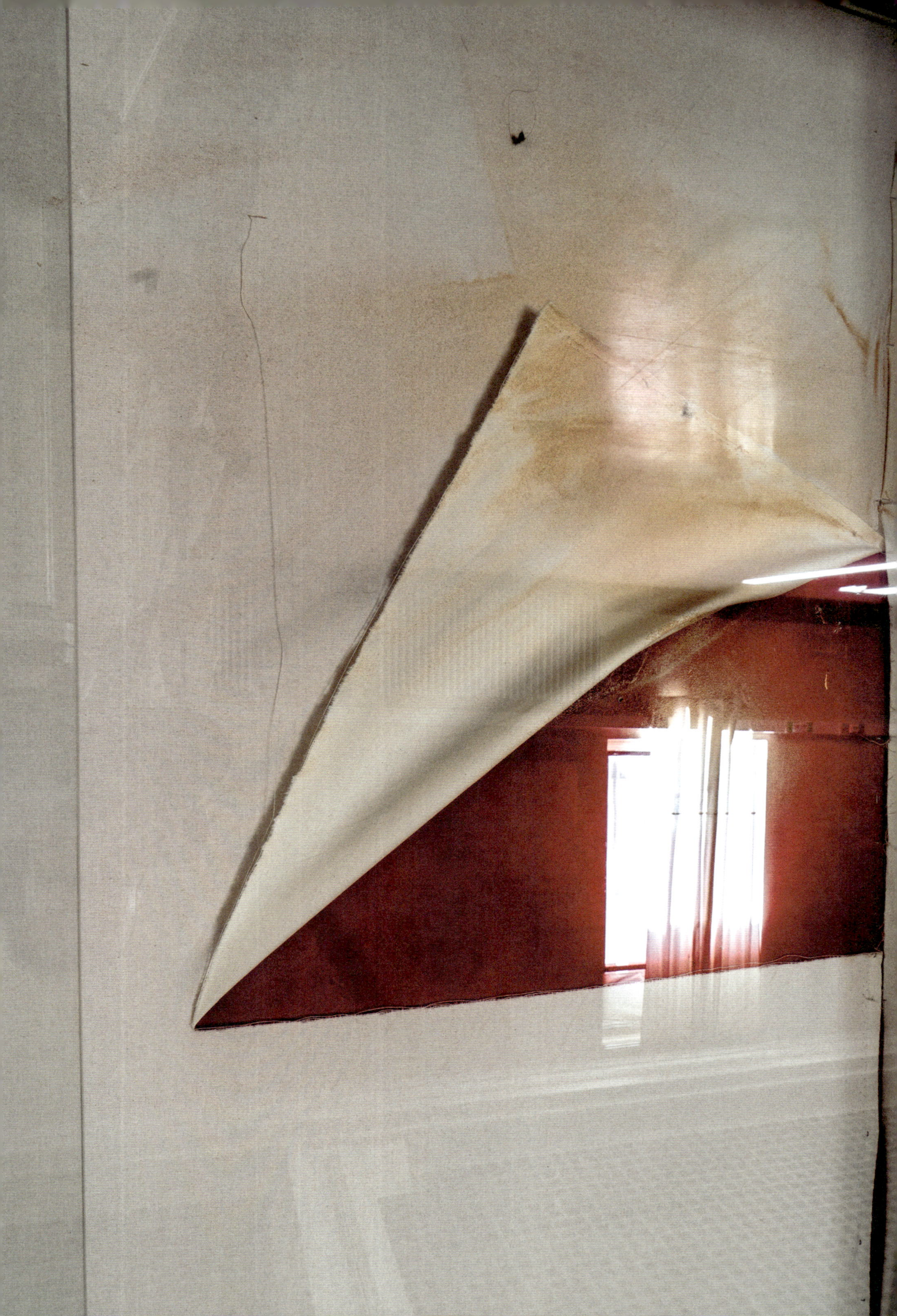

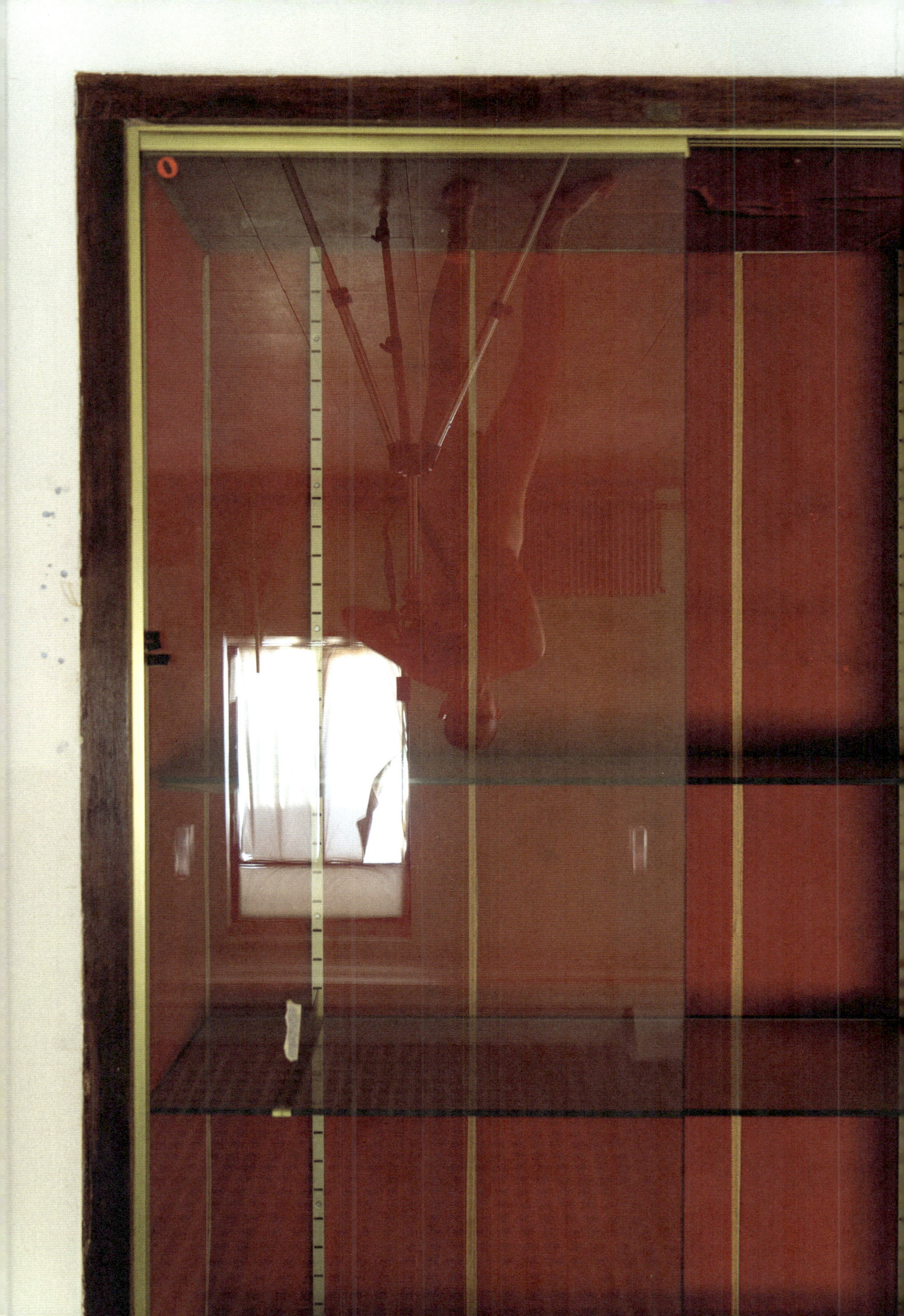

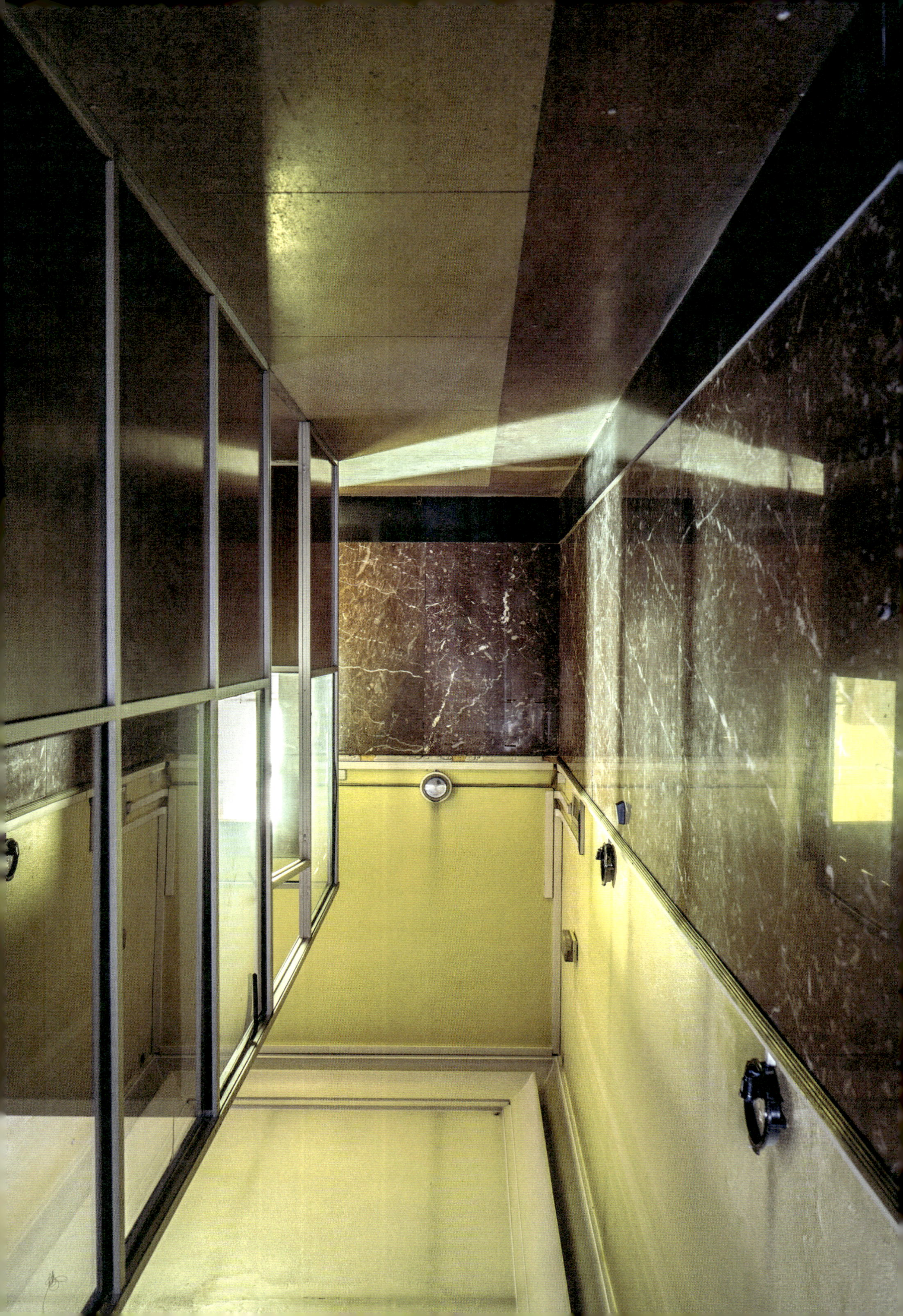

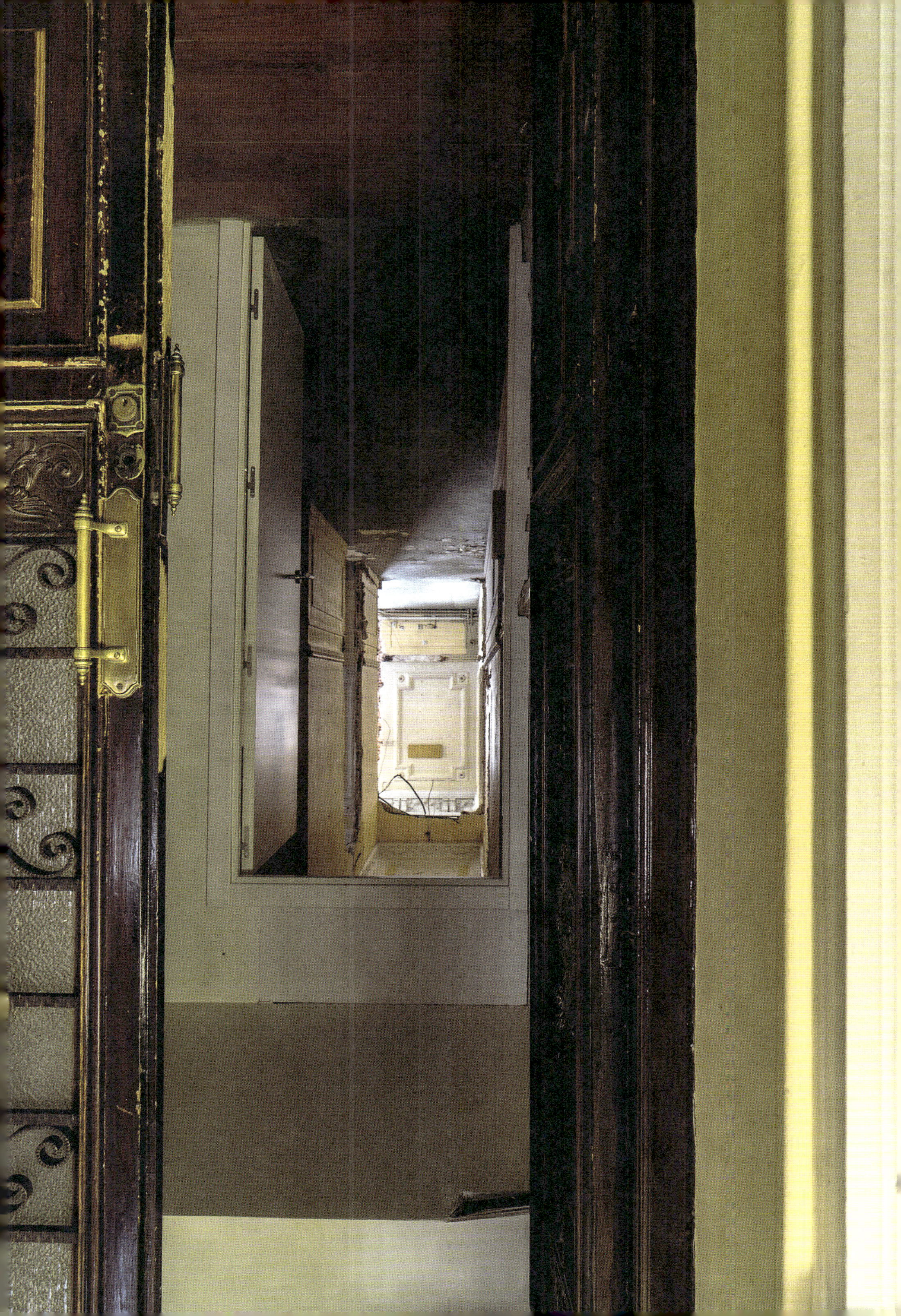

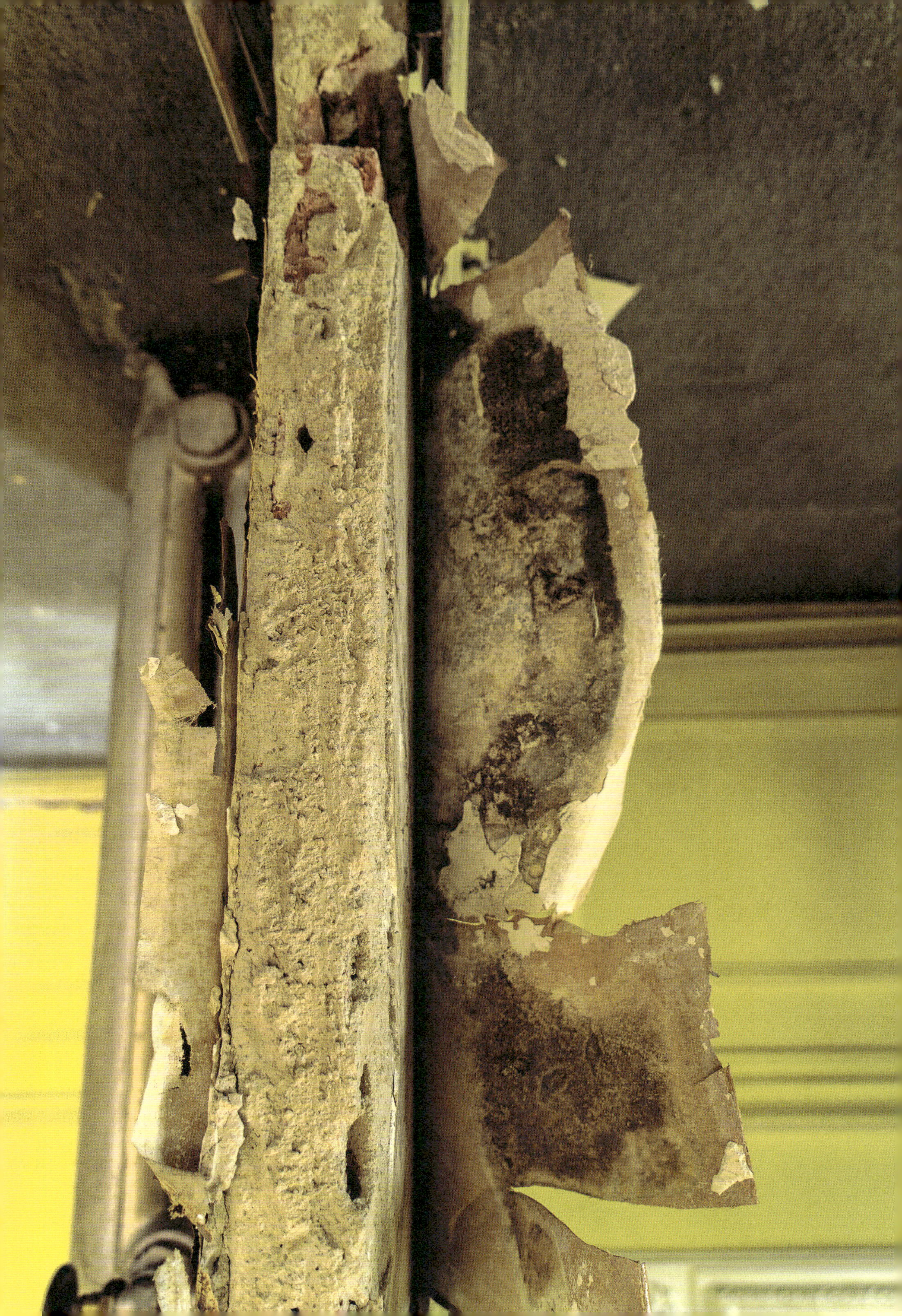

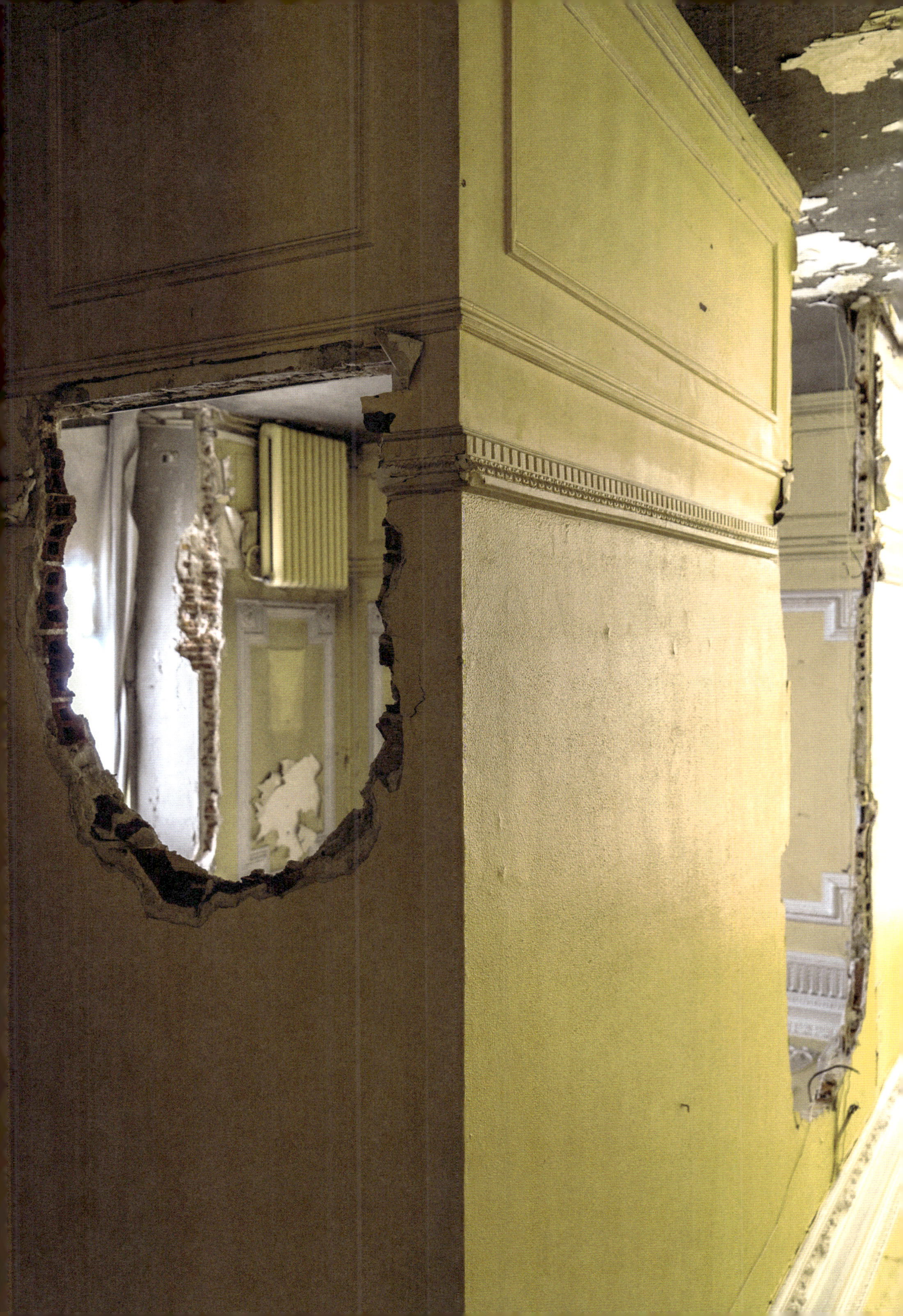

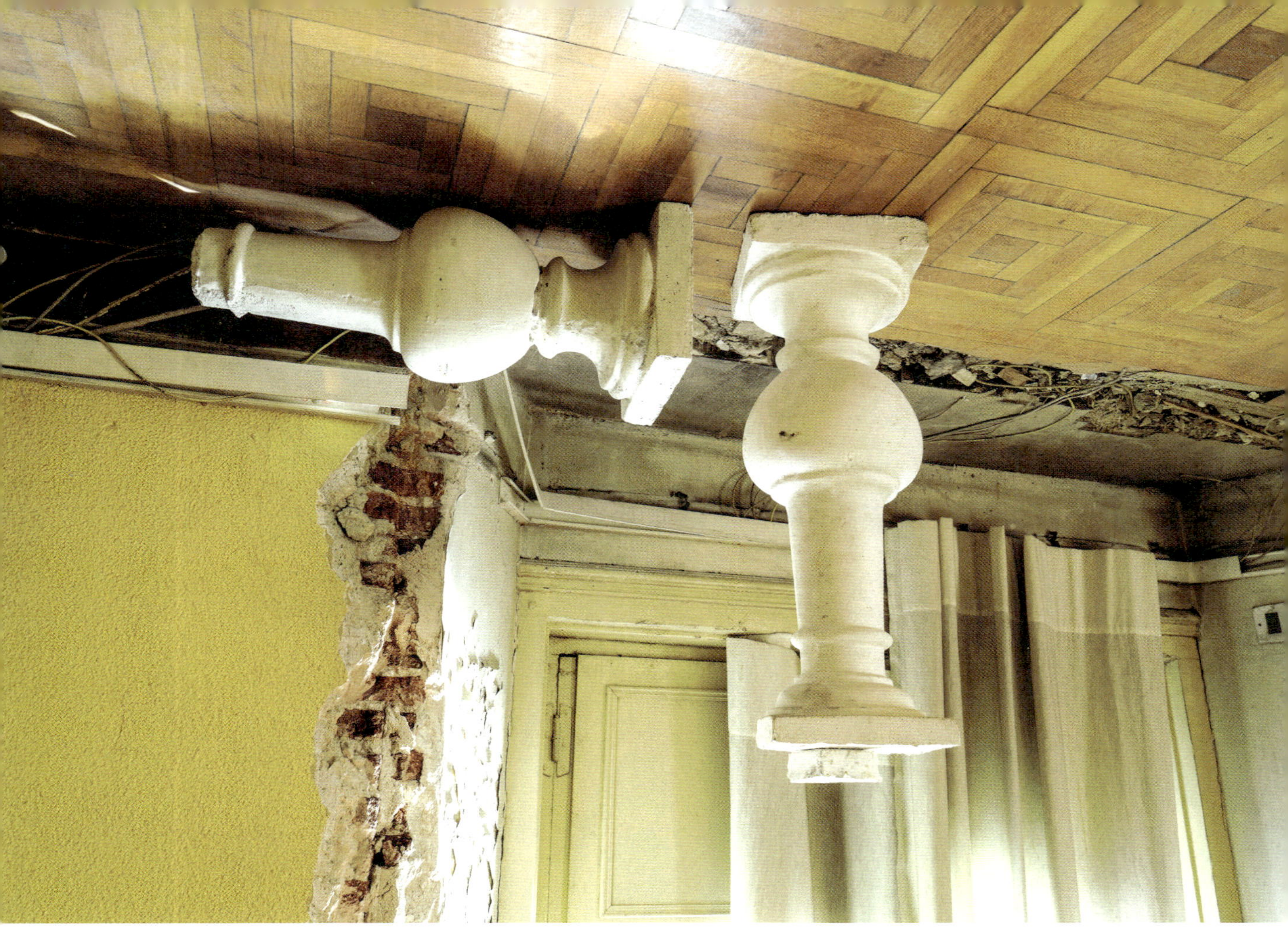

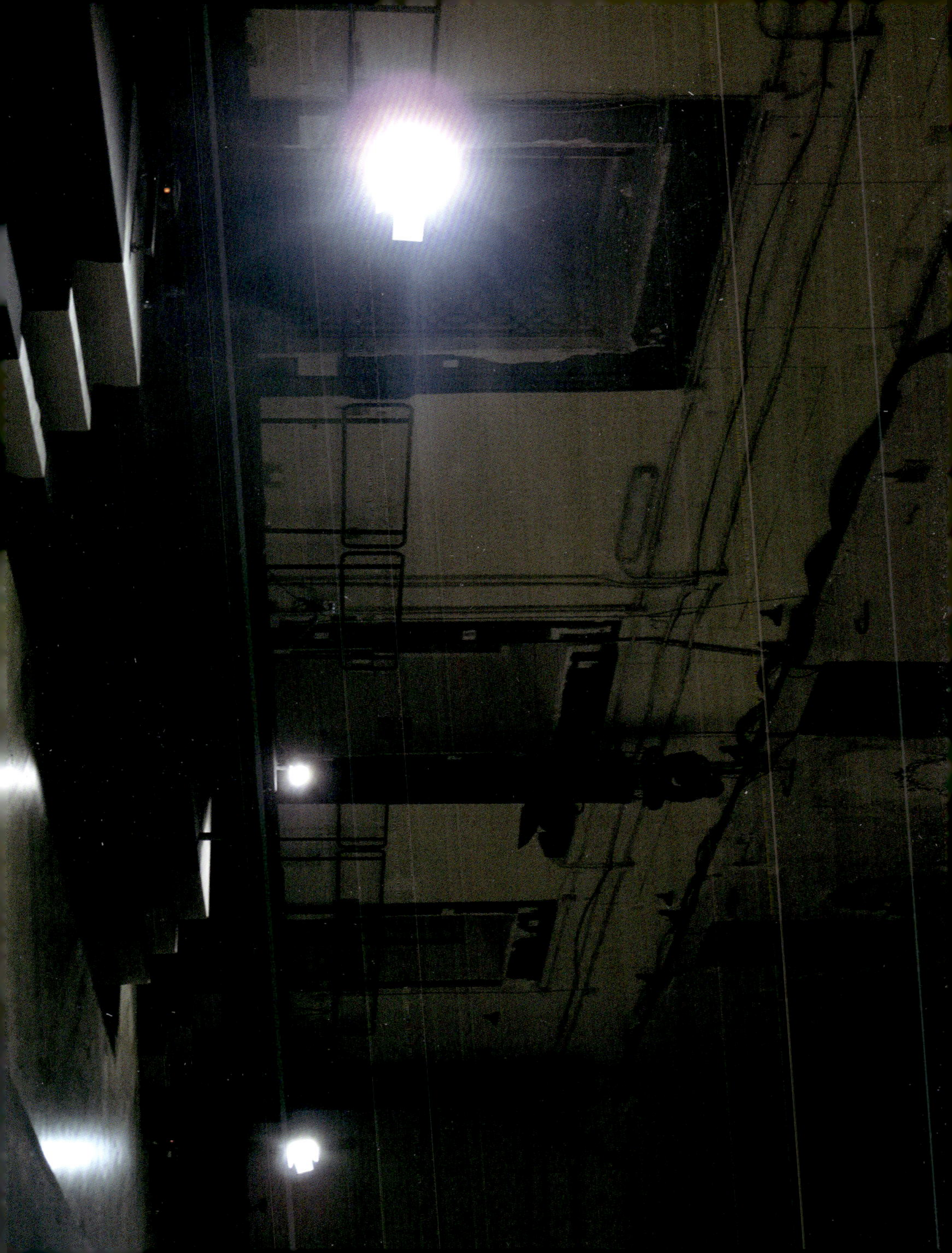

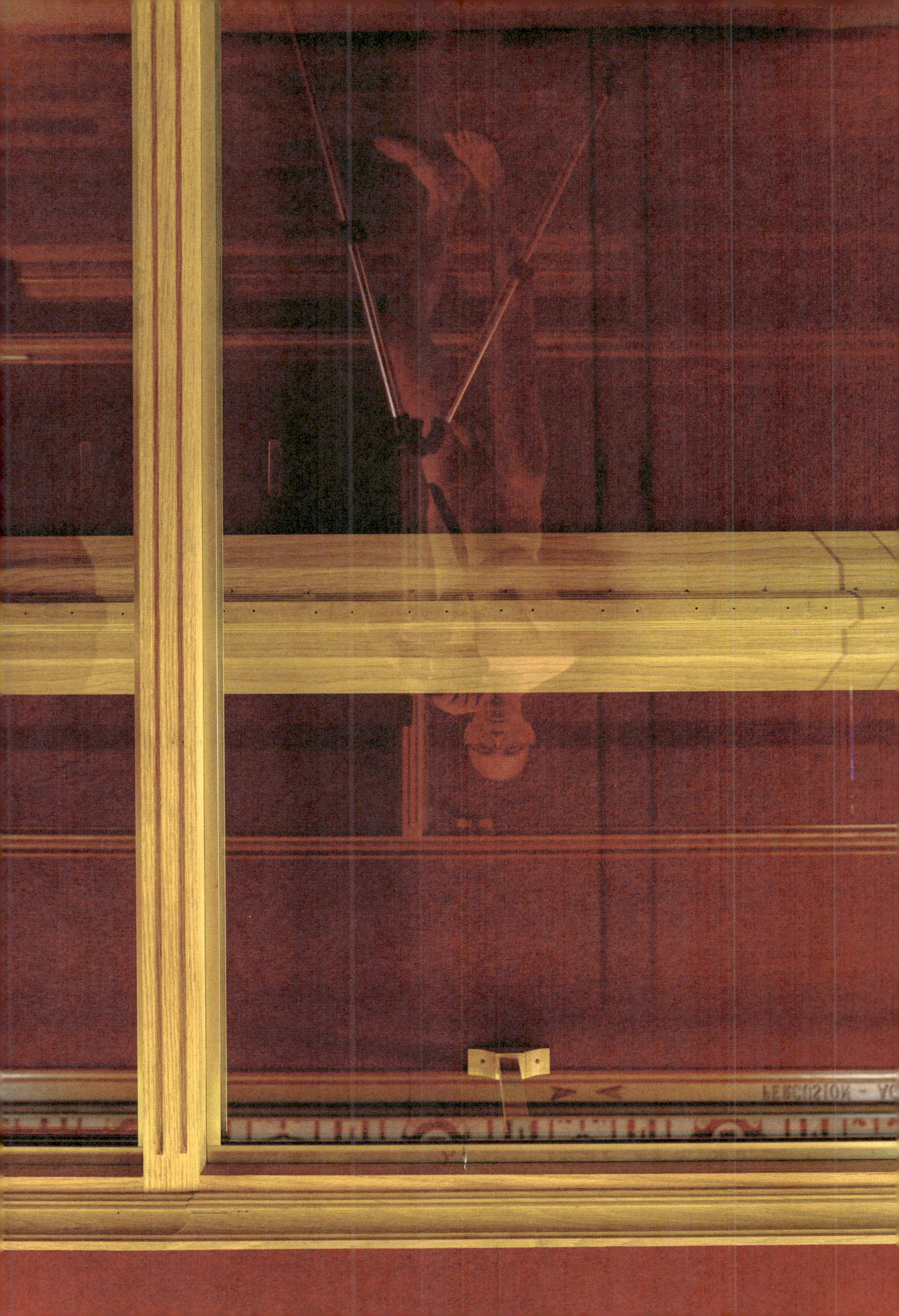

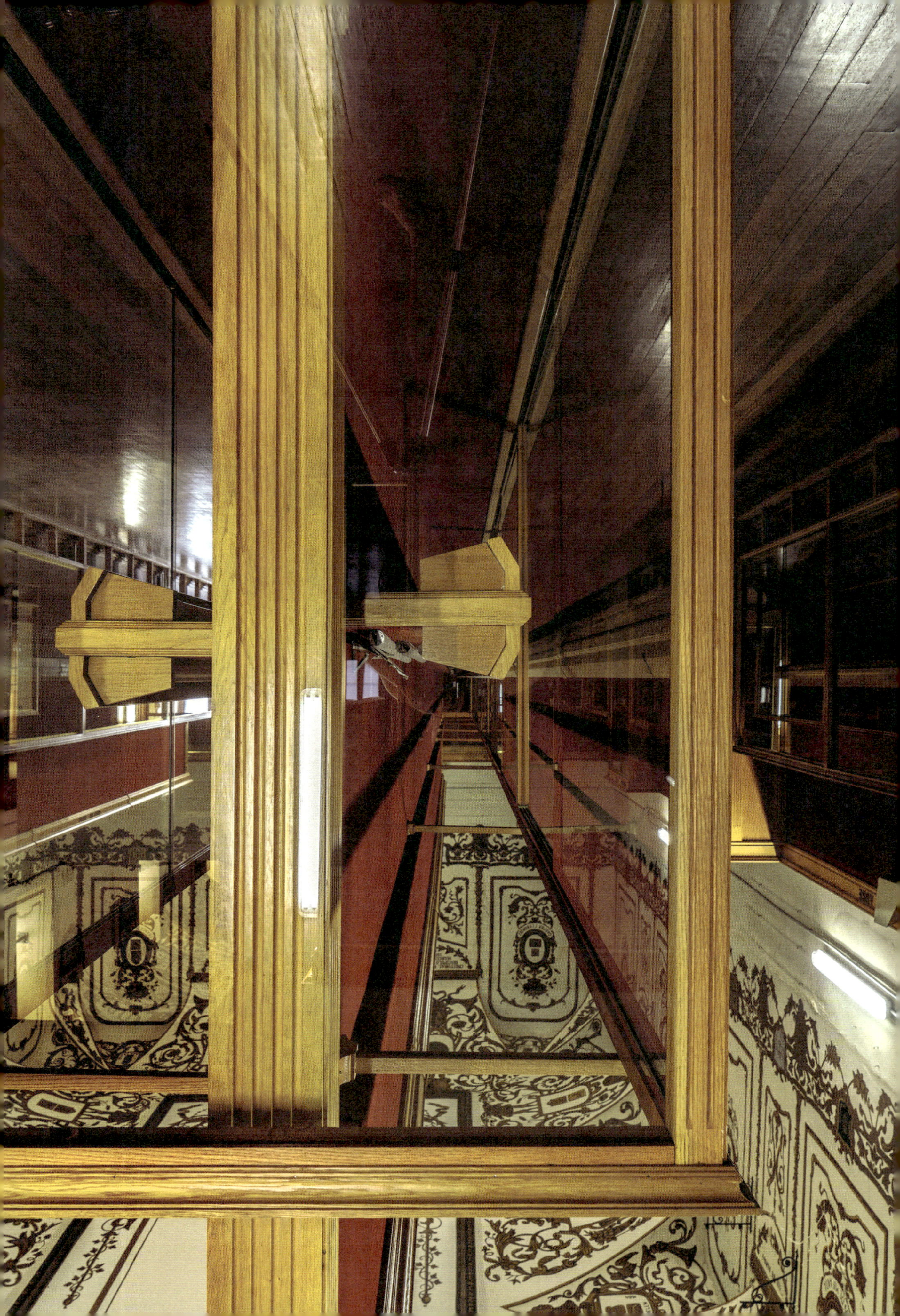

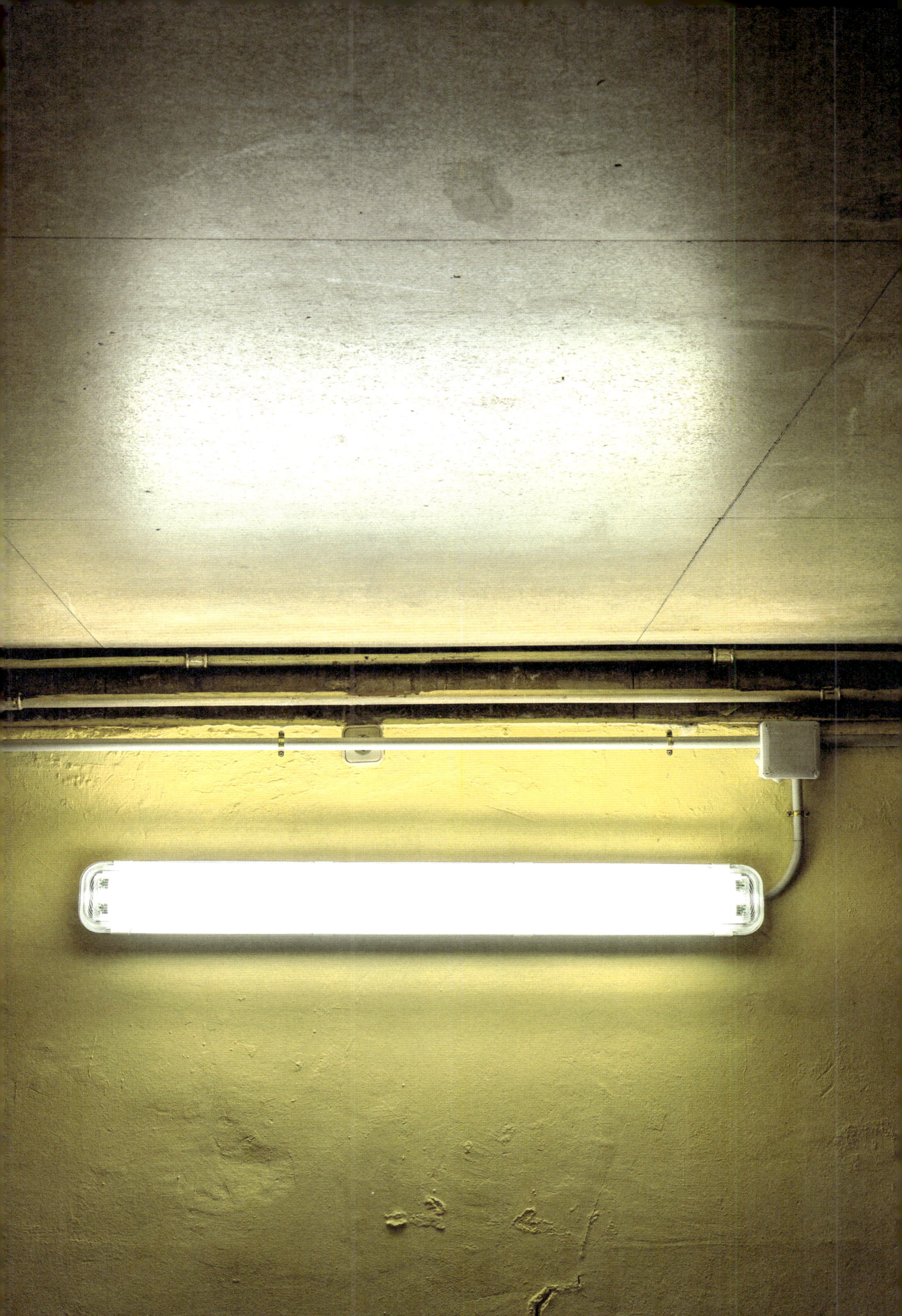

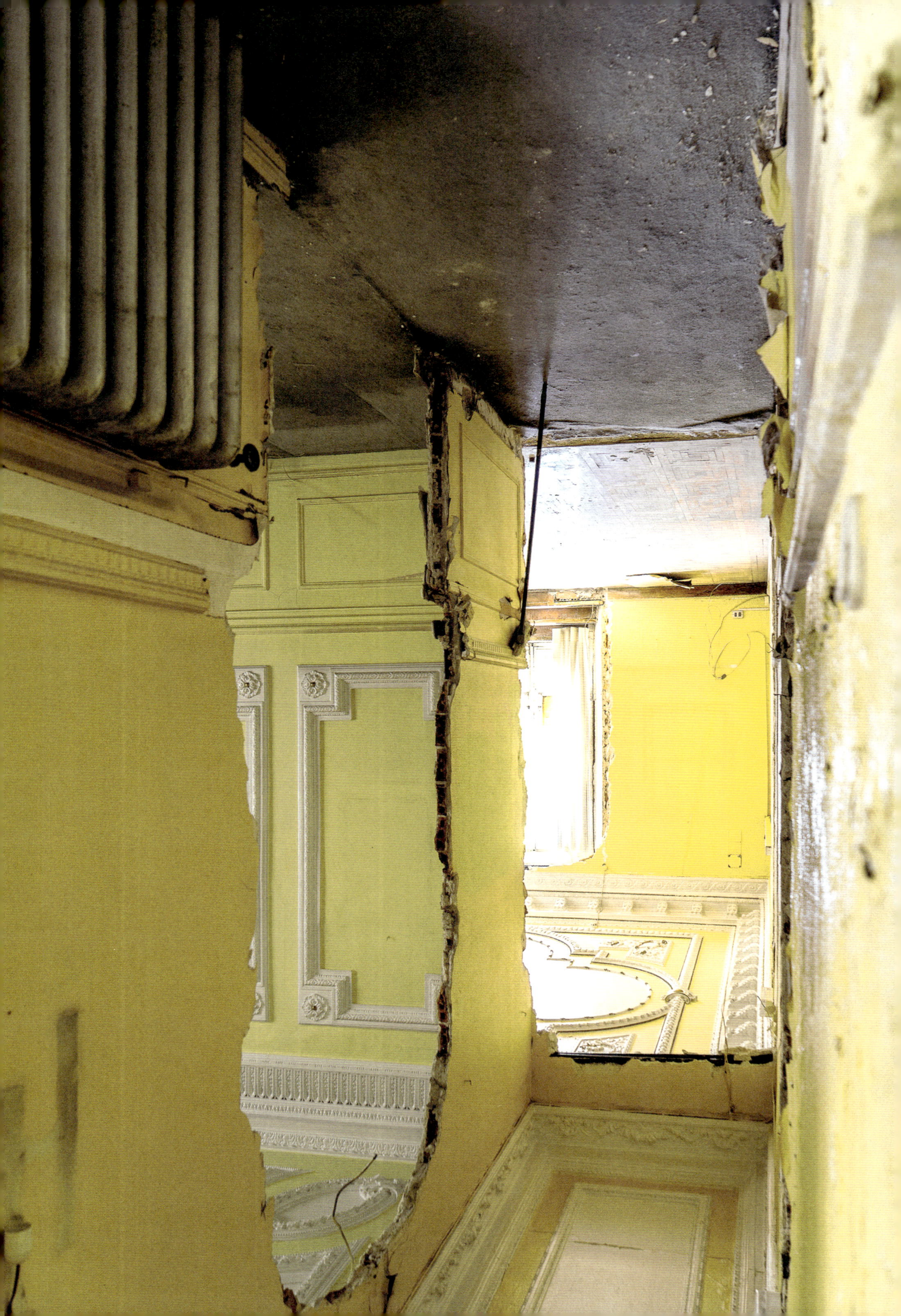

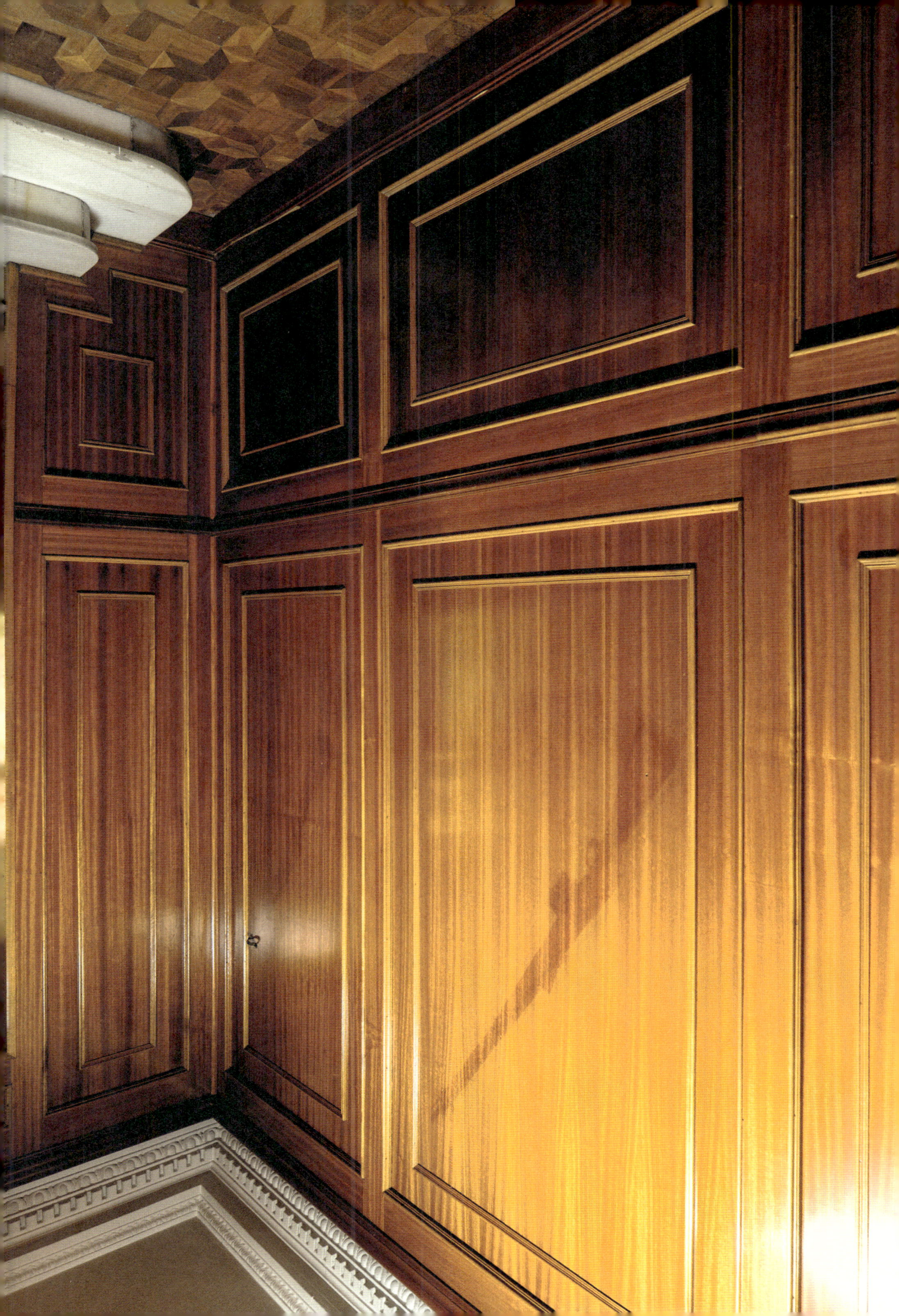

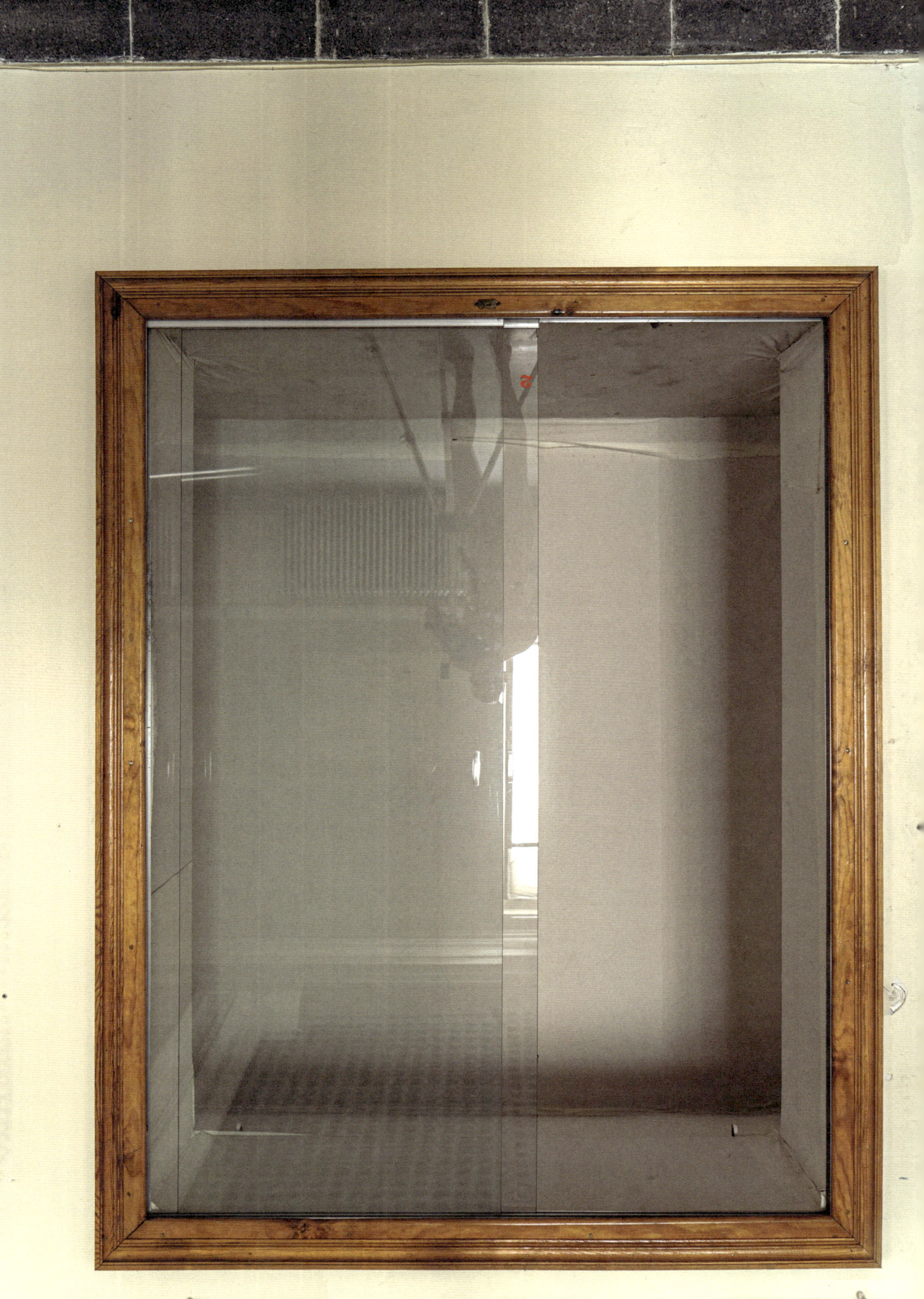

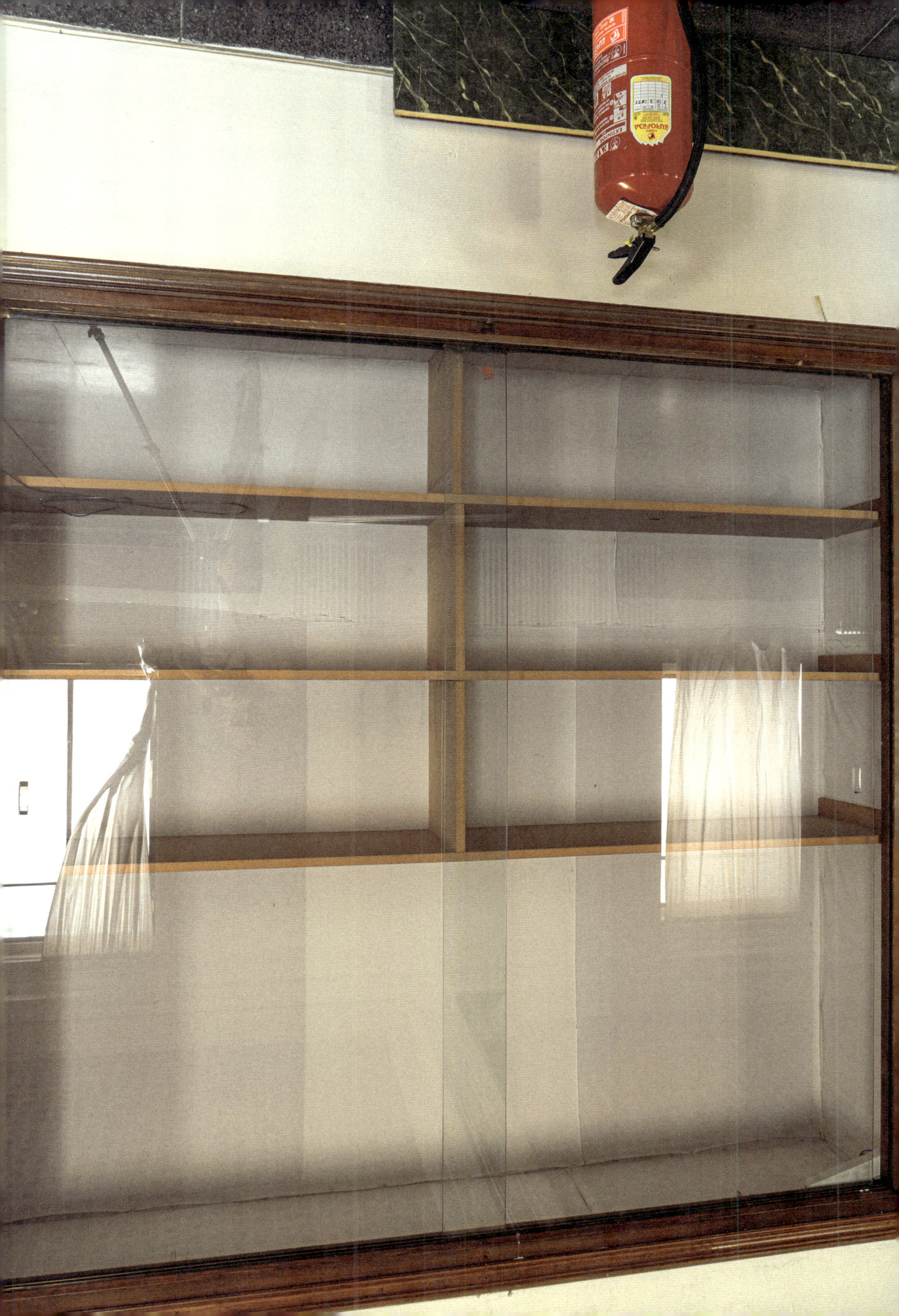

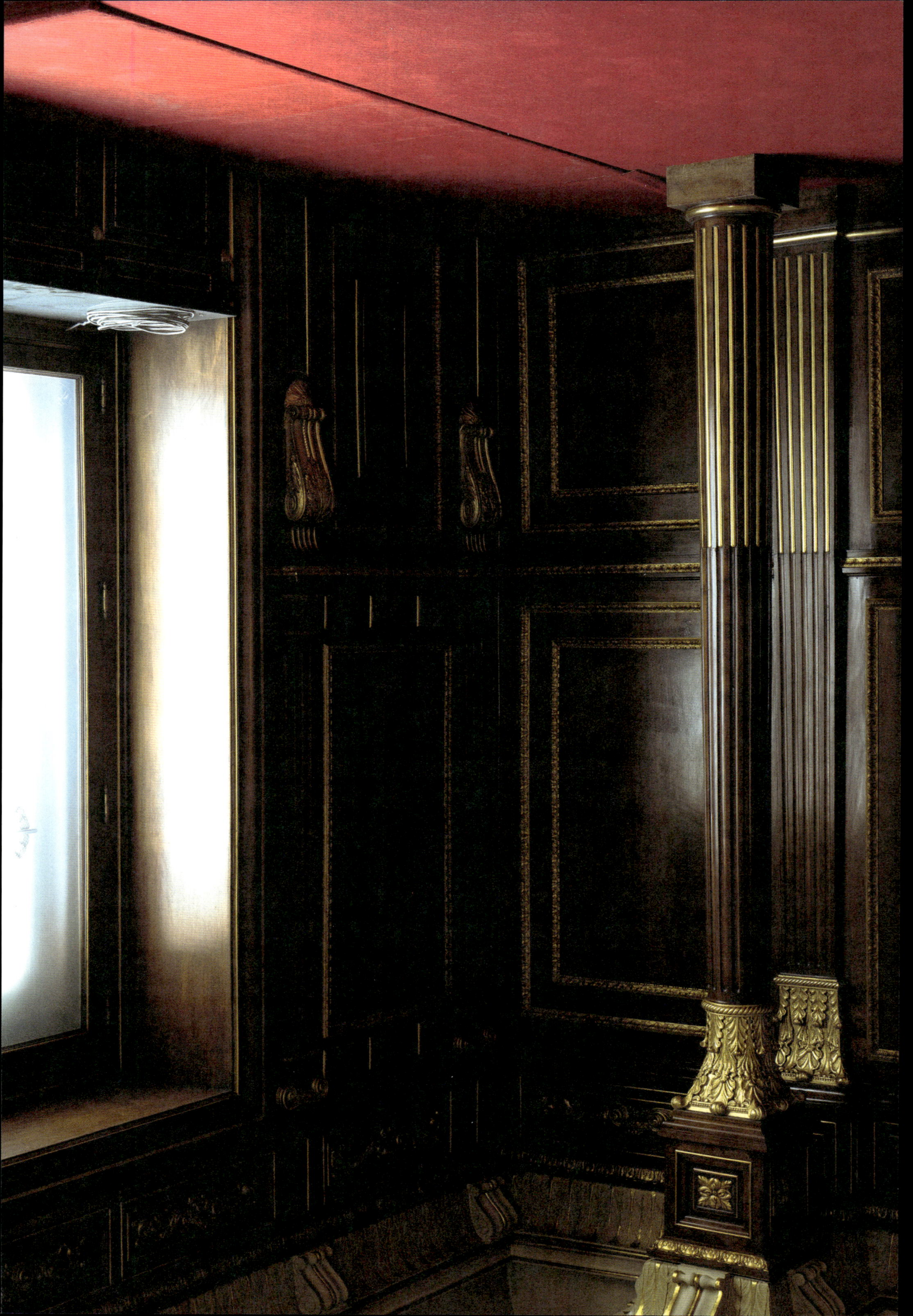

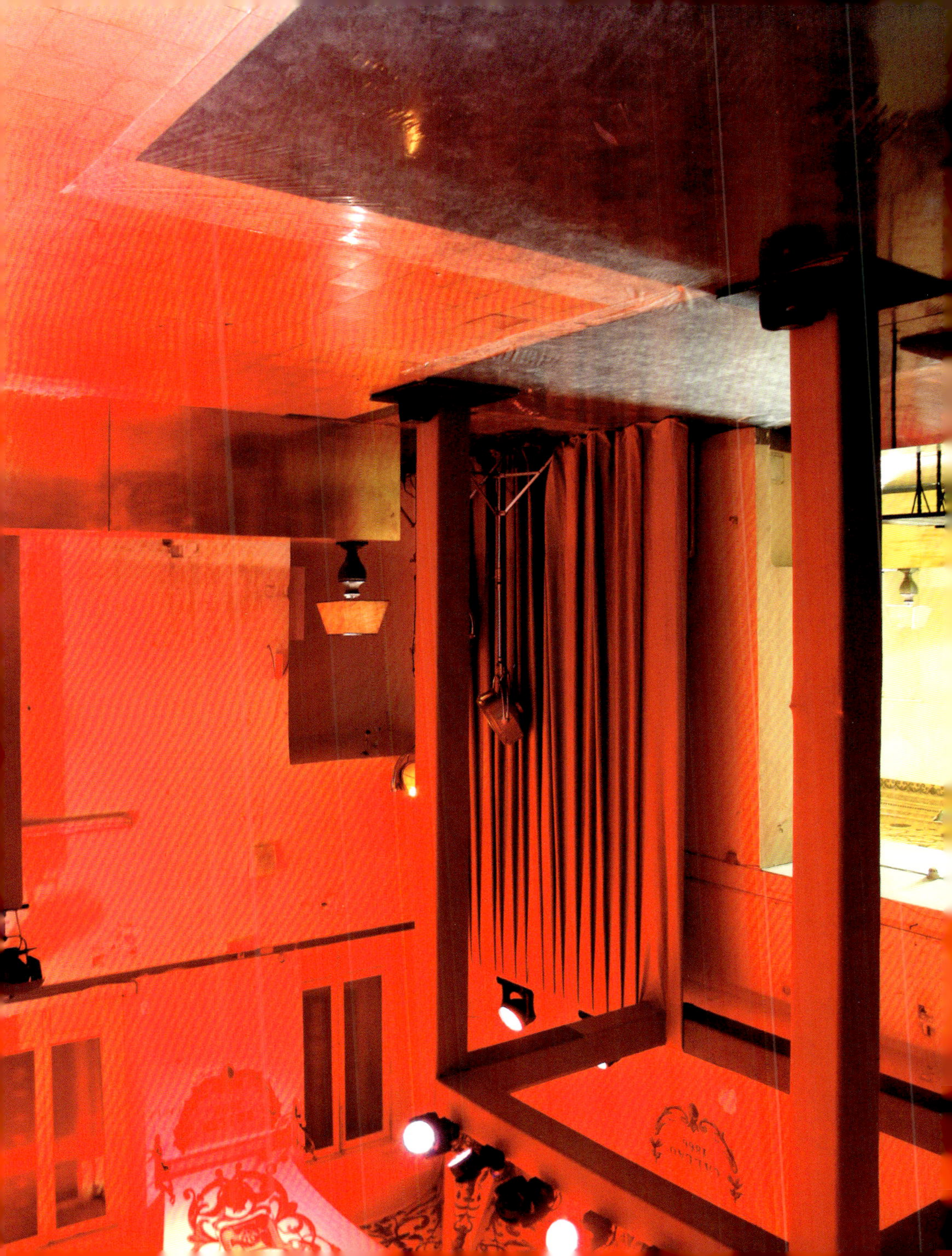

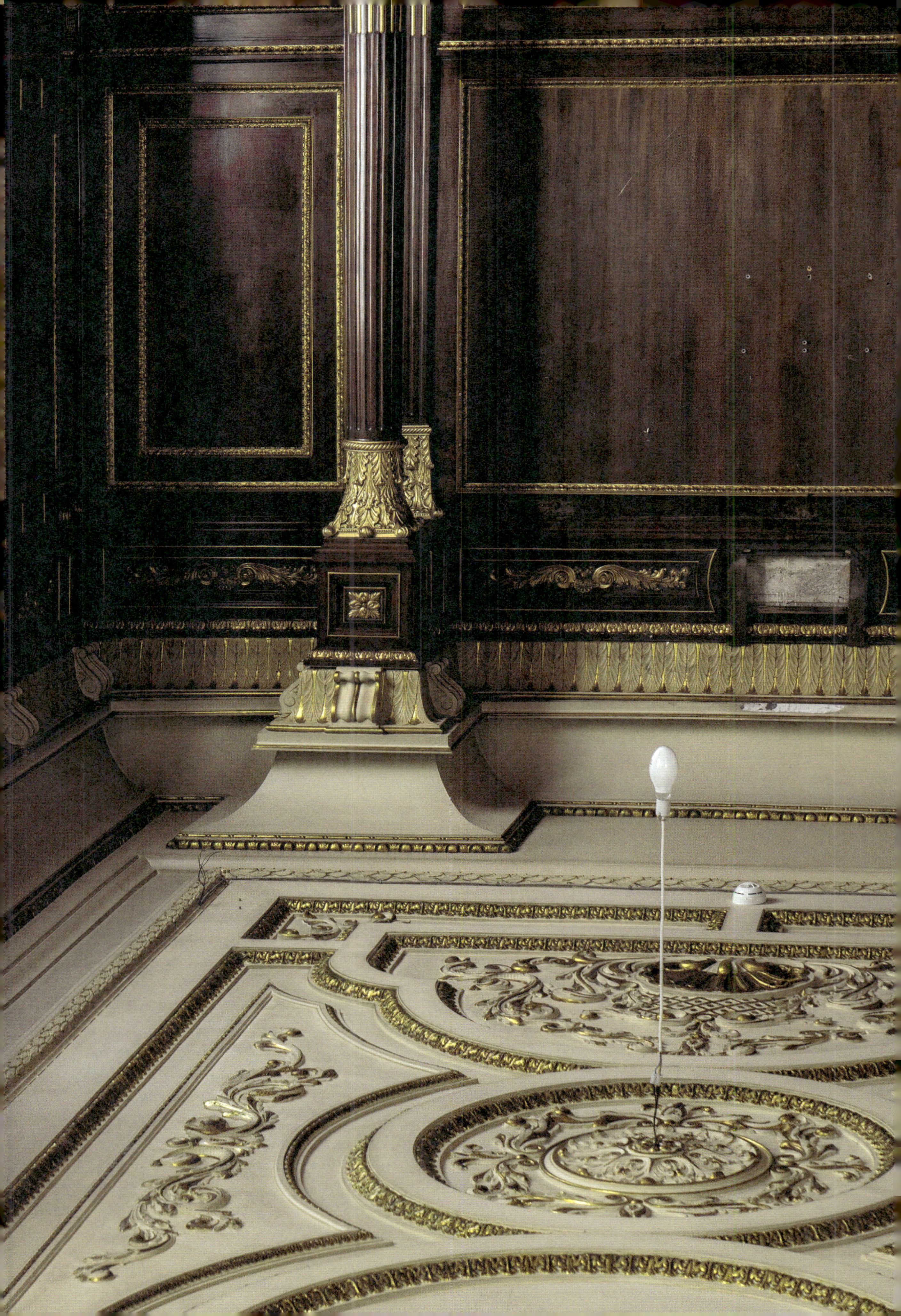

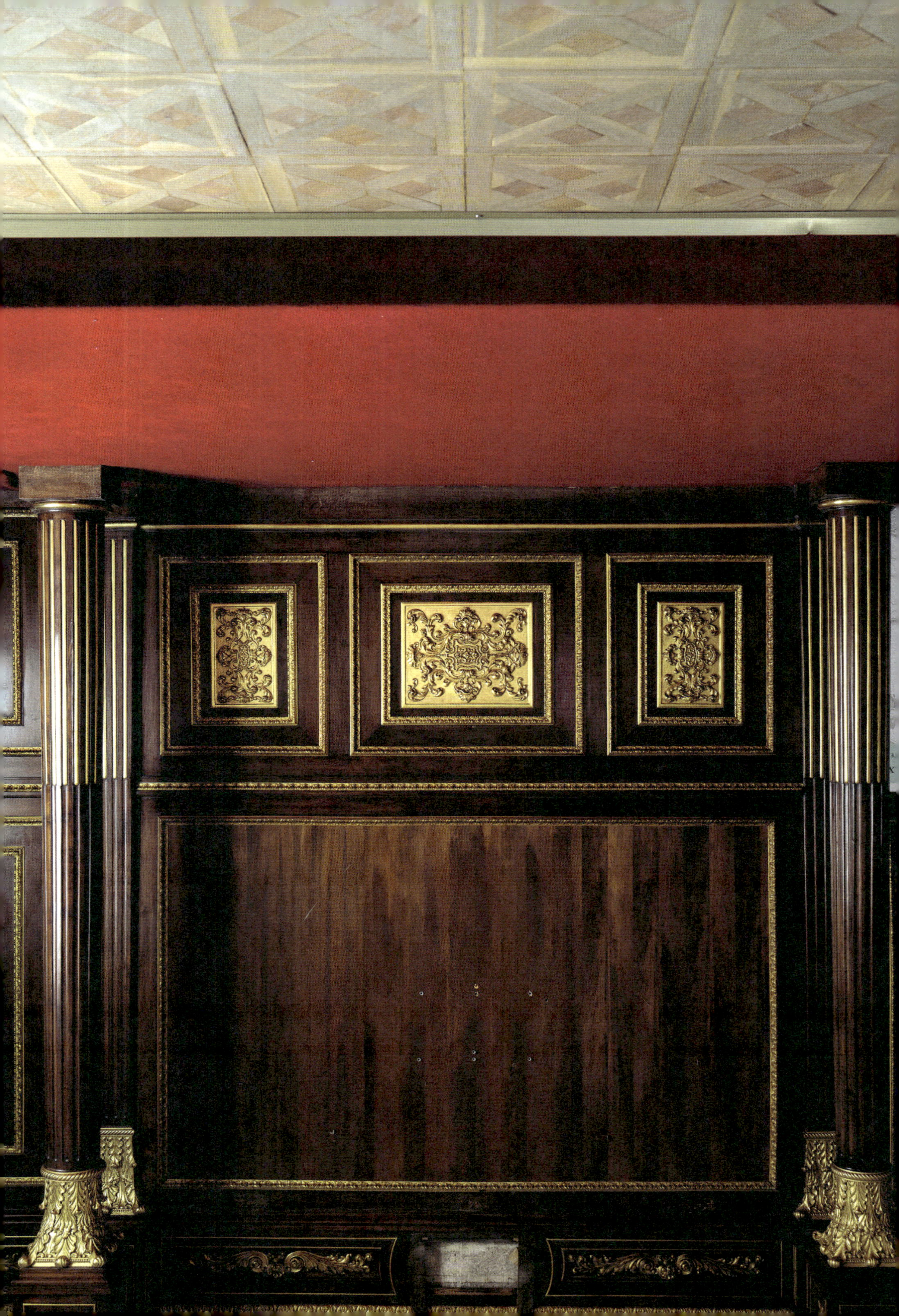

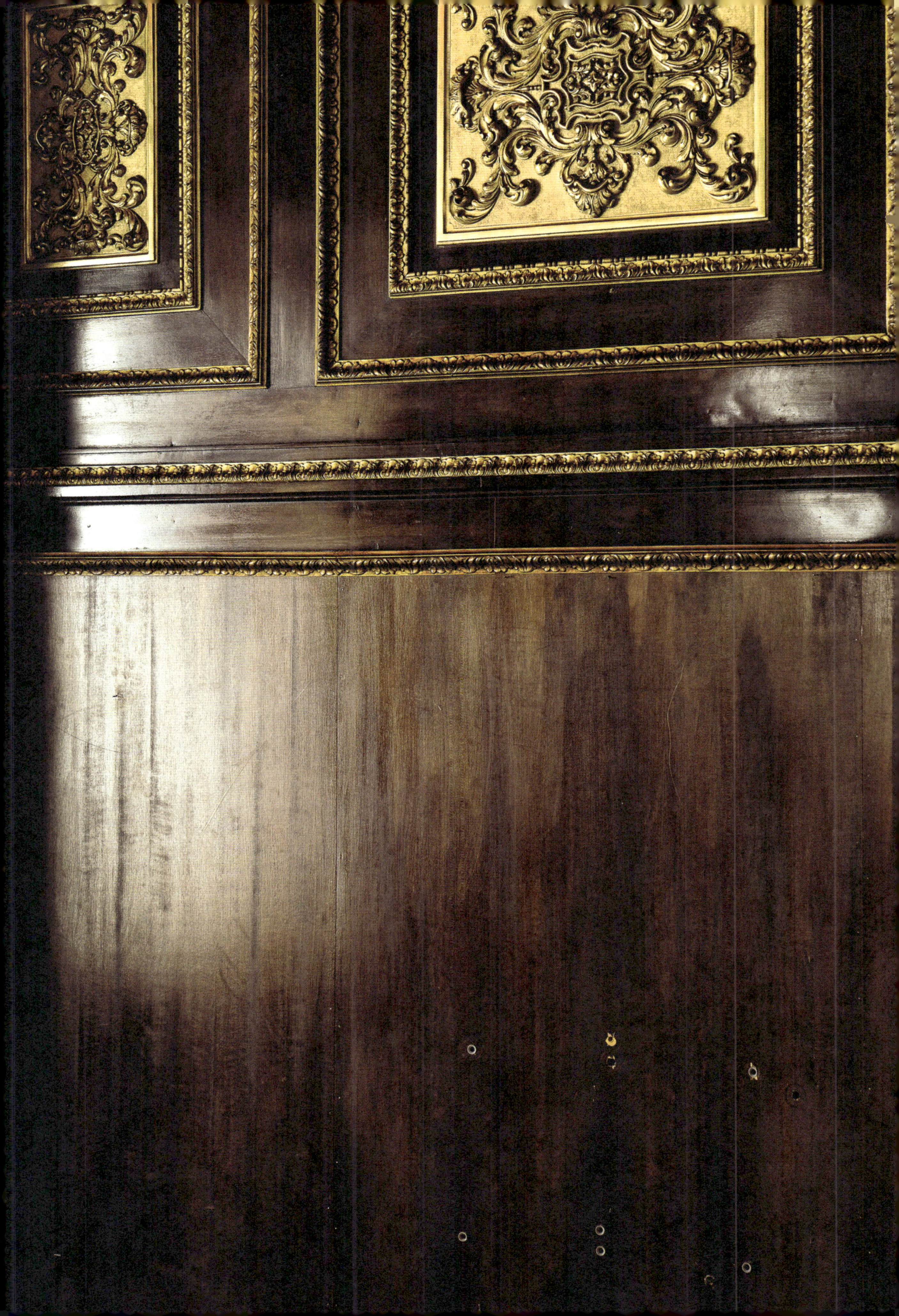

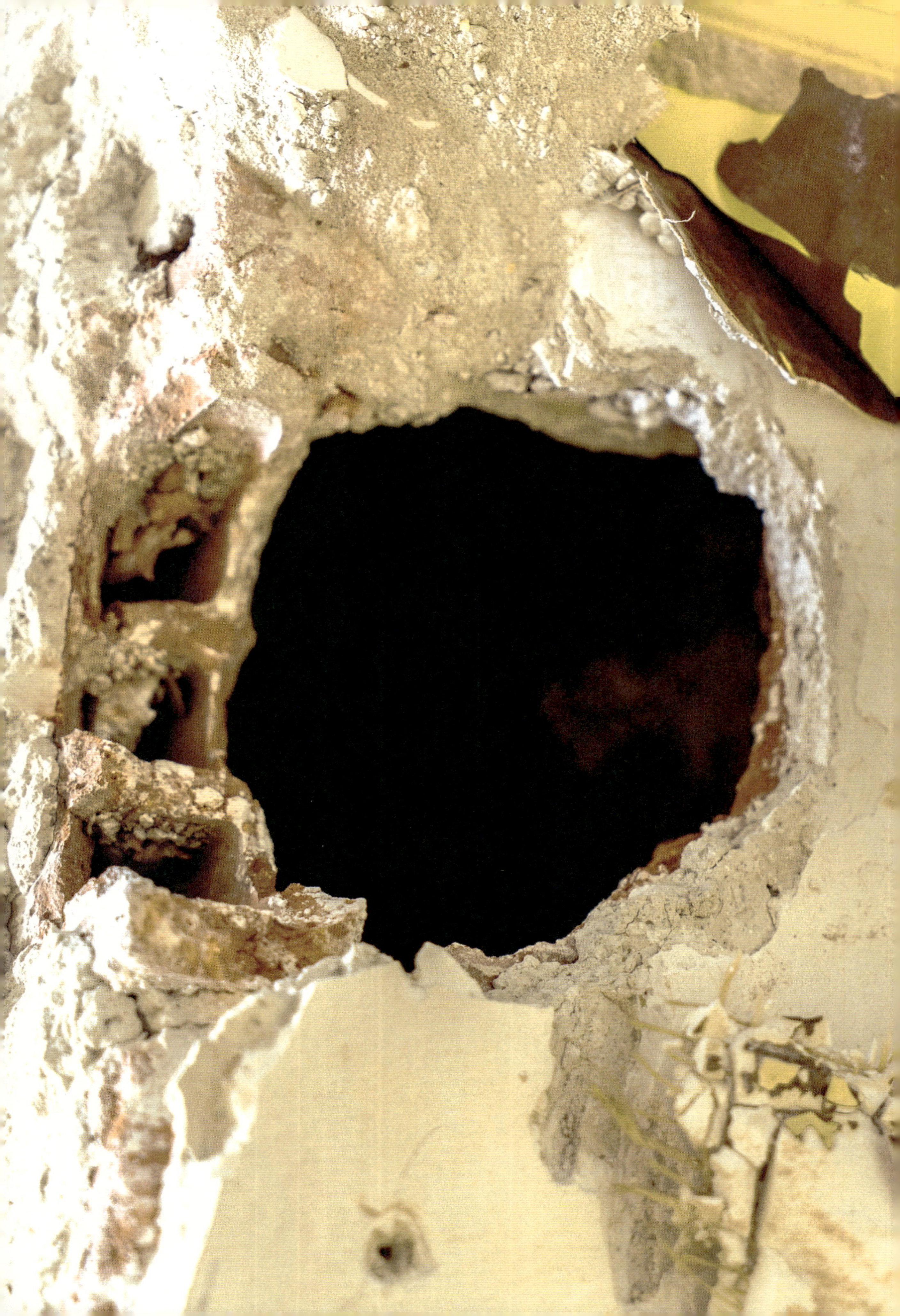

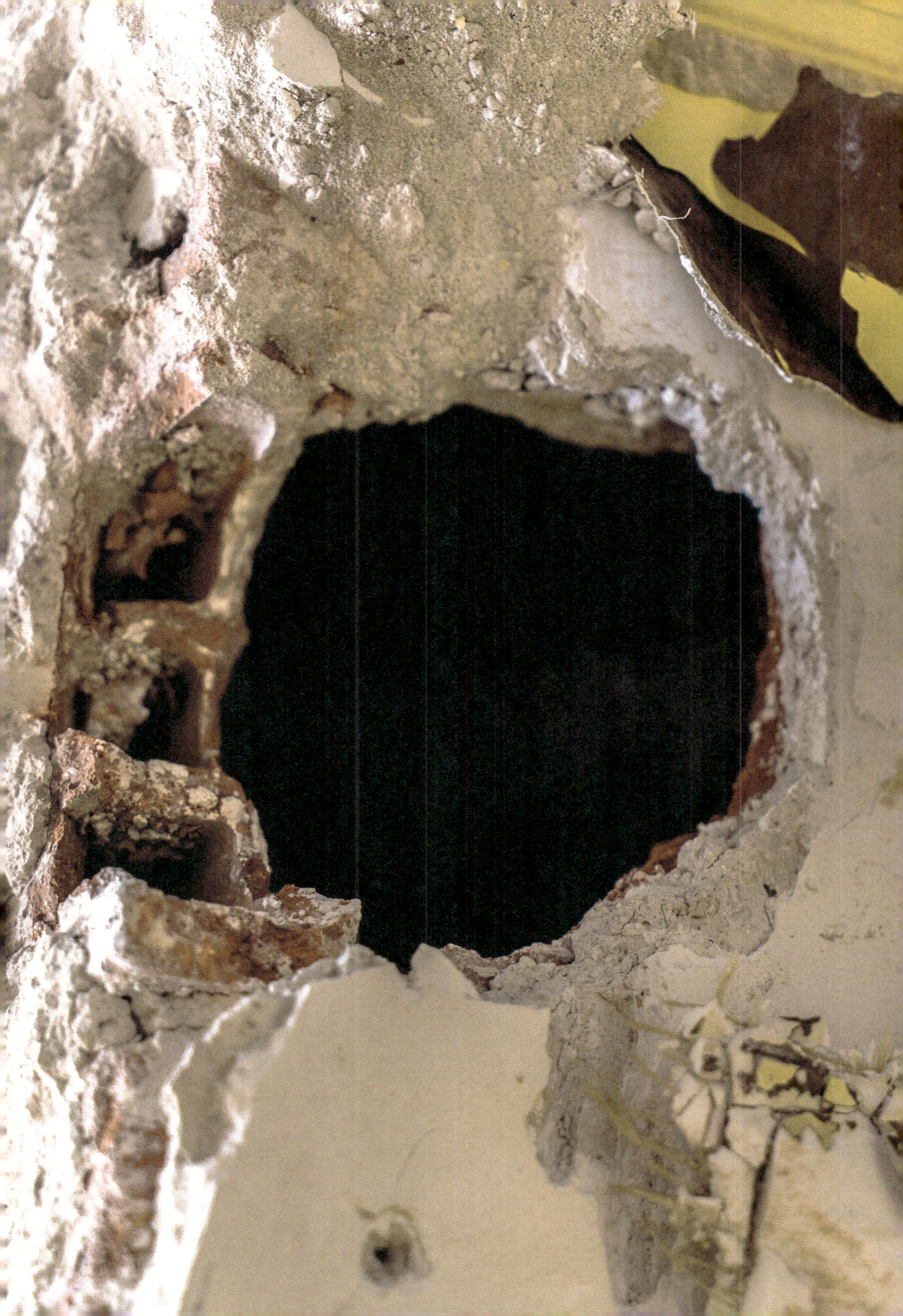

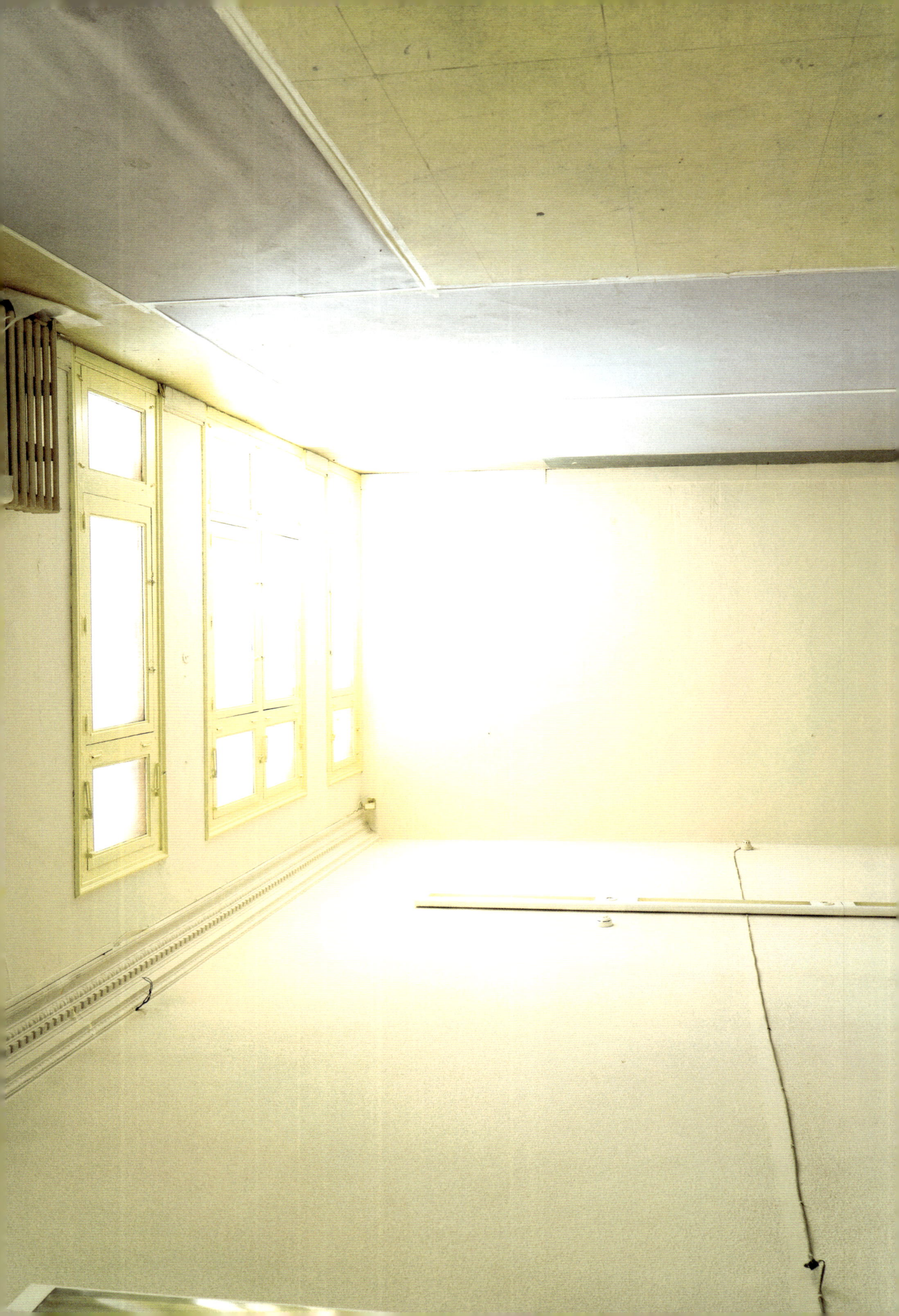

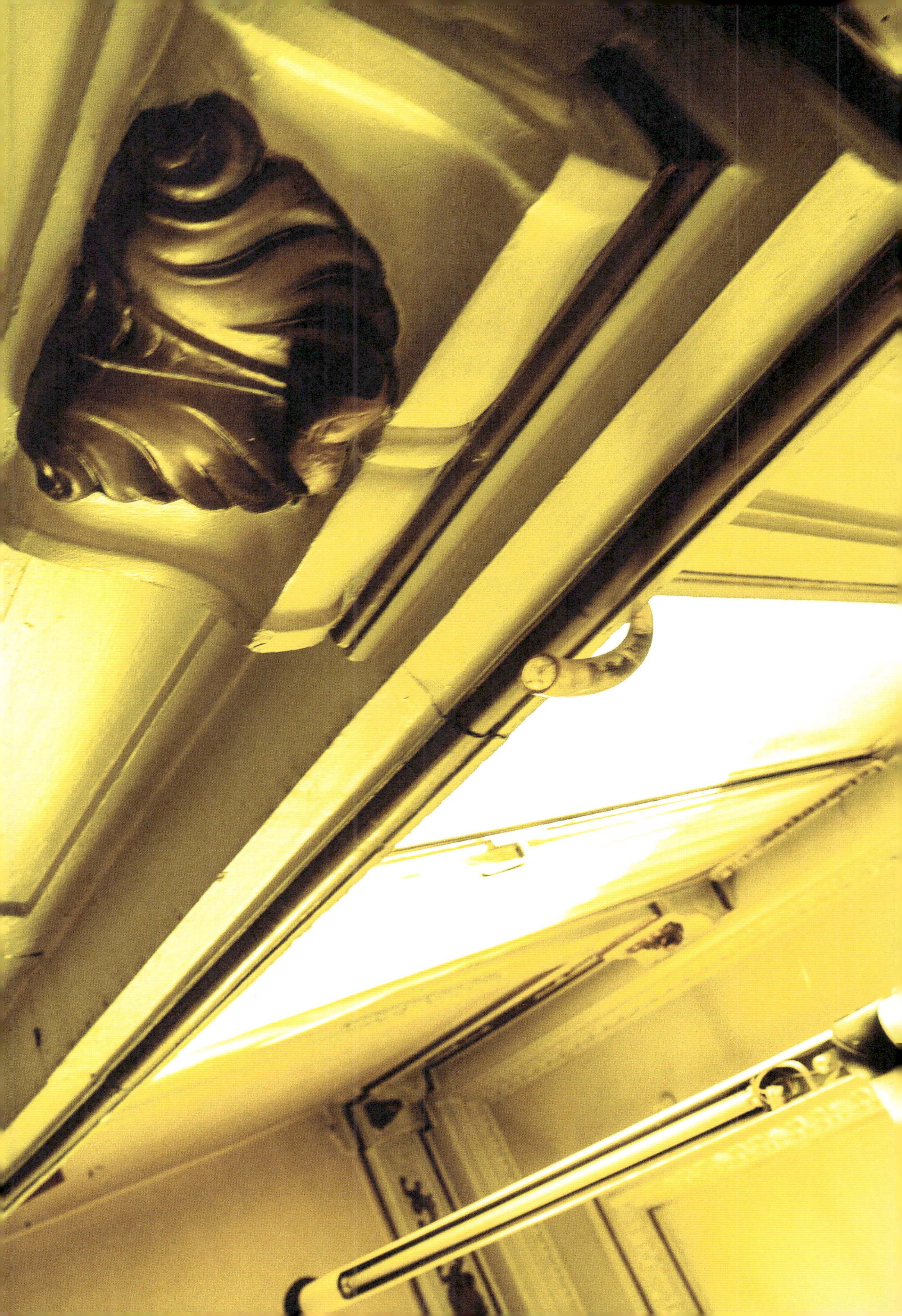

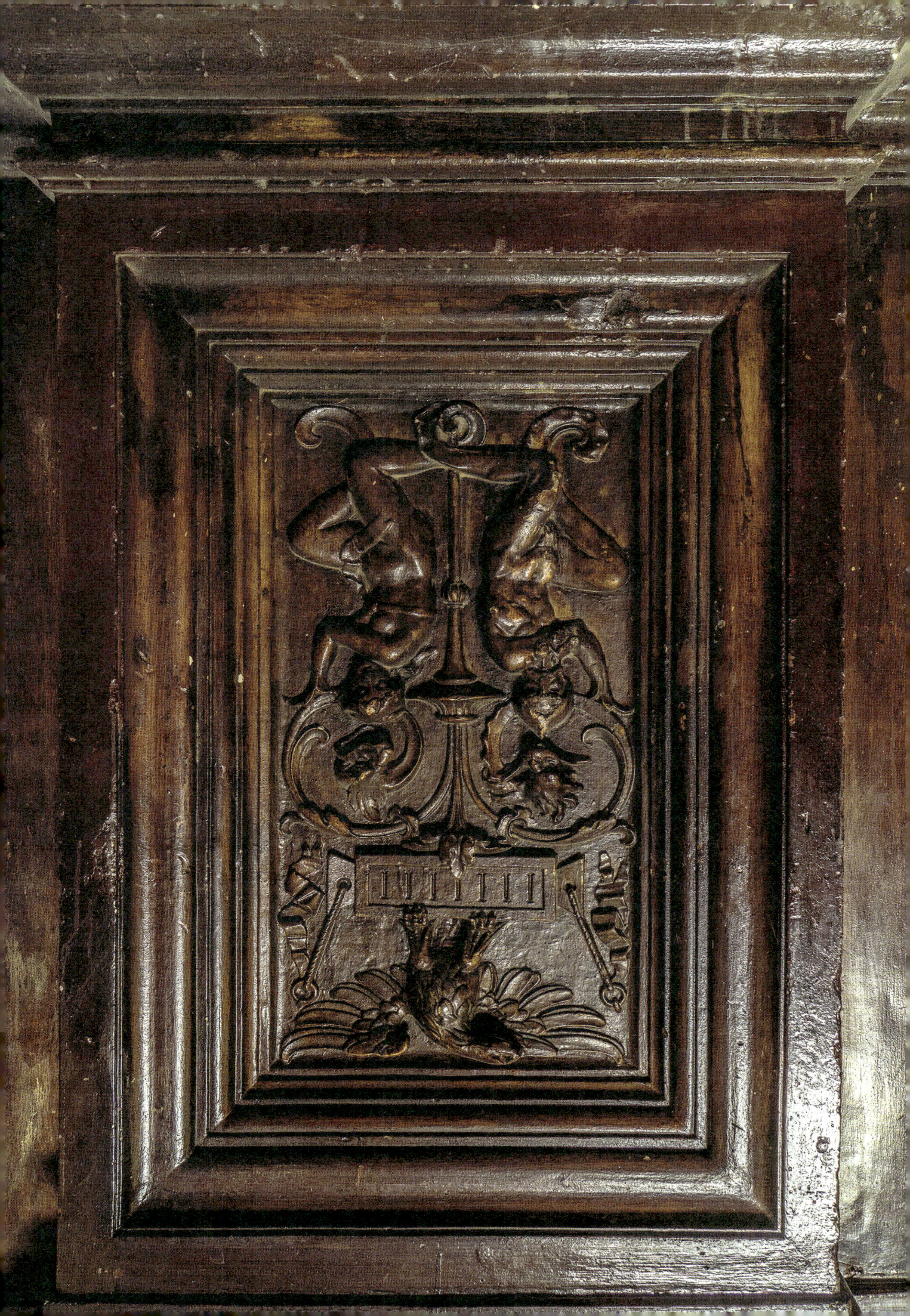

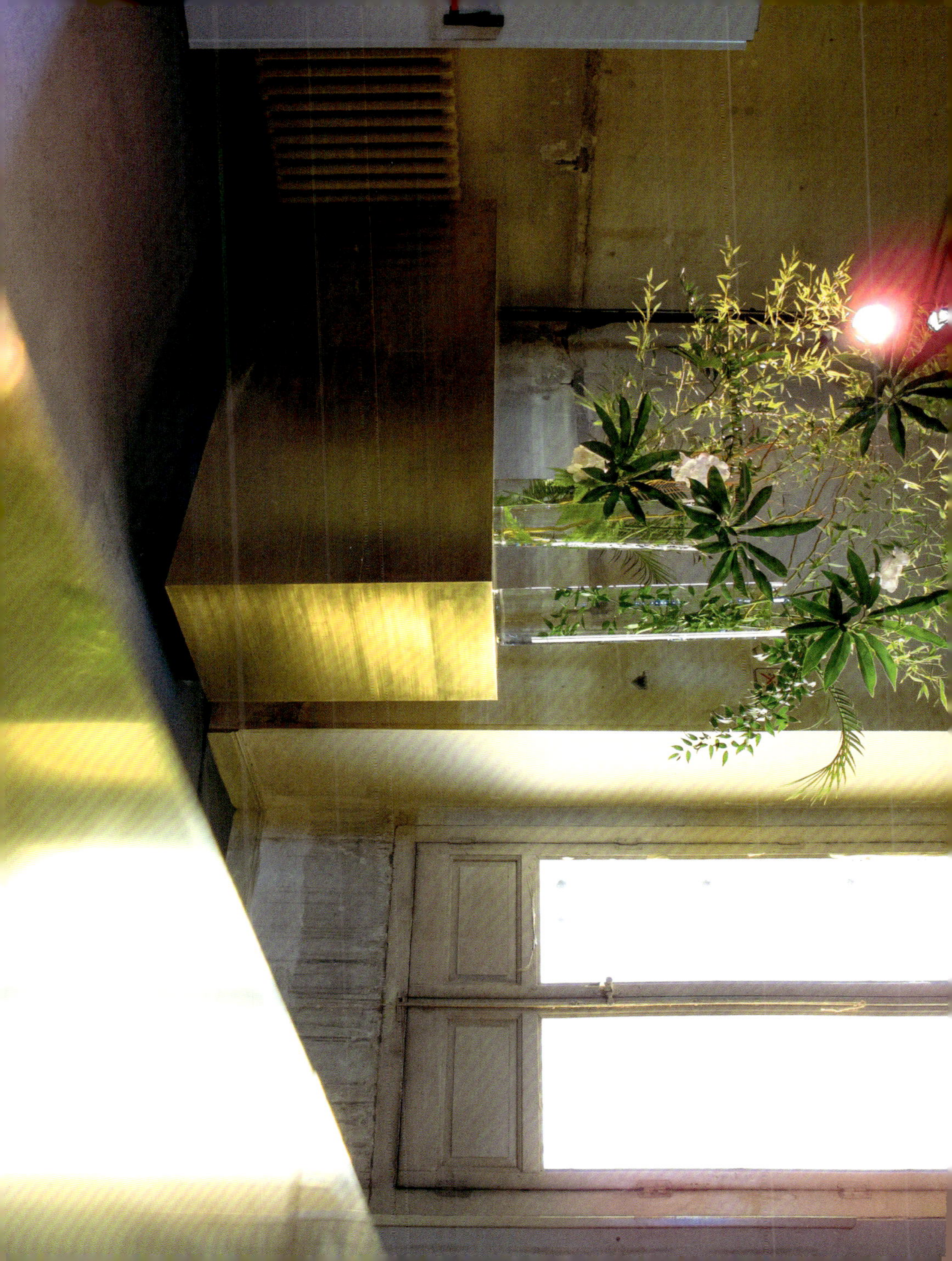

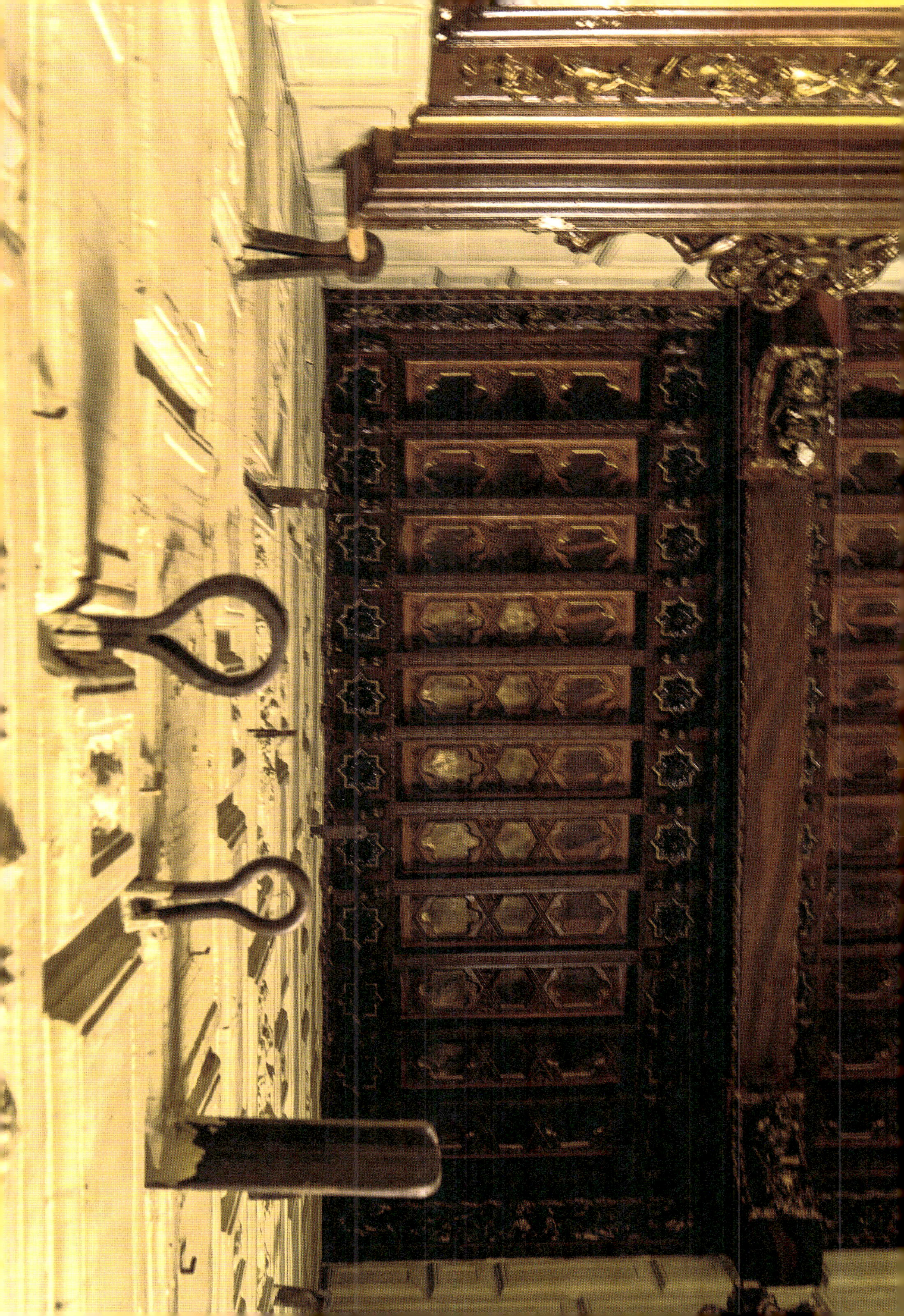

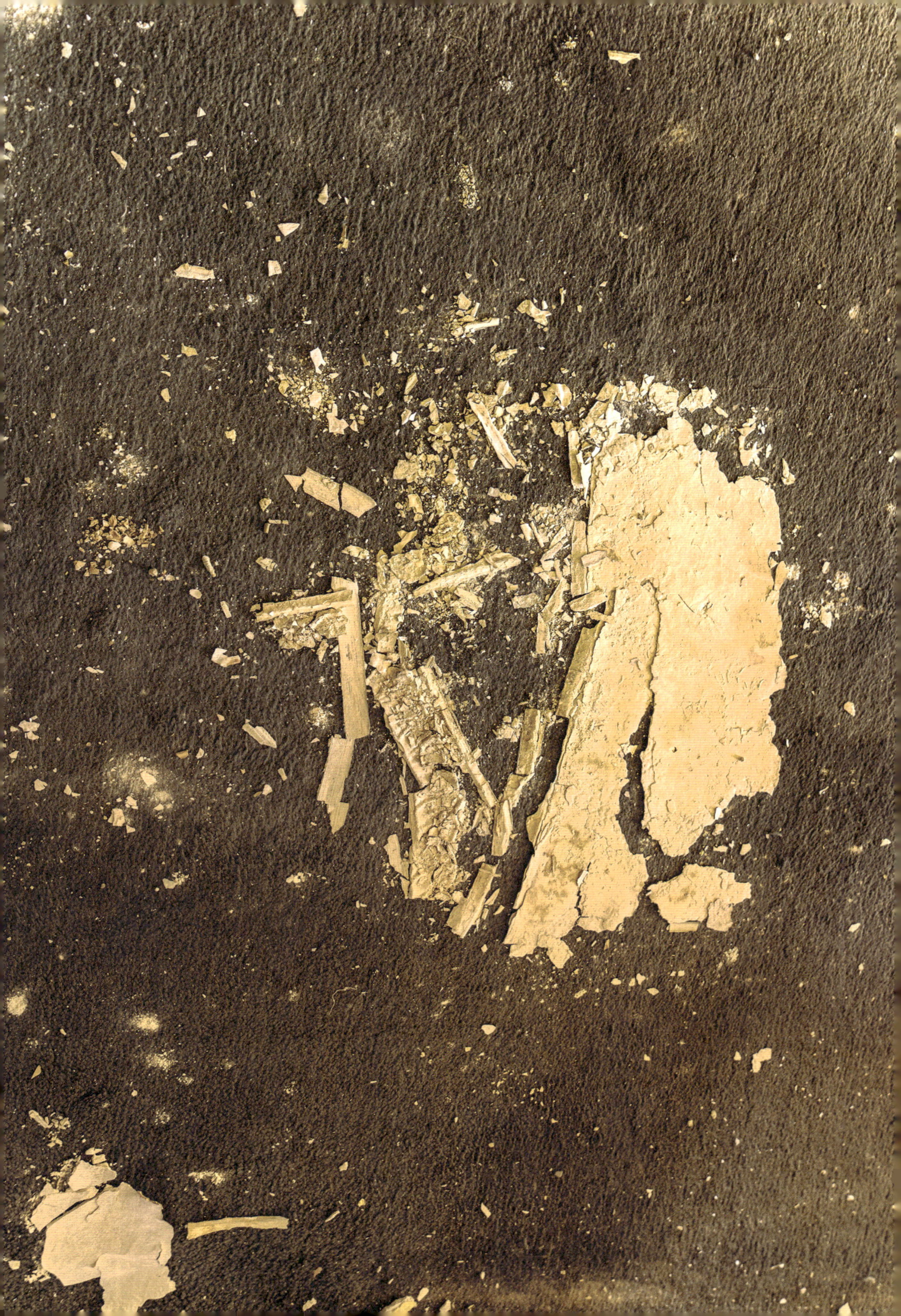

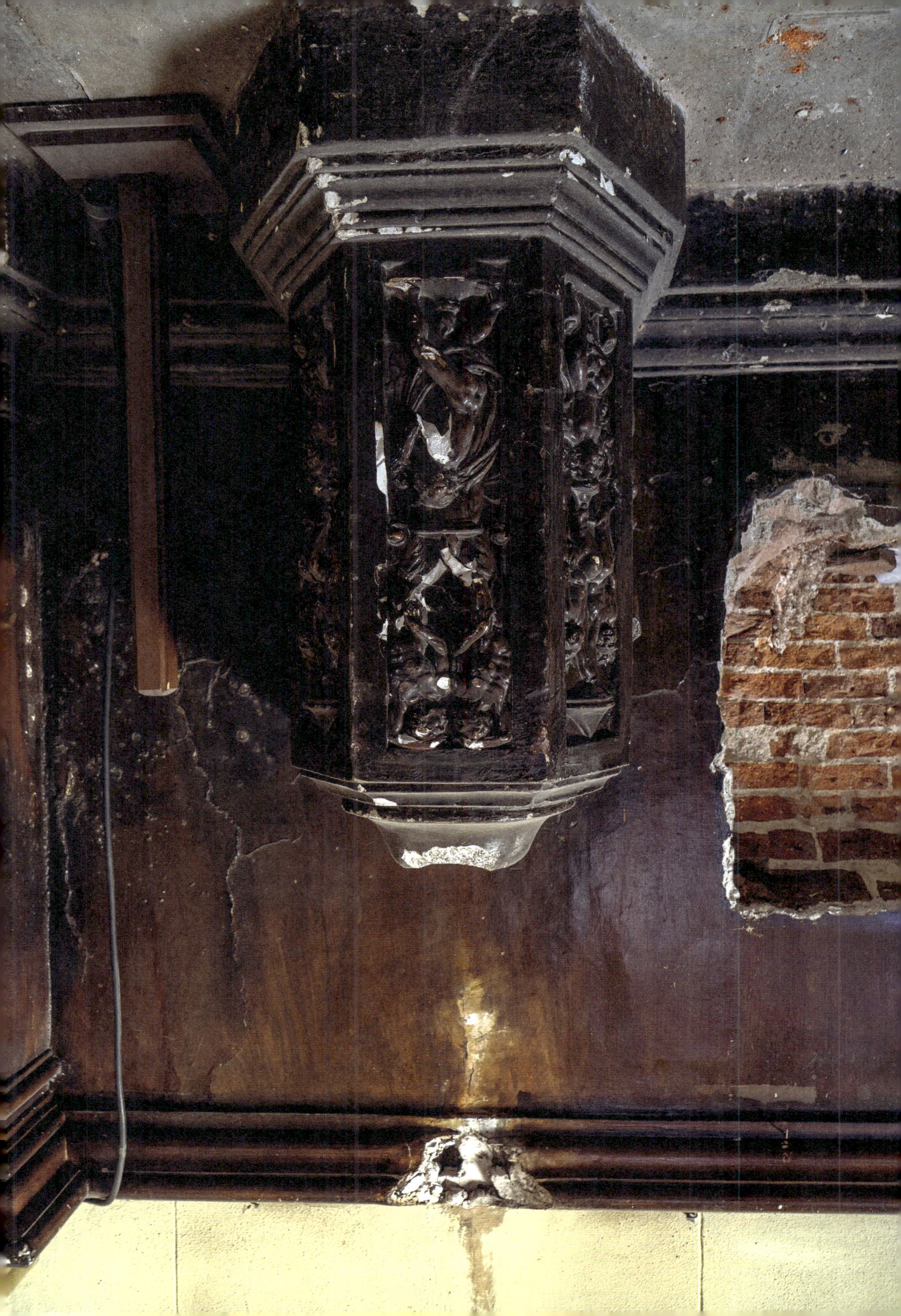

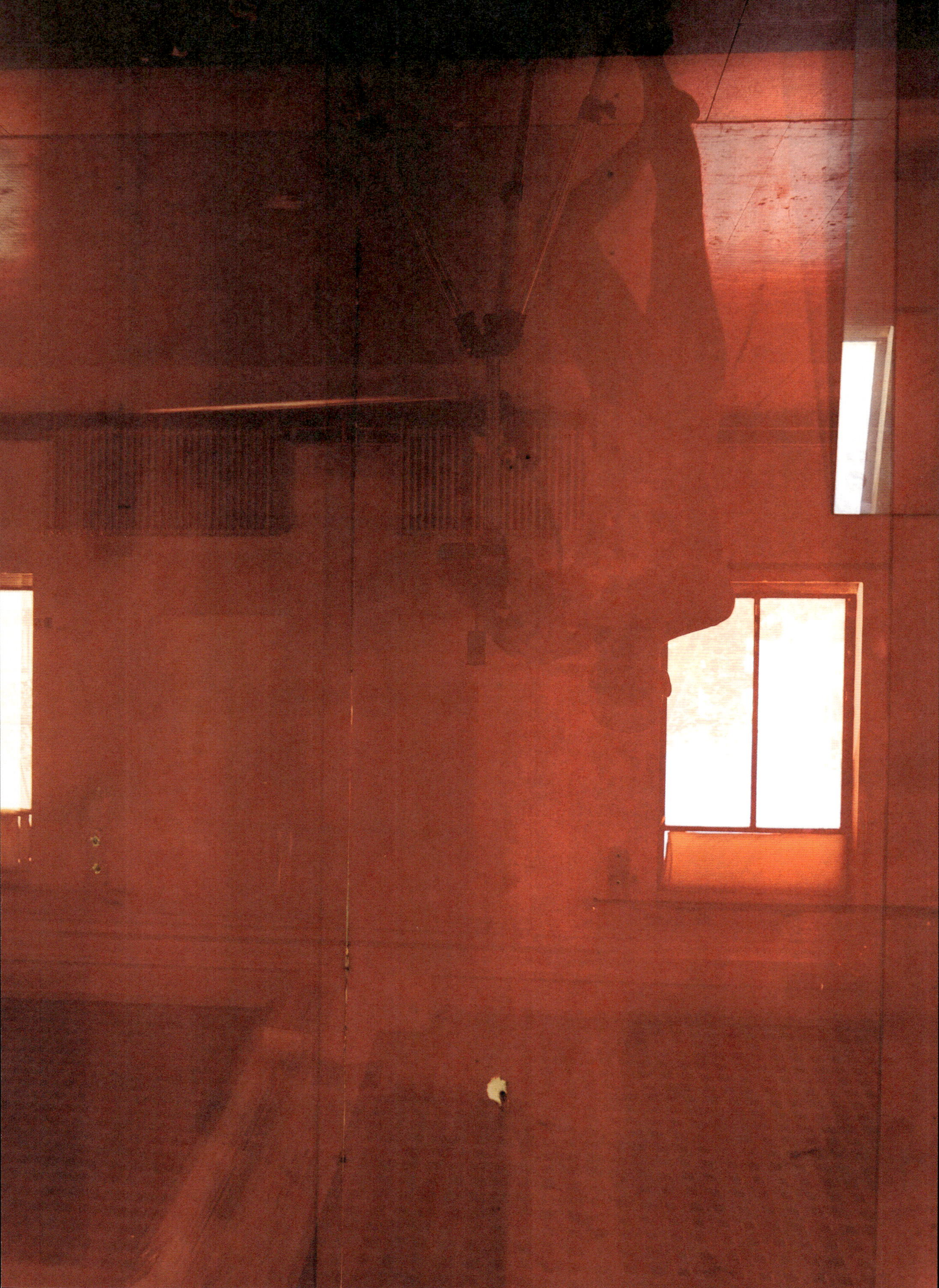

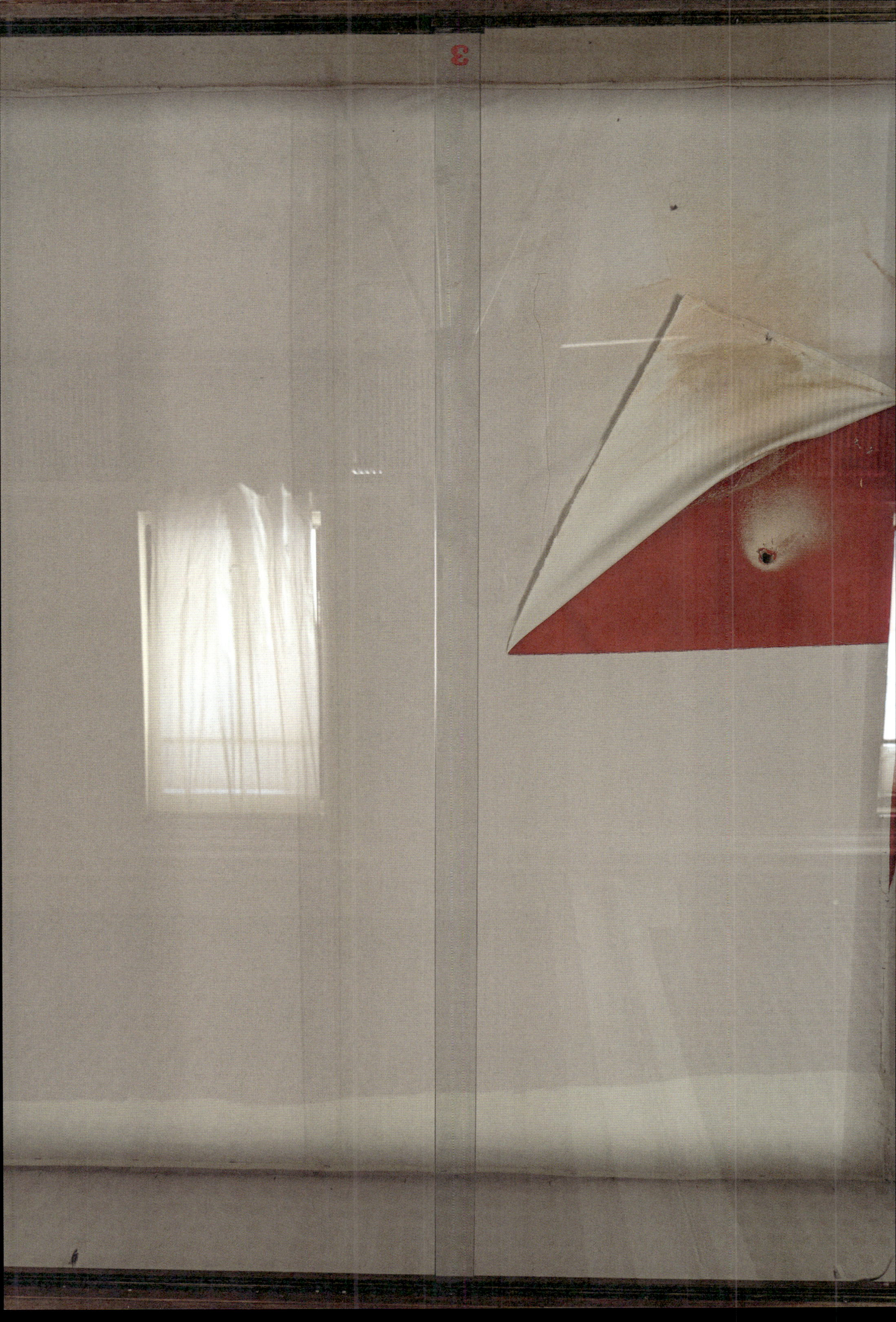

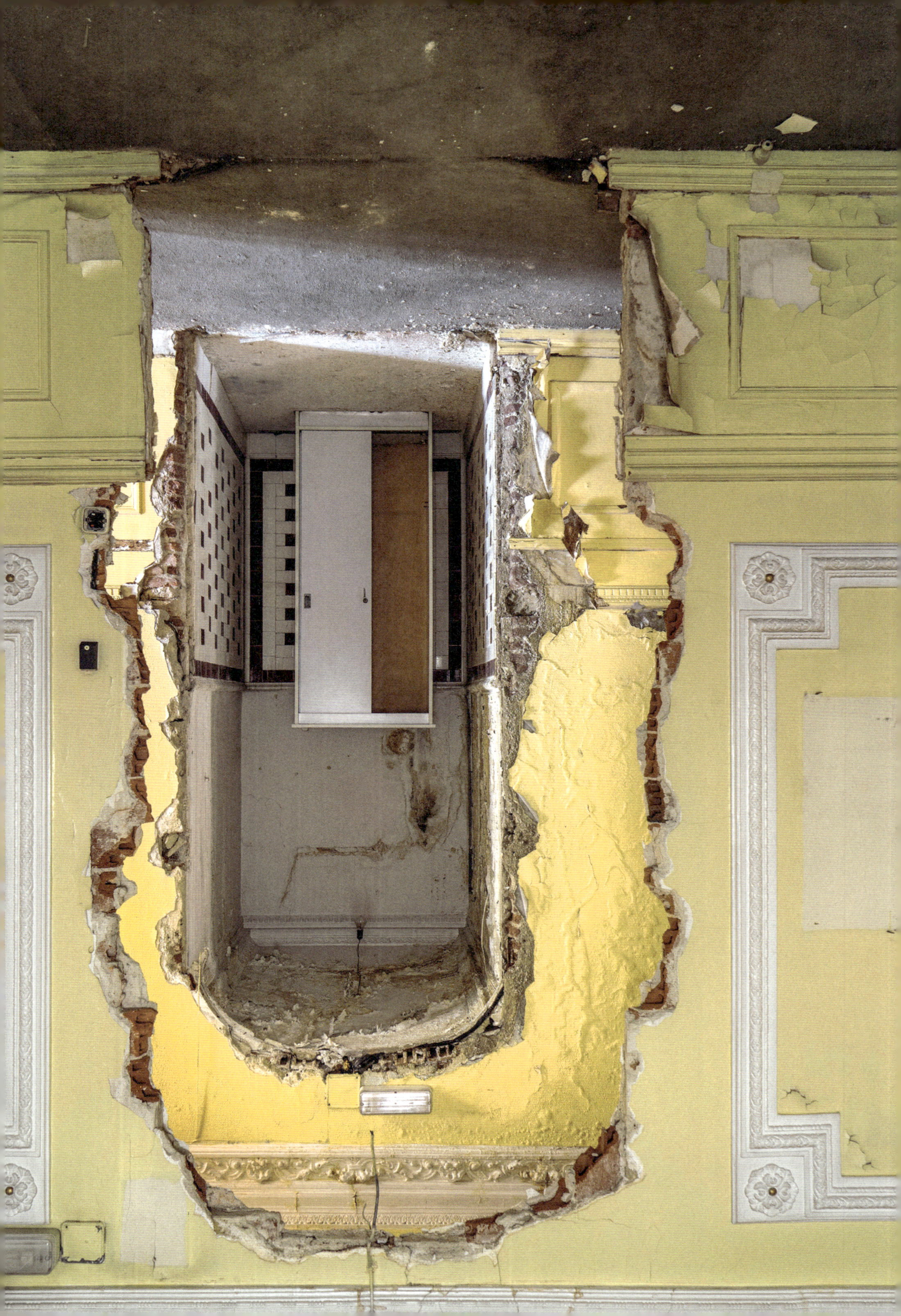

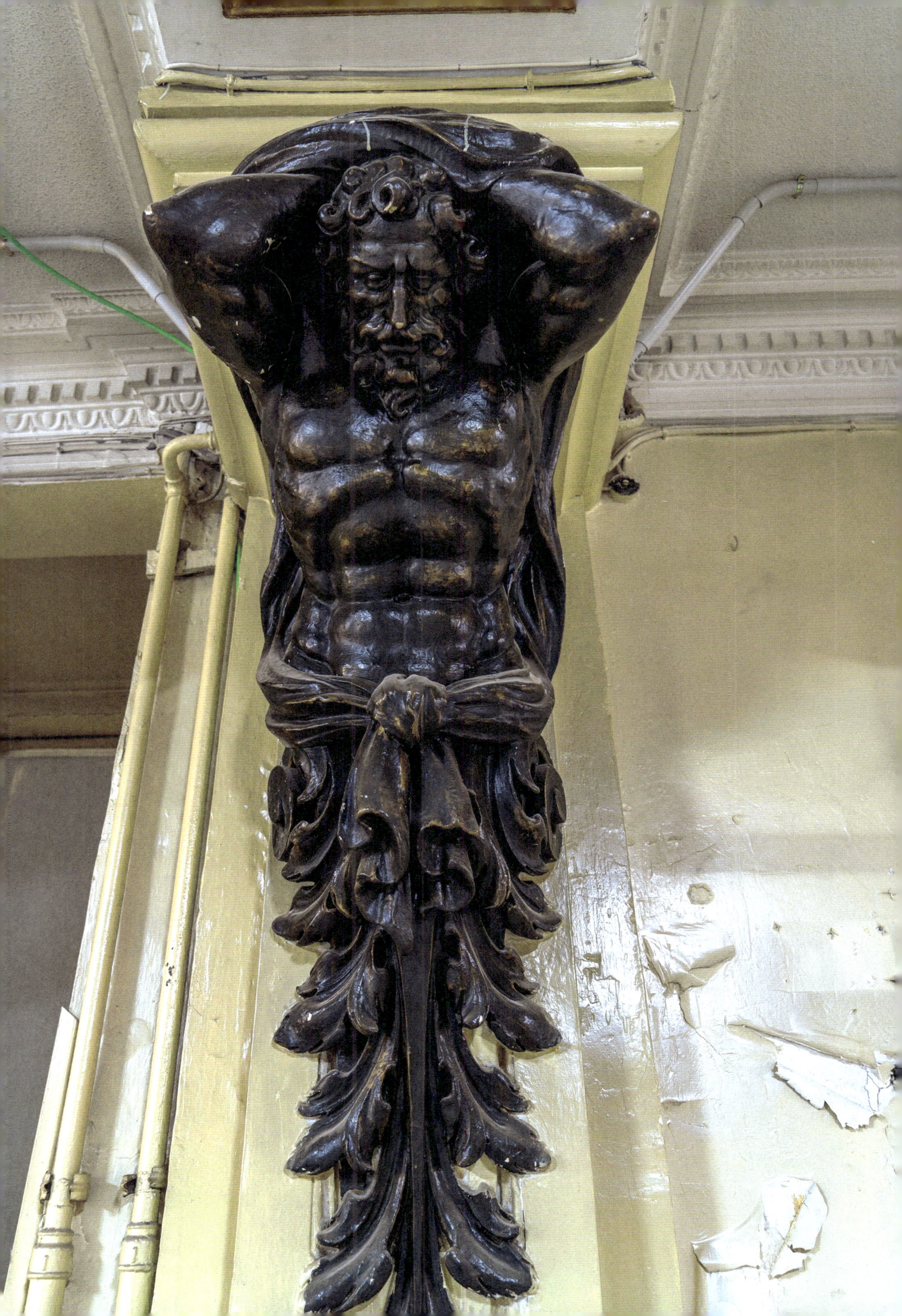

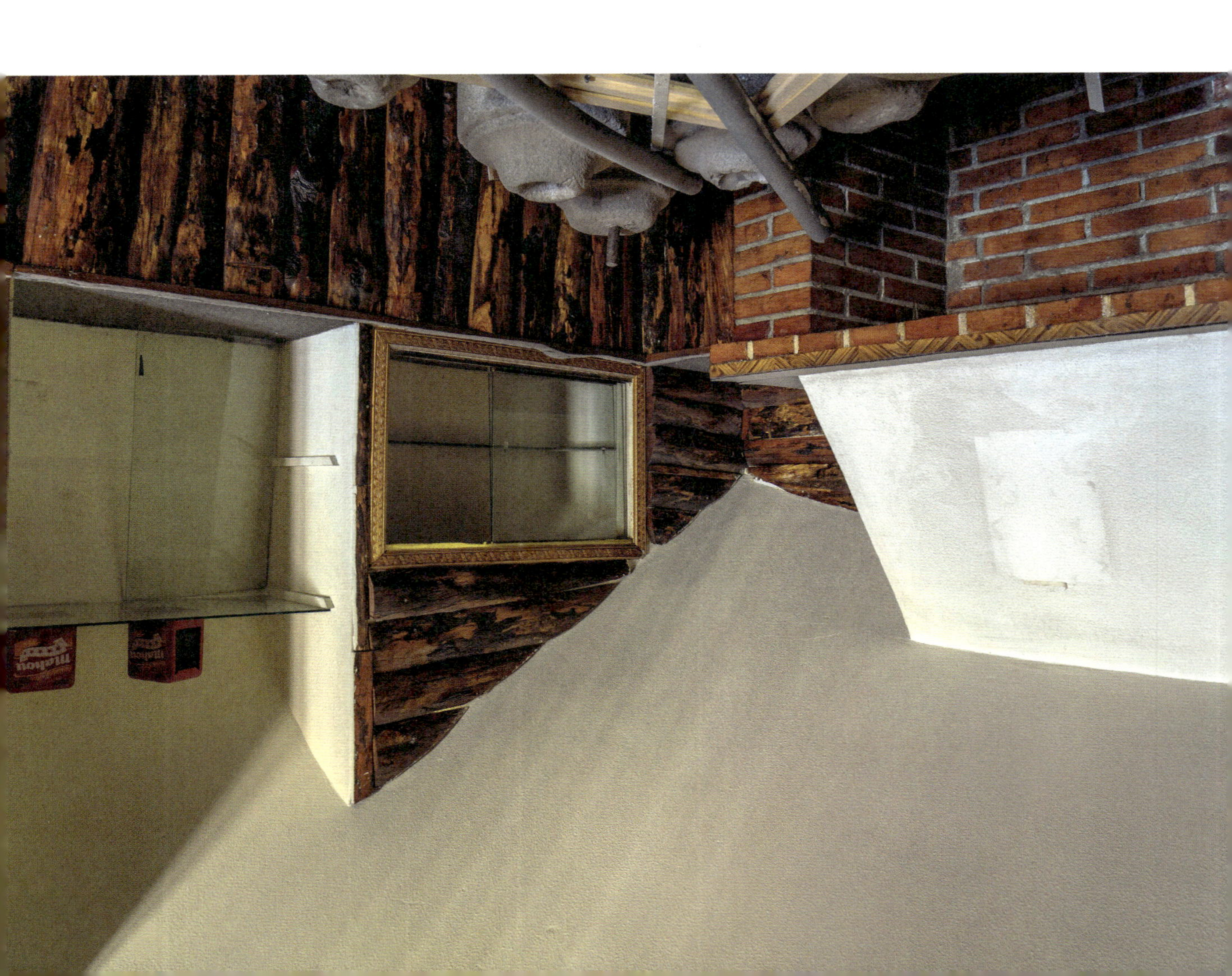

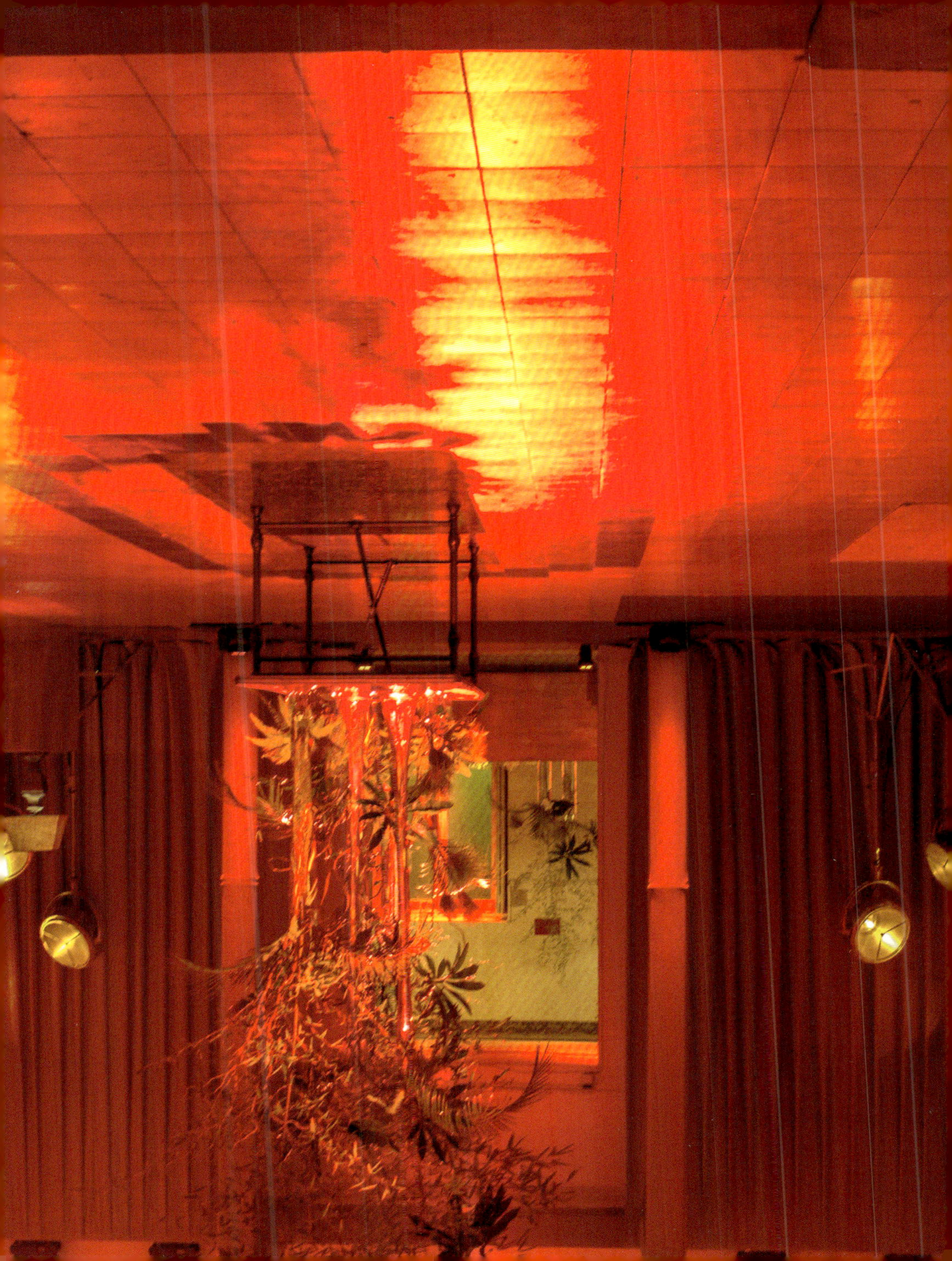

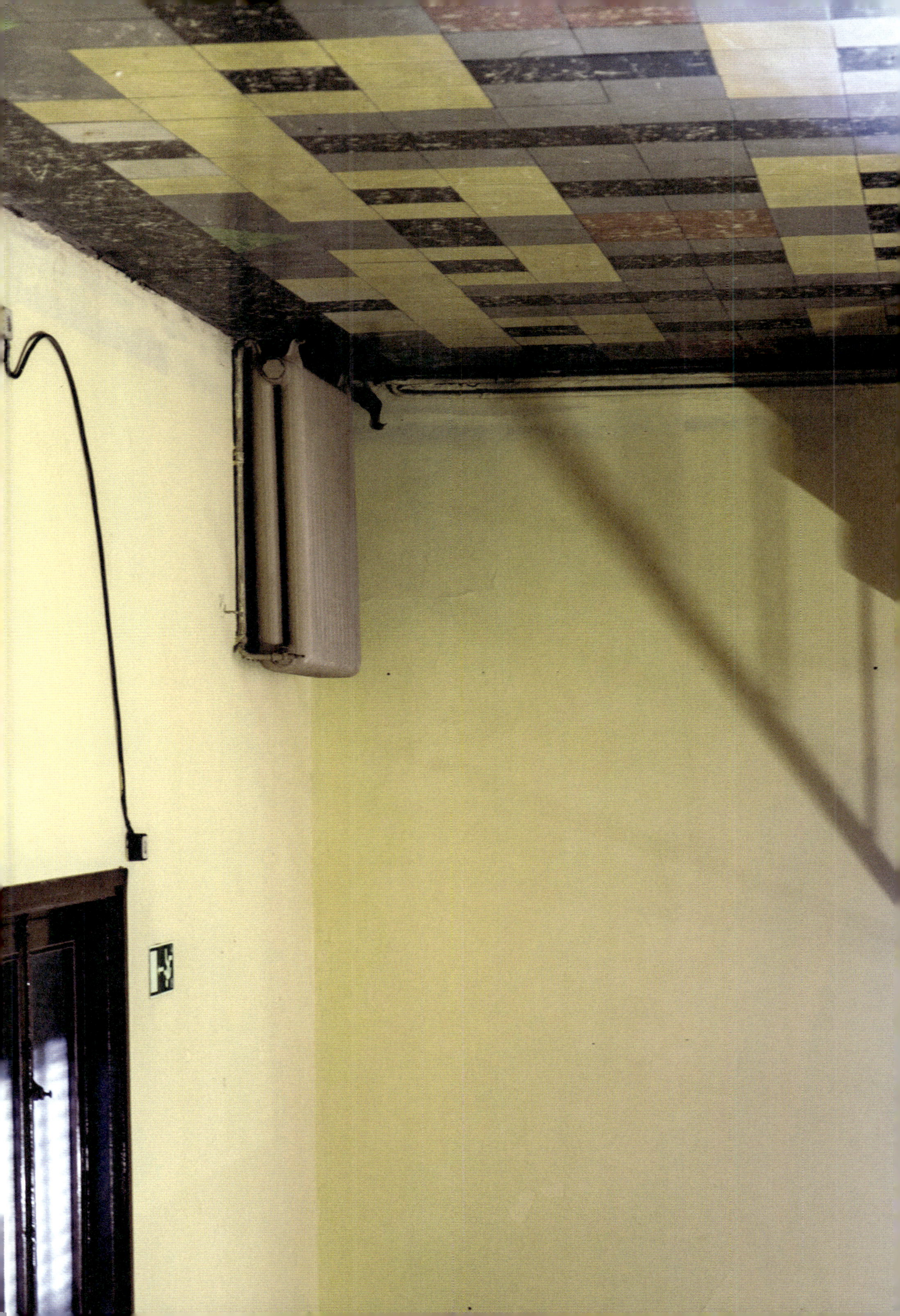

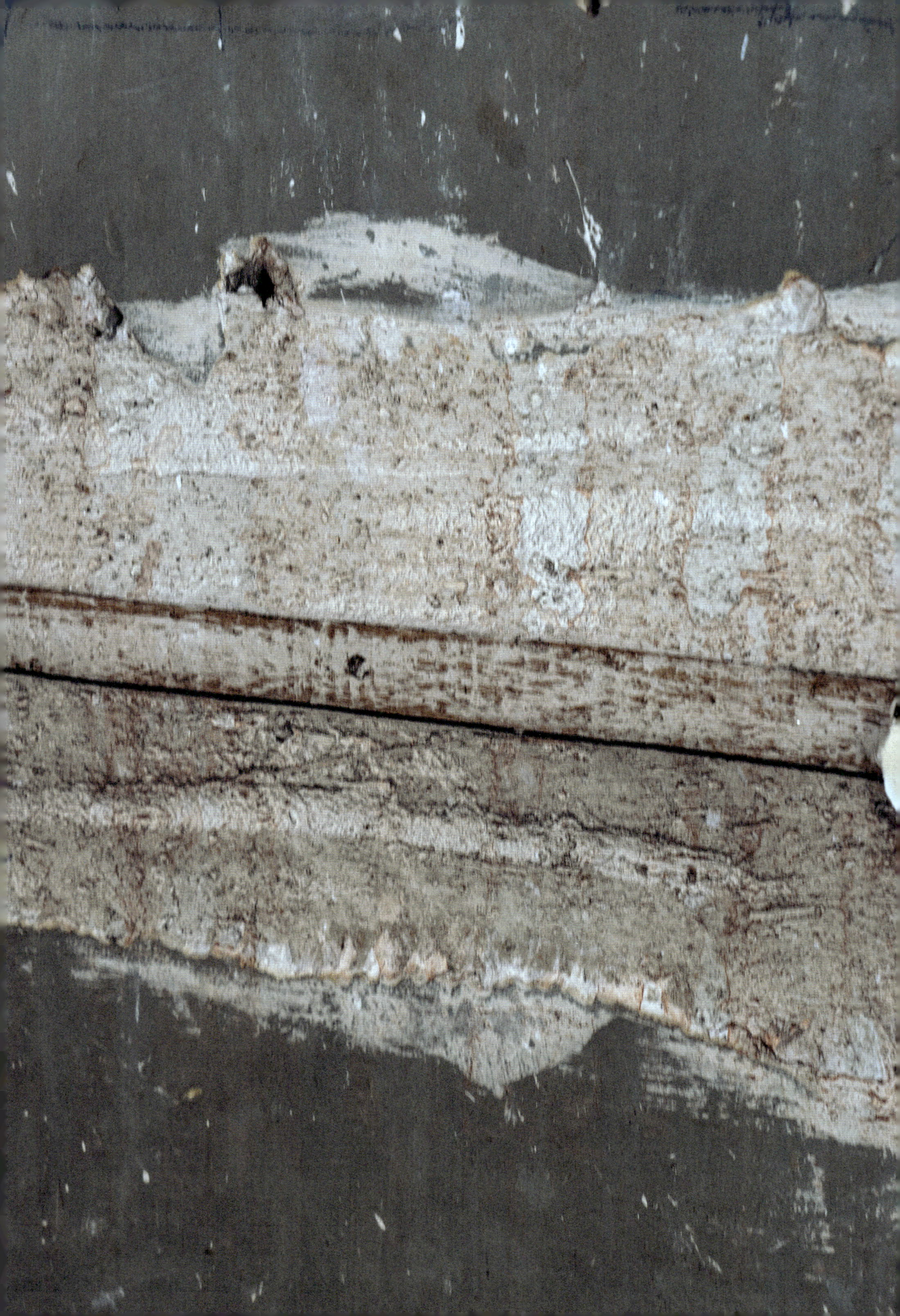

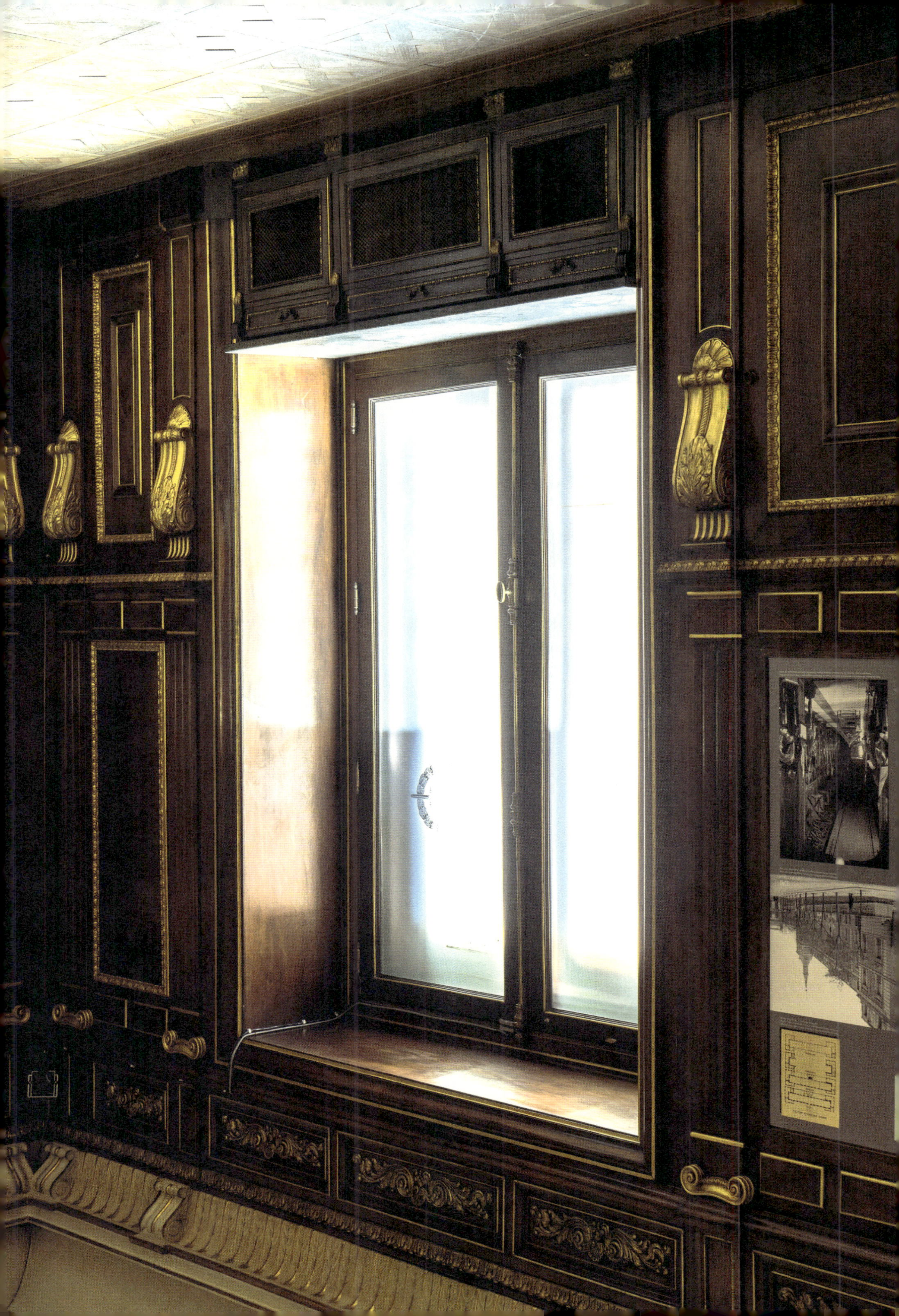

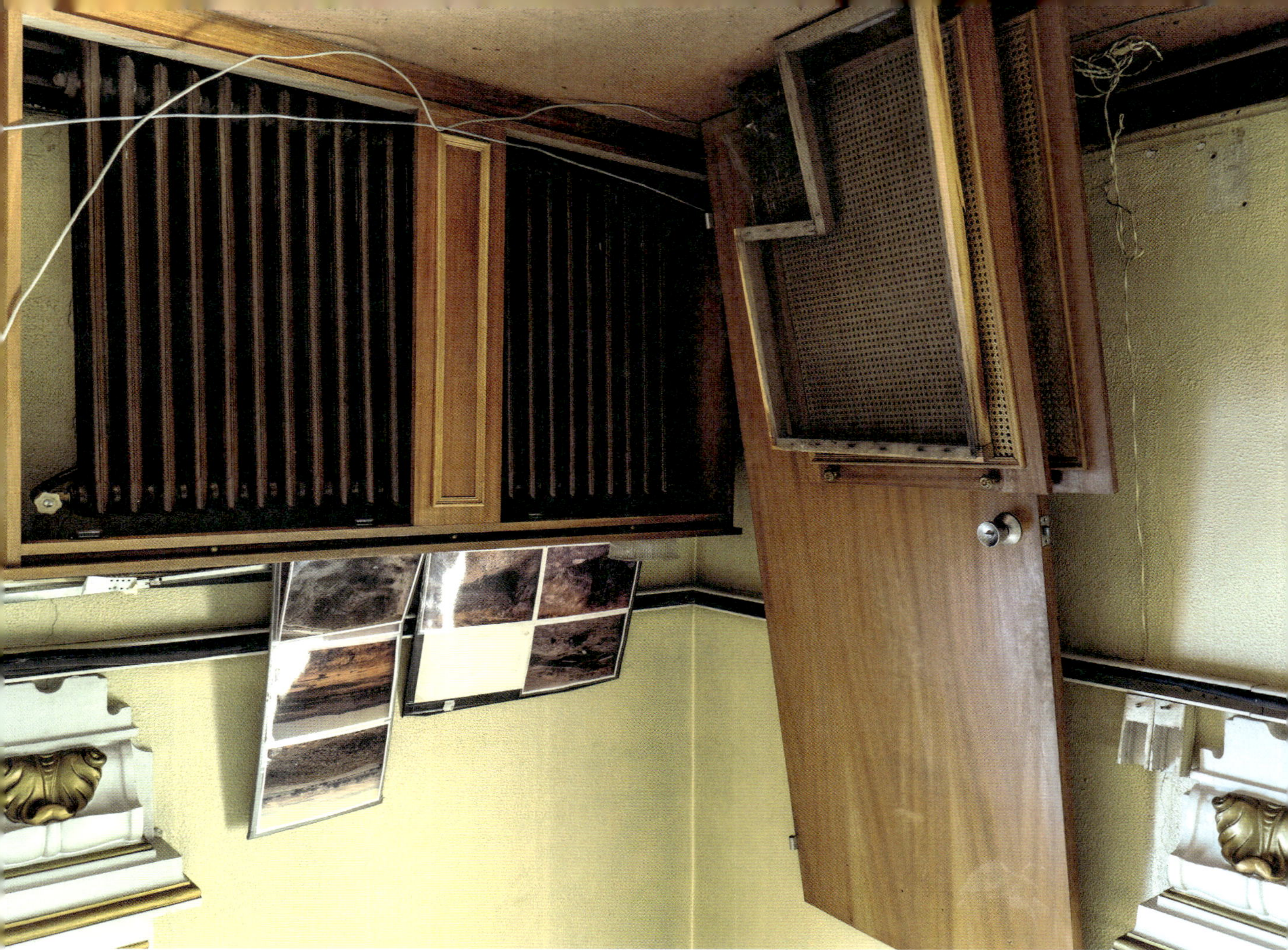

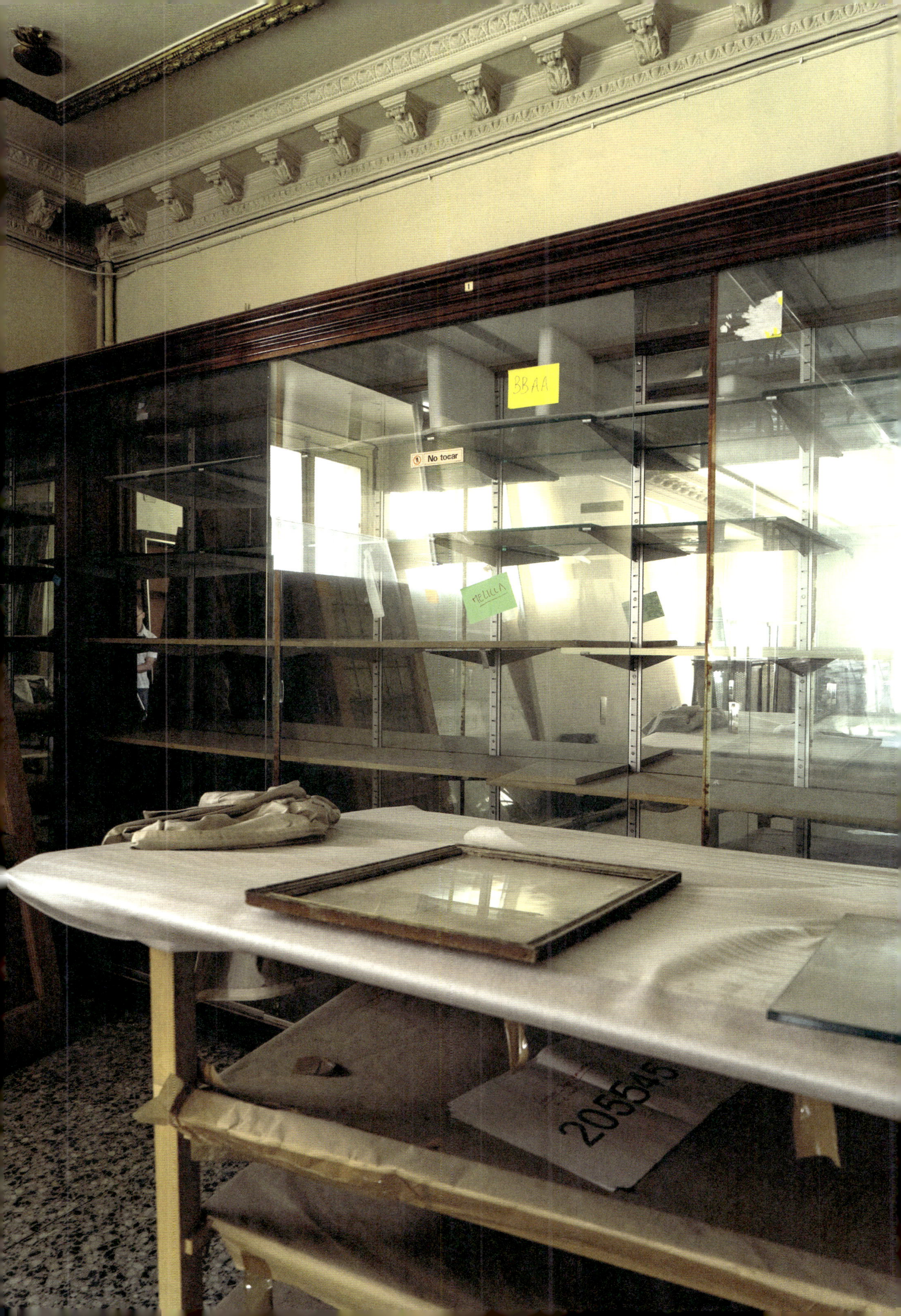

BBAA
No tocar
MELILLA
205545

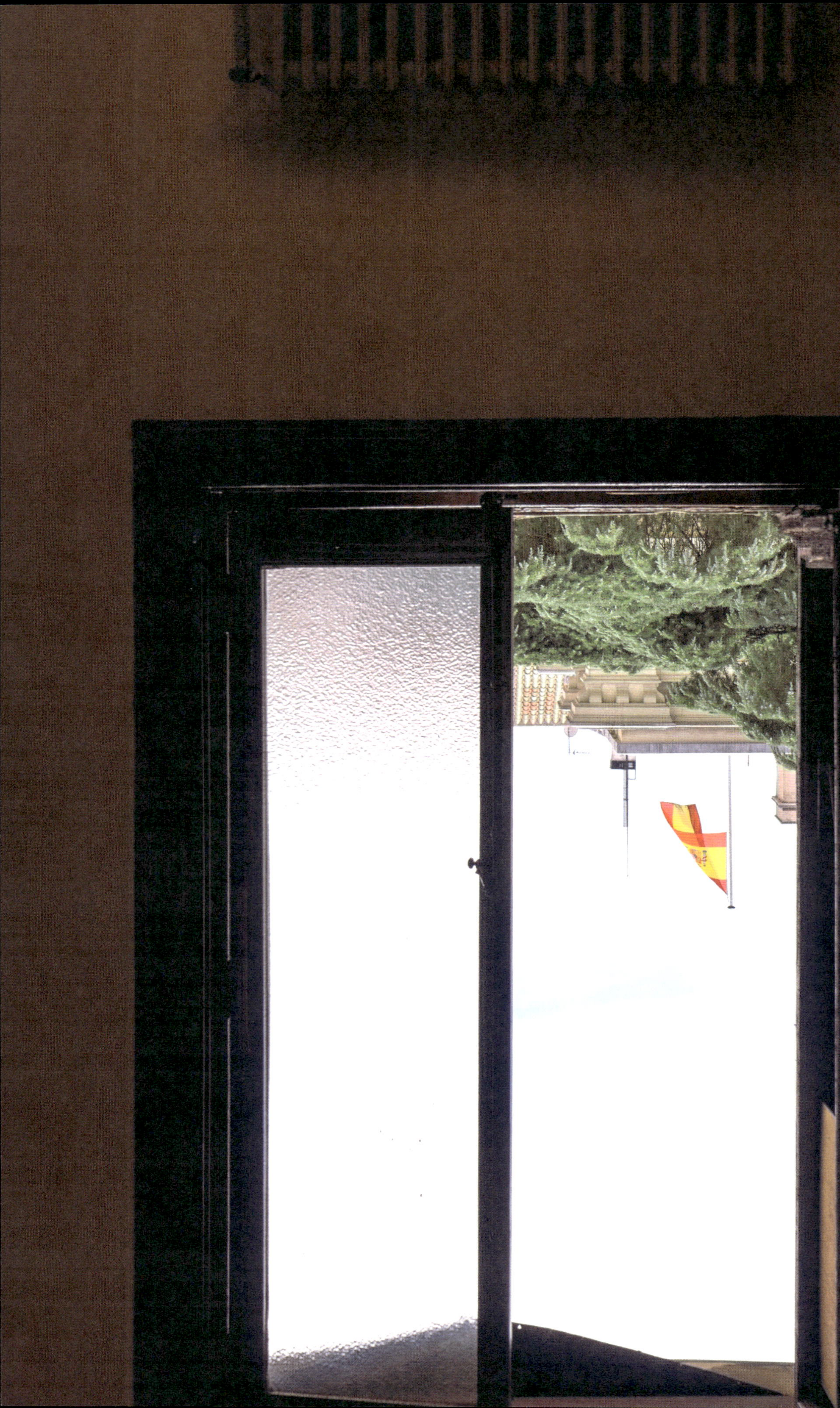

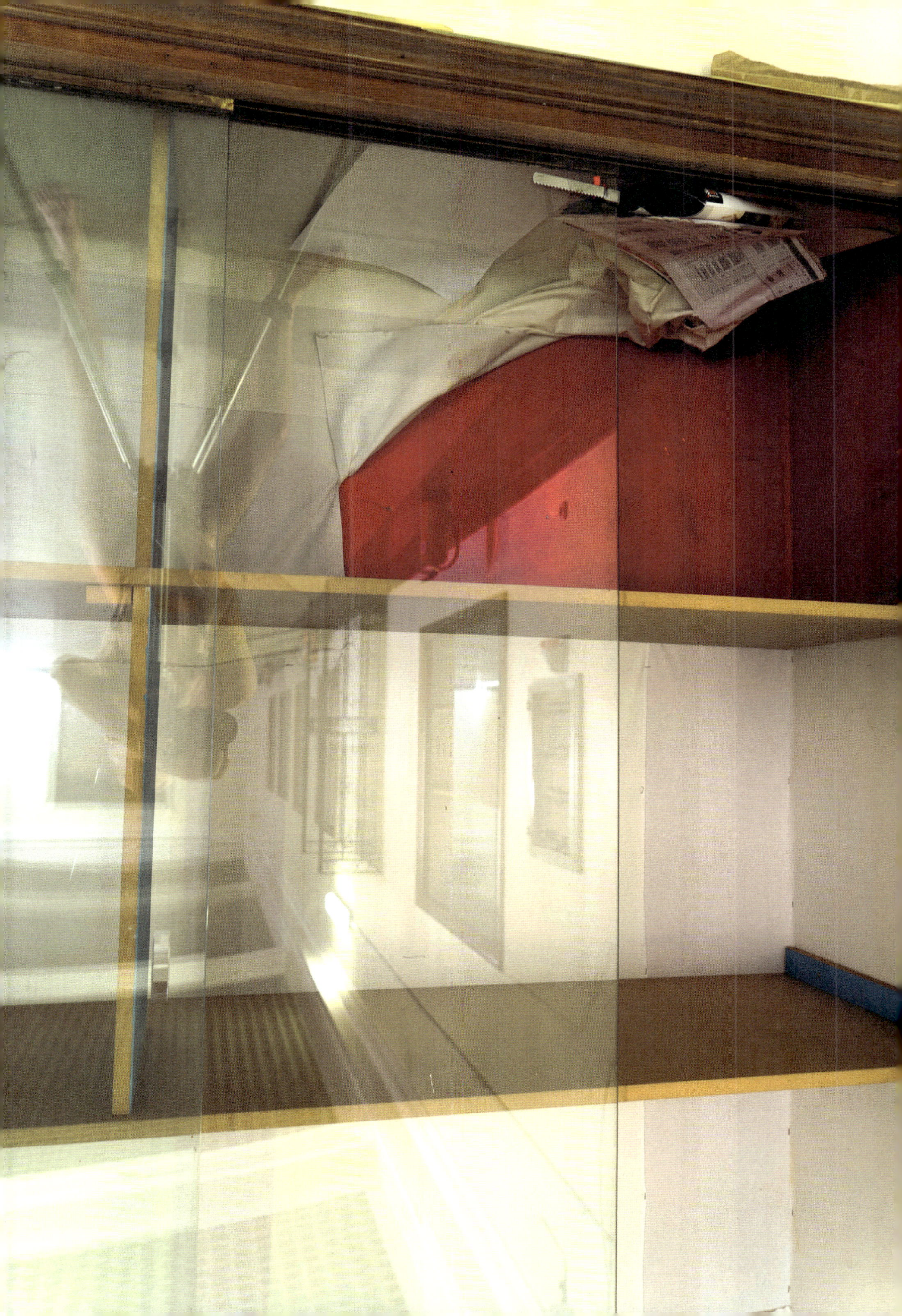

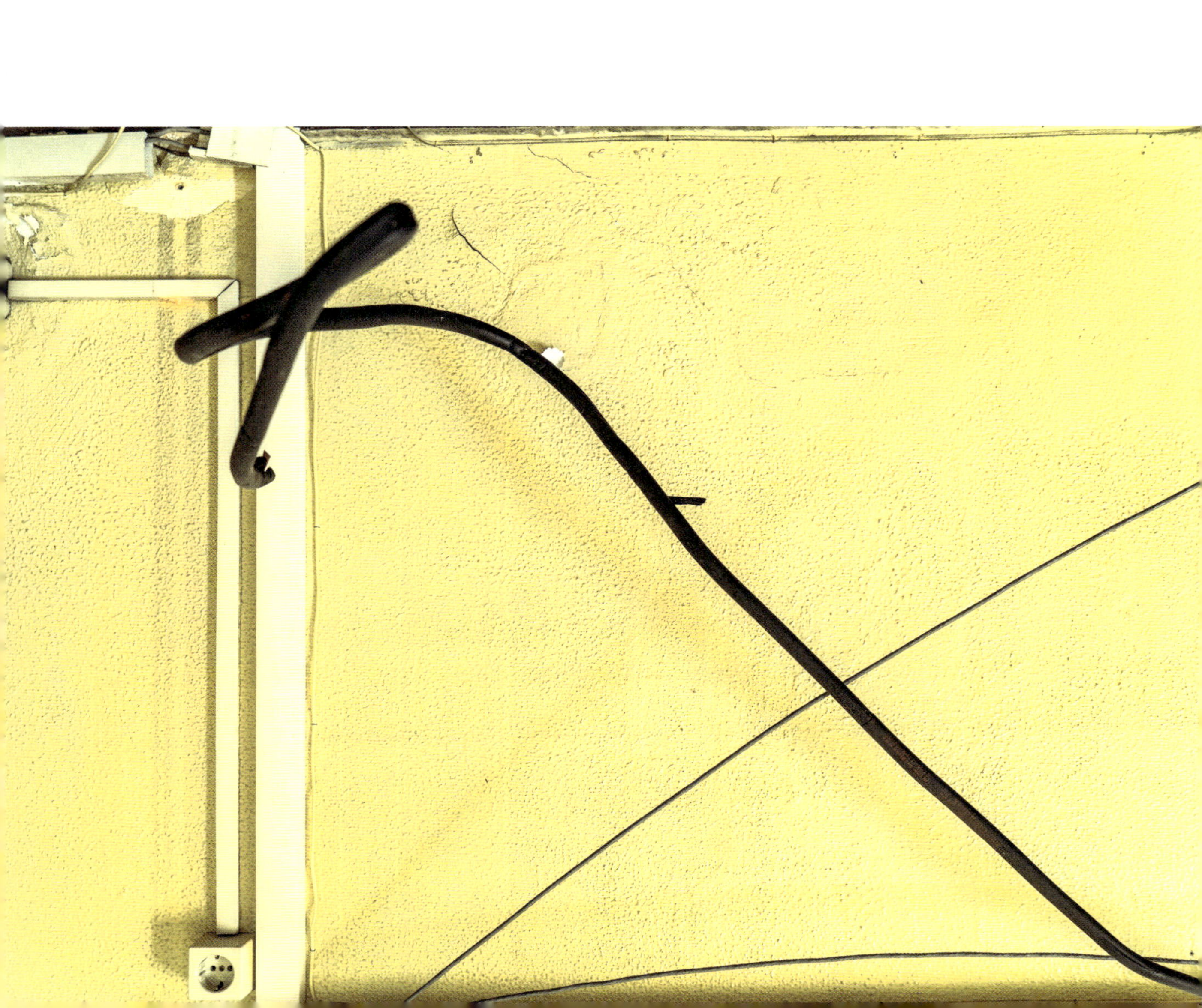

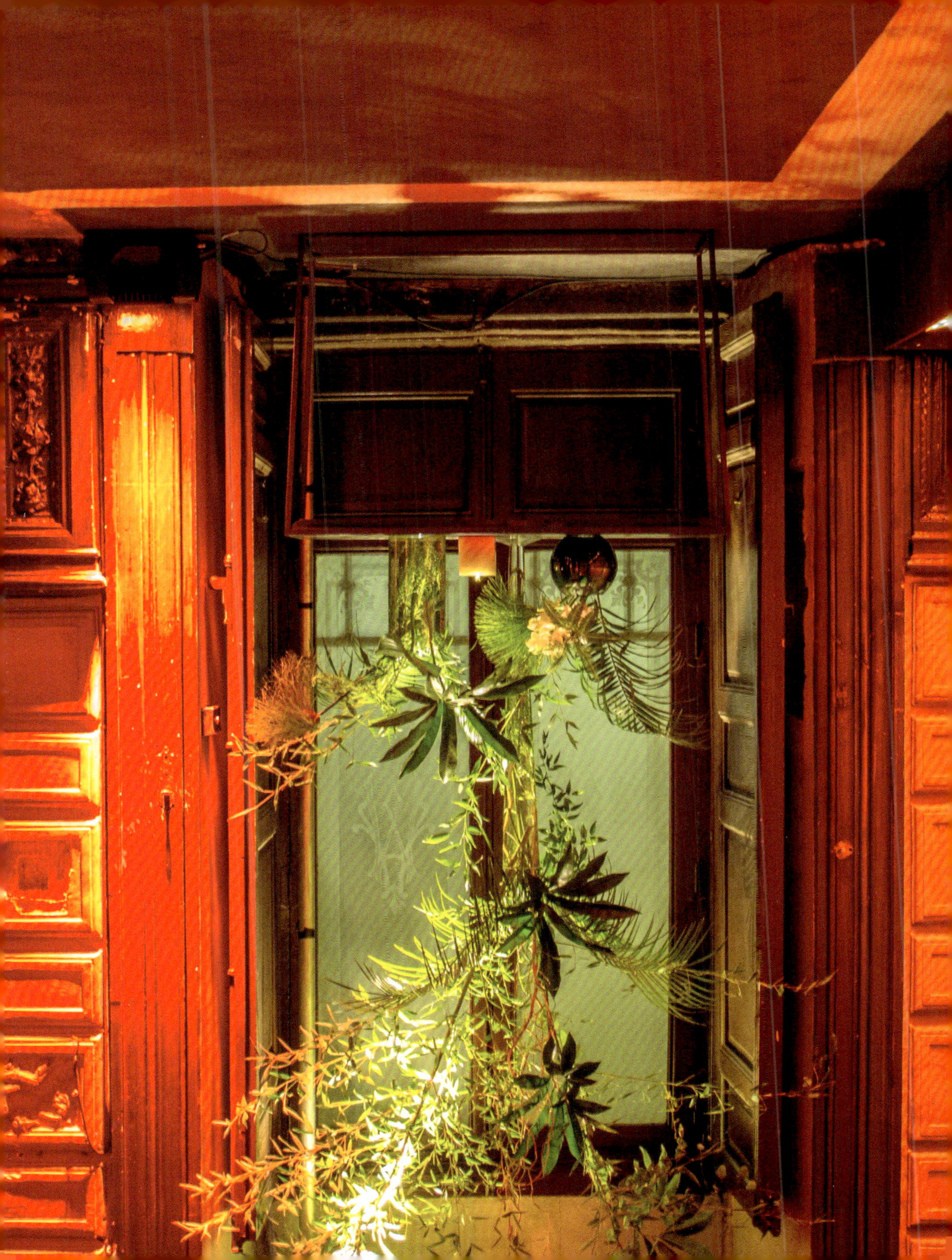

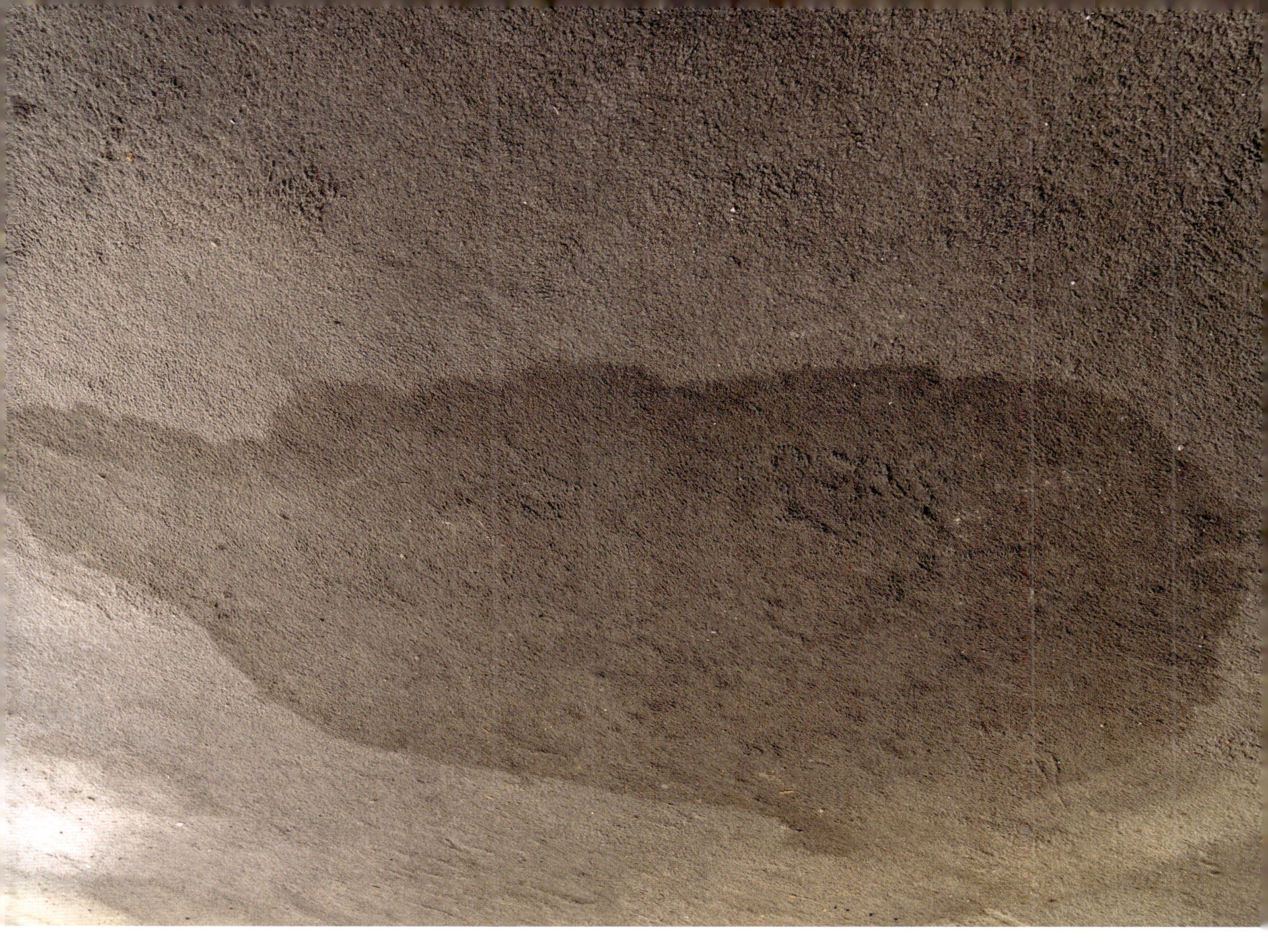

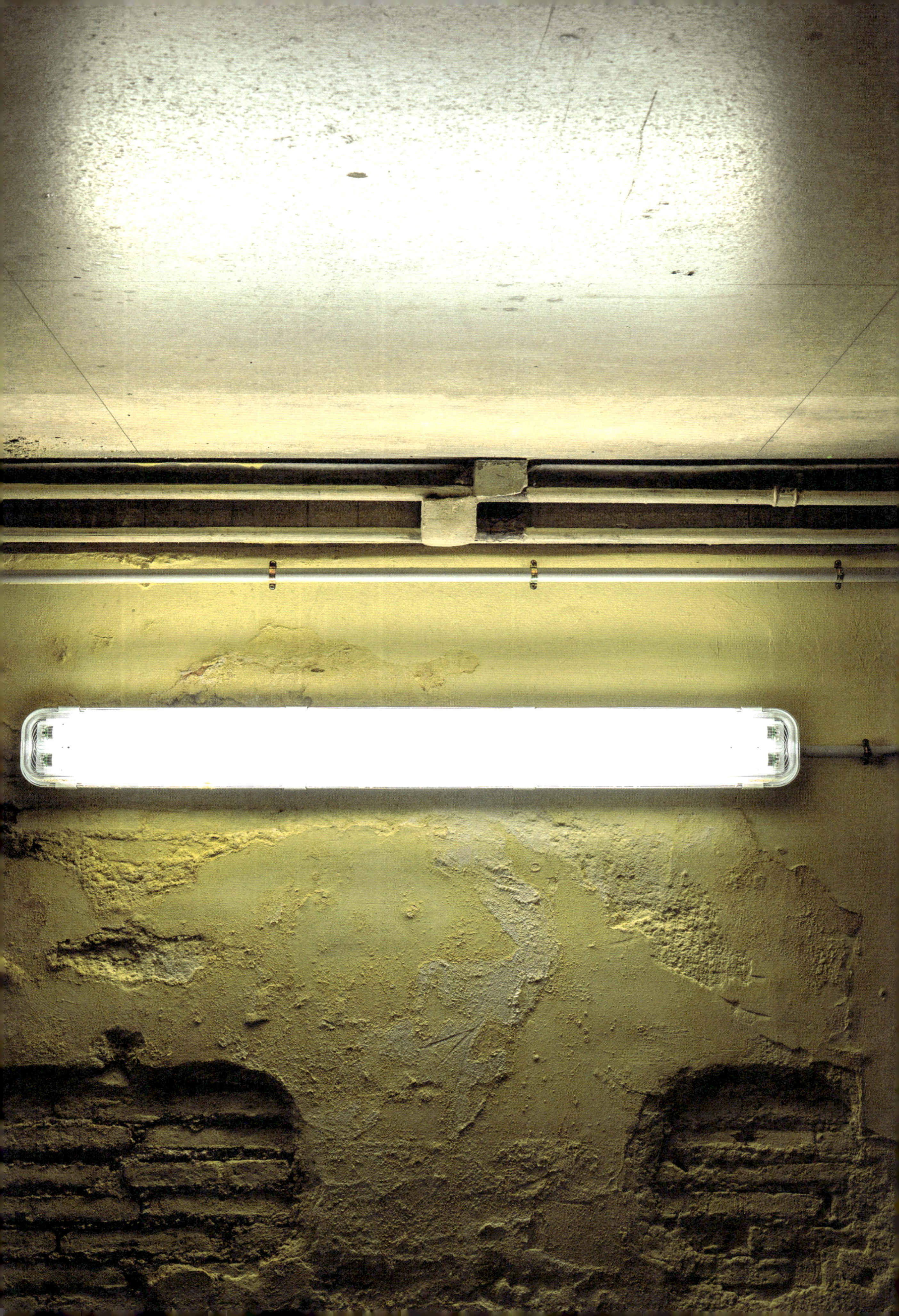

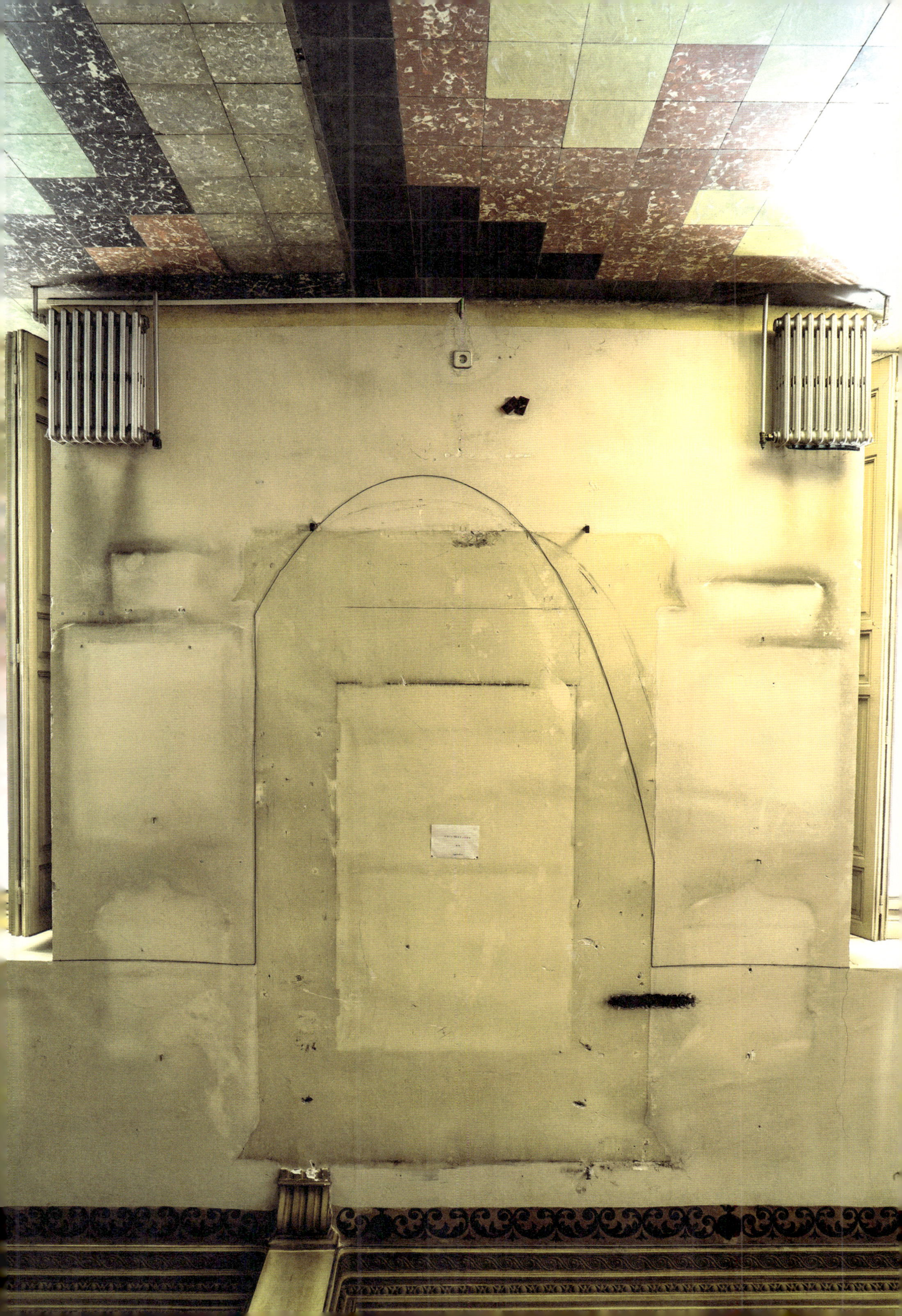

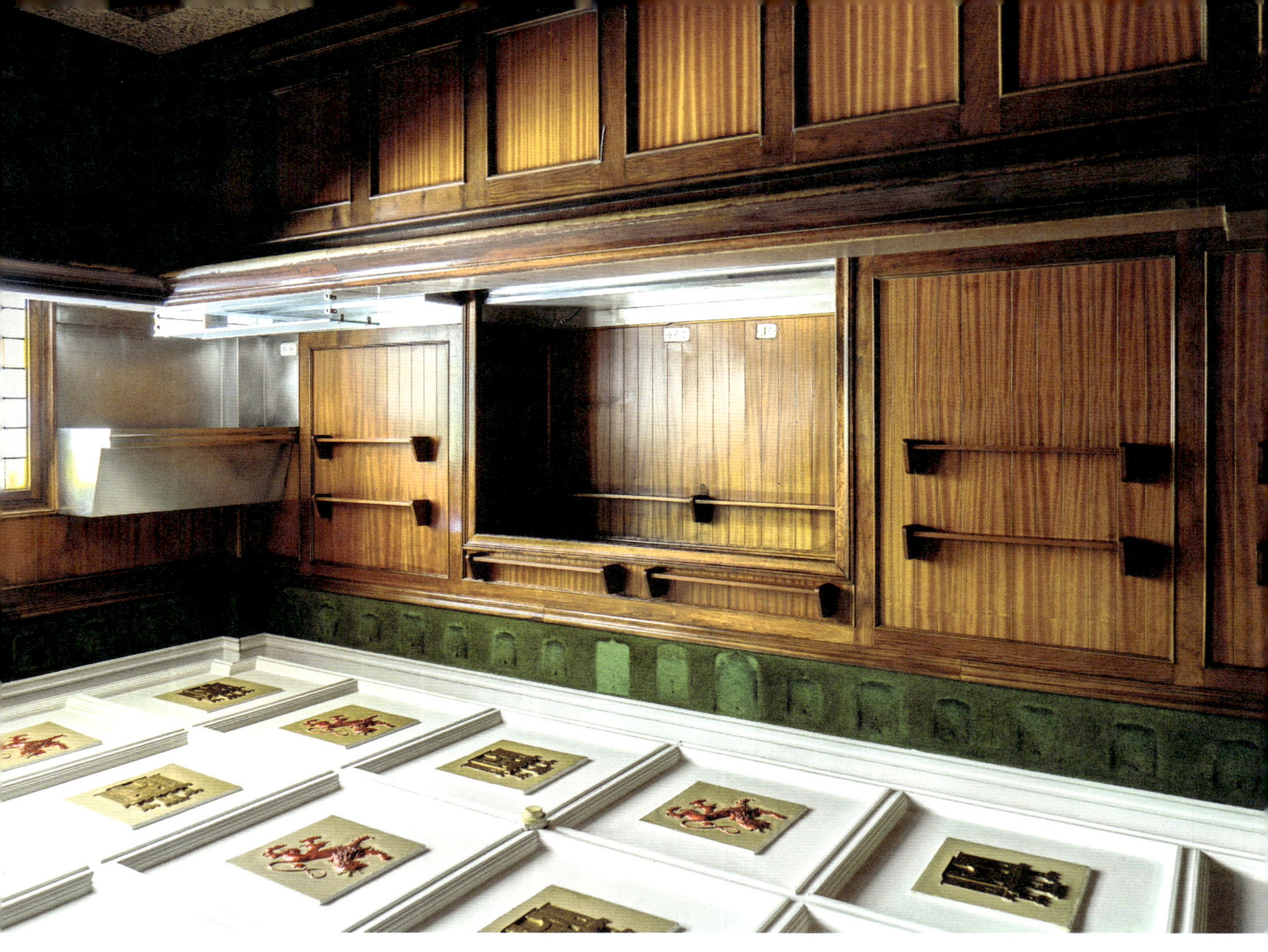

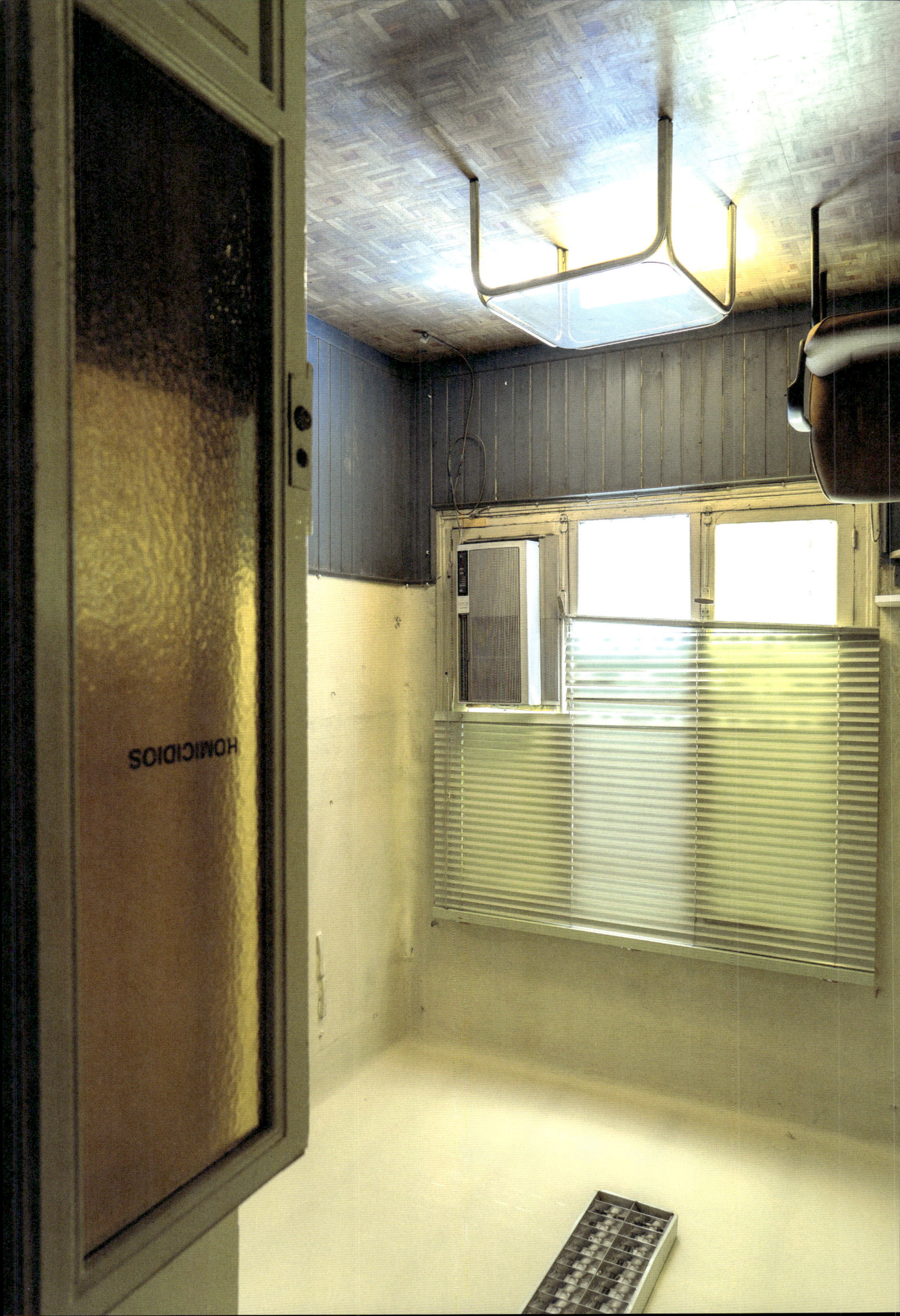

HOMICIDIOS

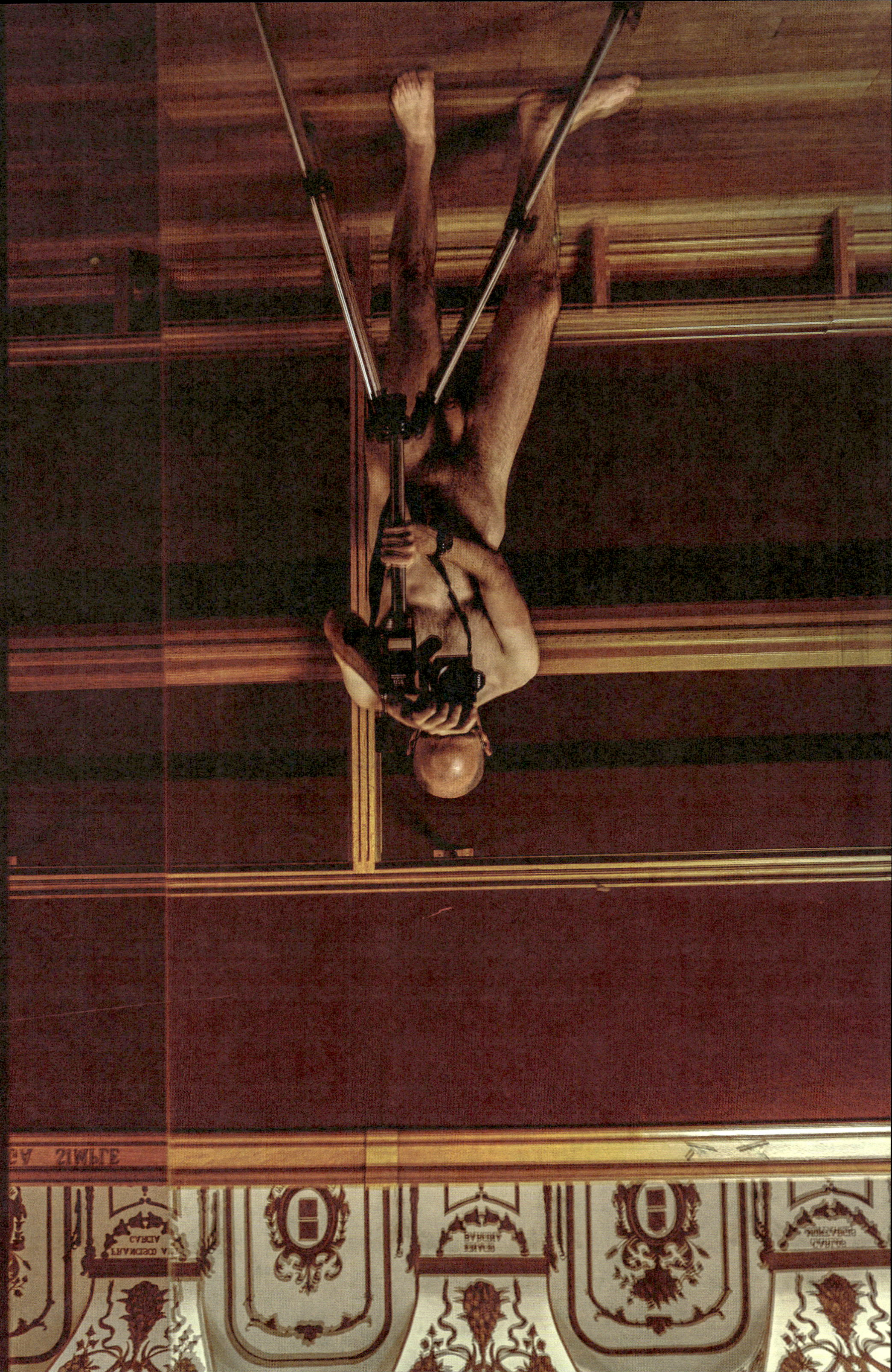

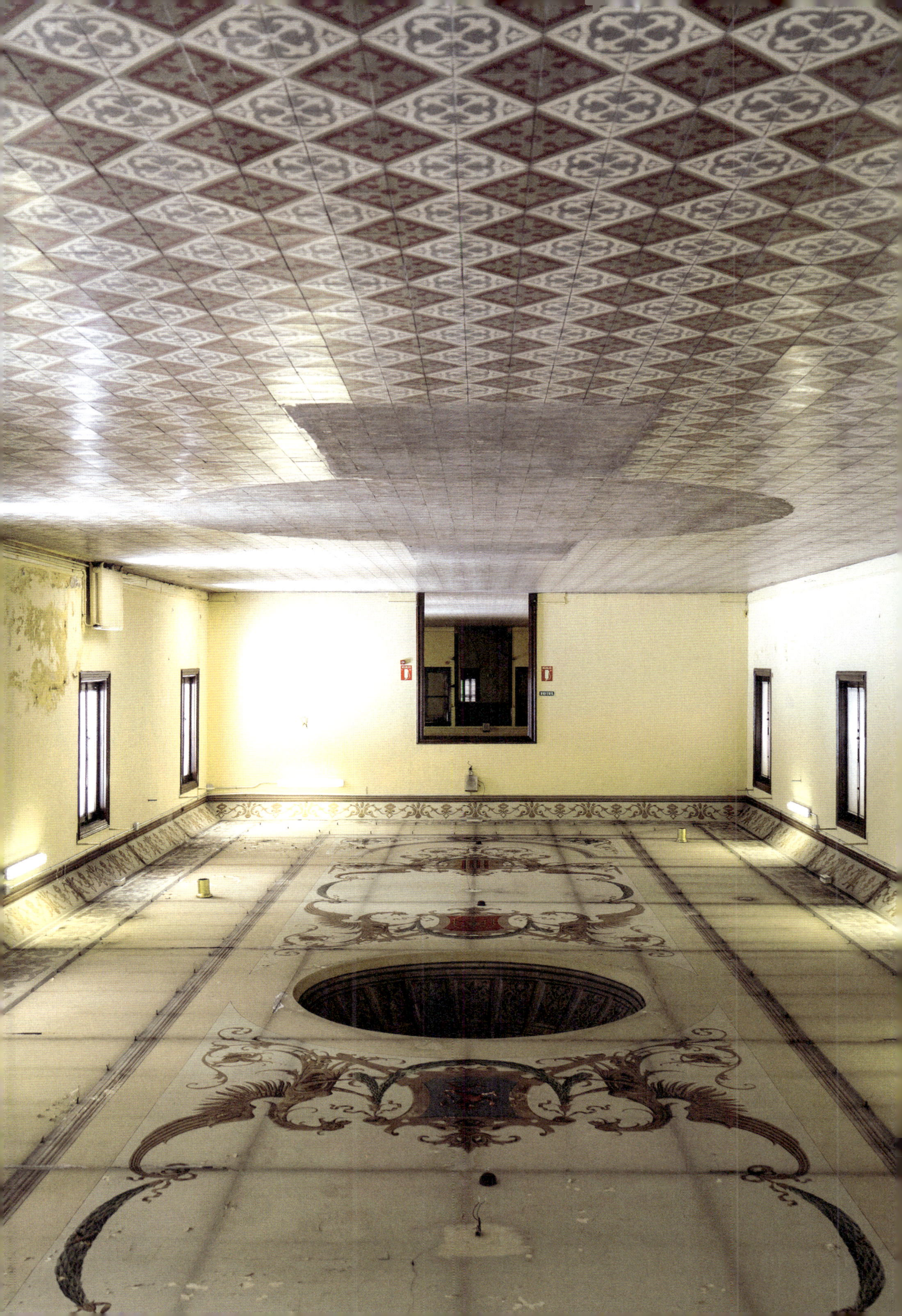

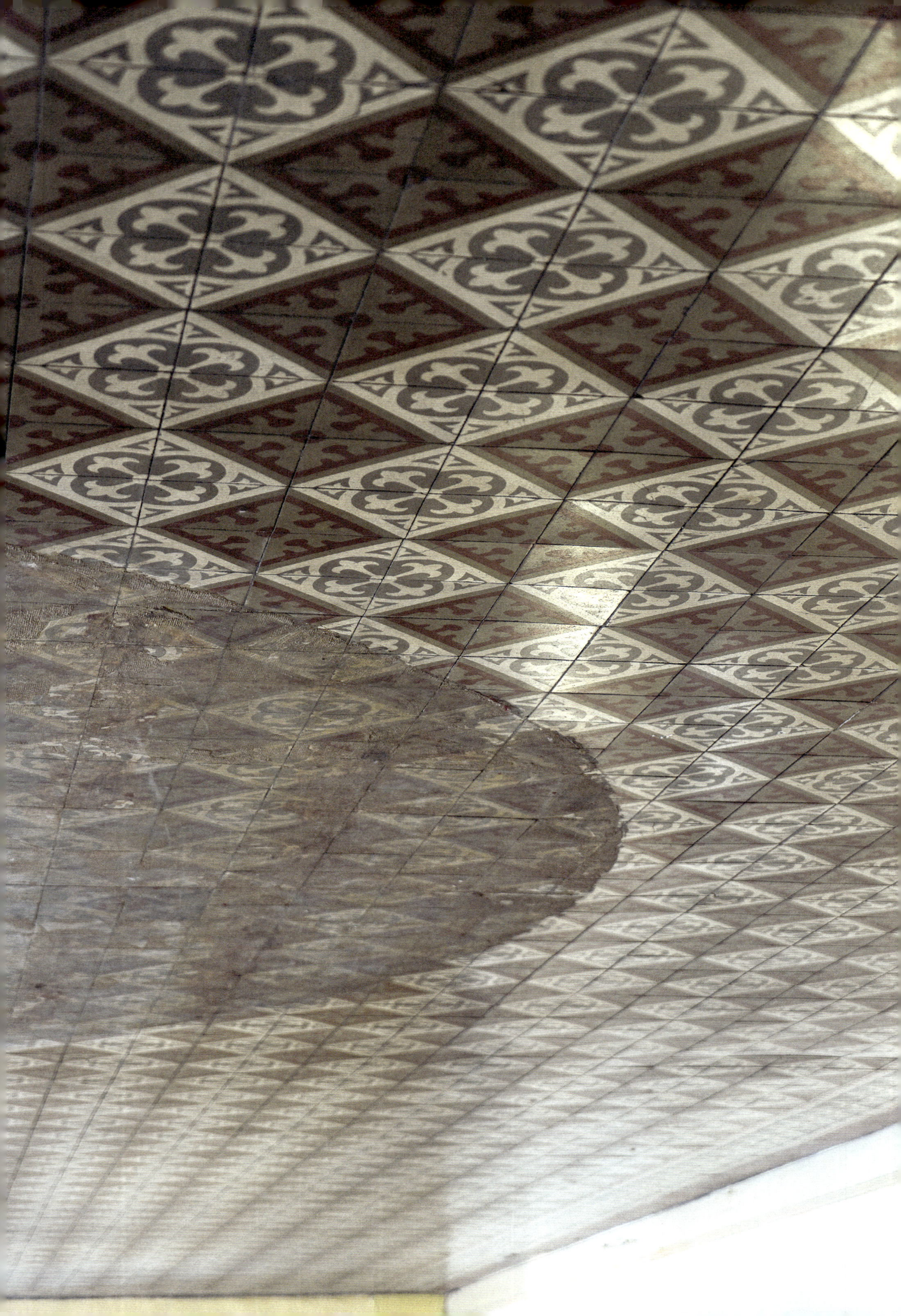

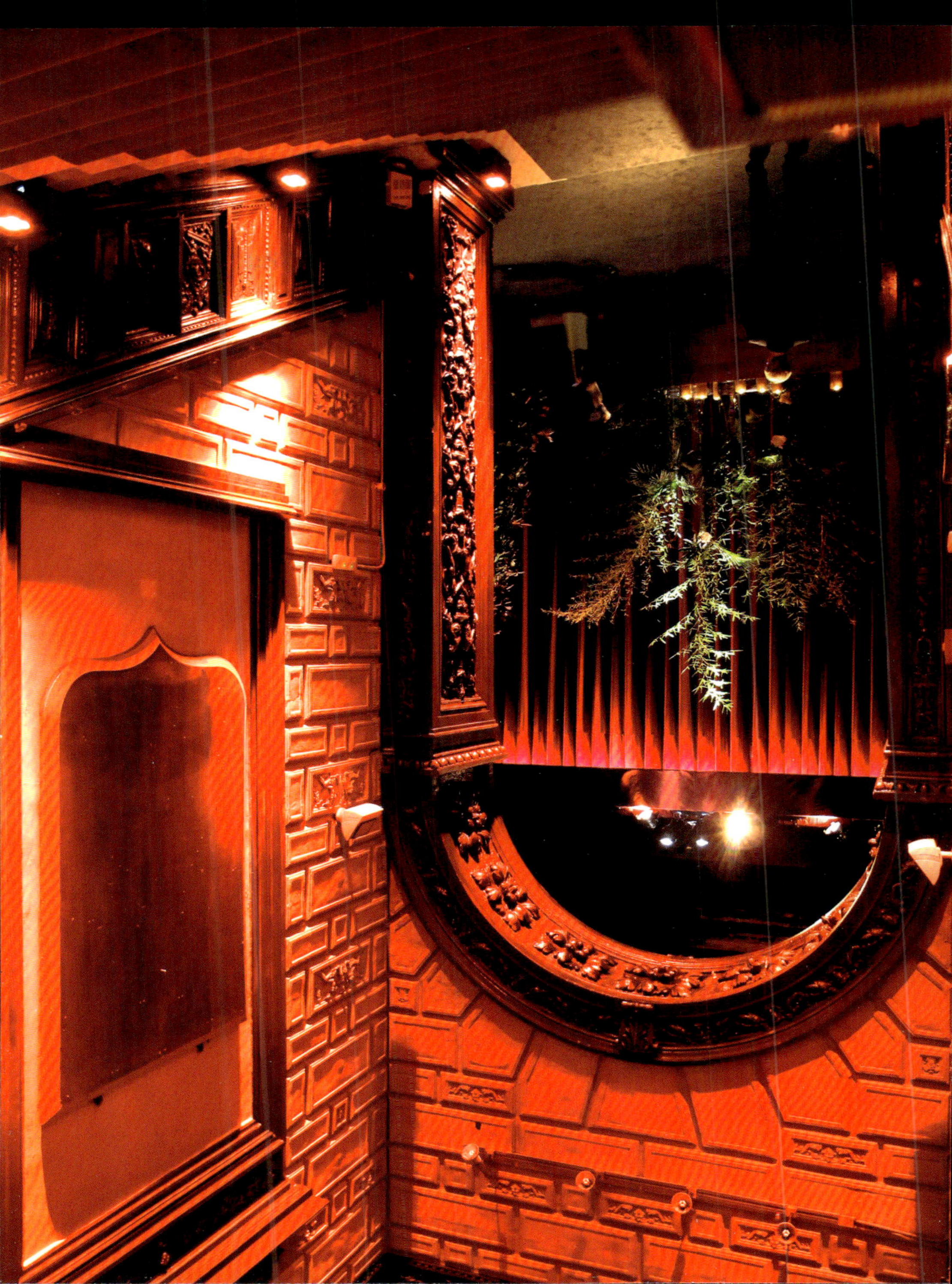

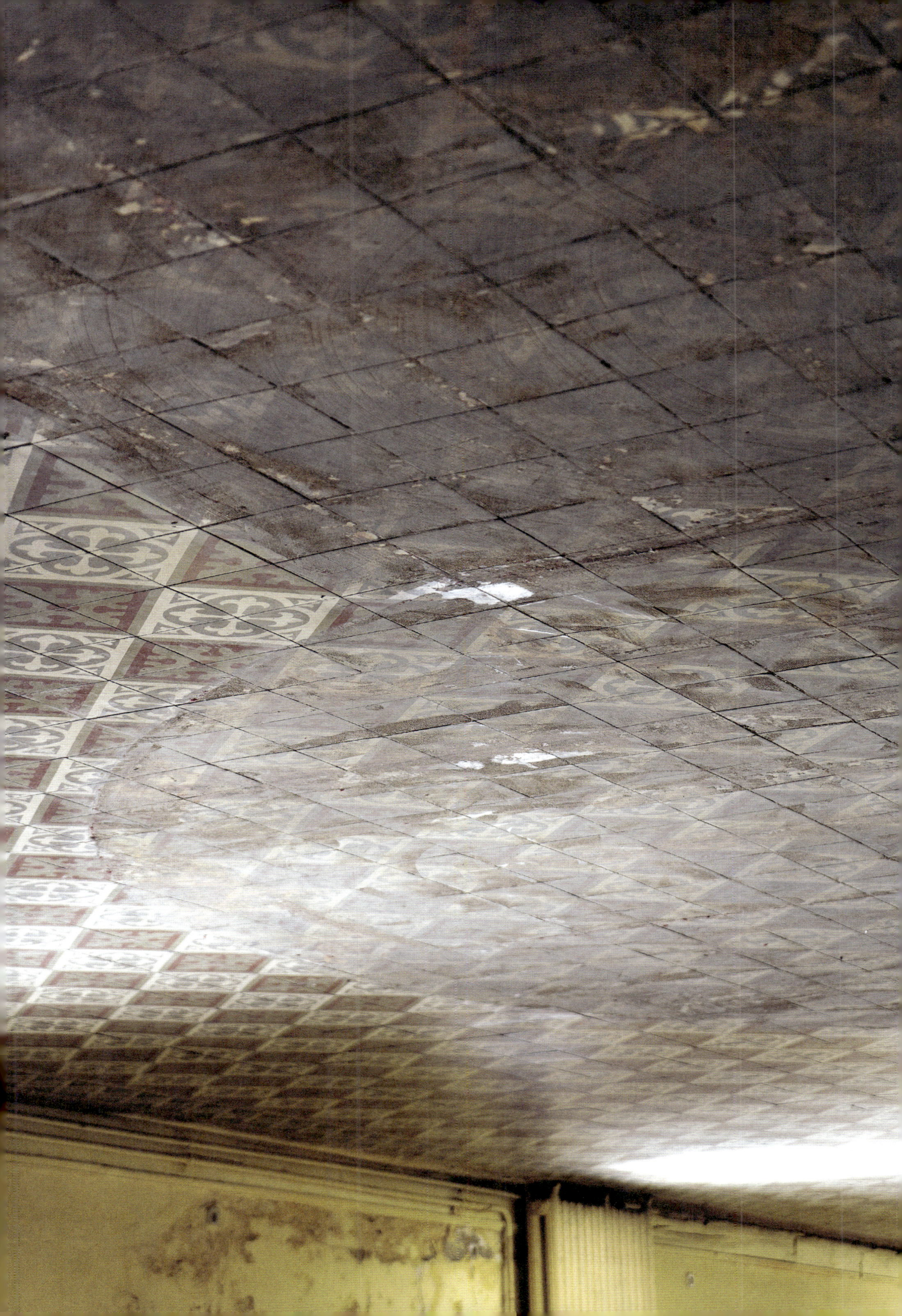

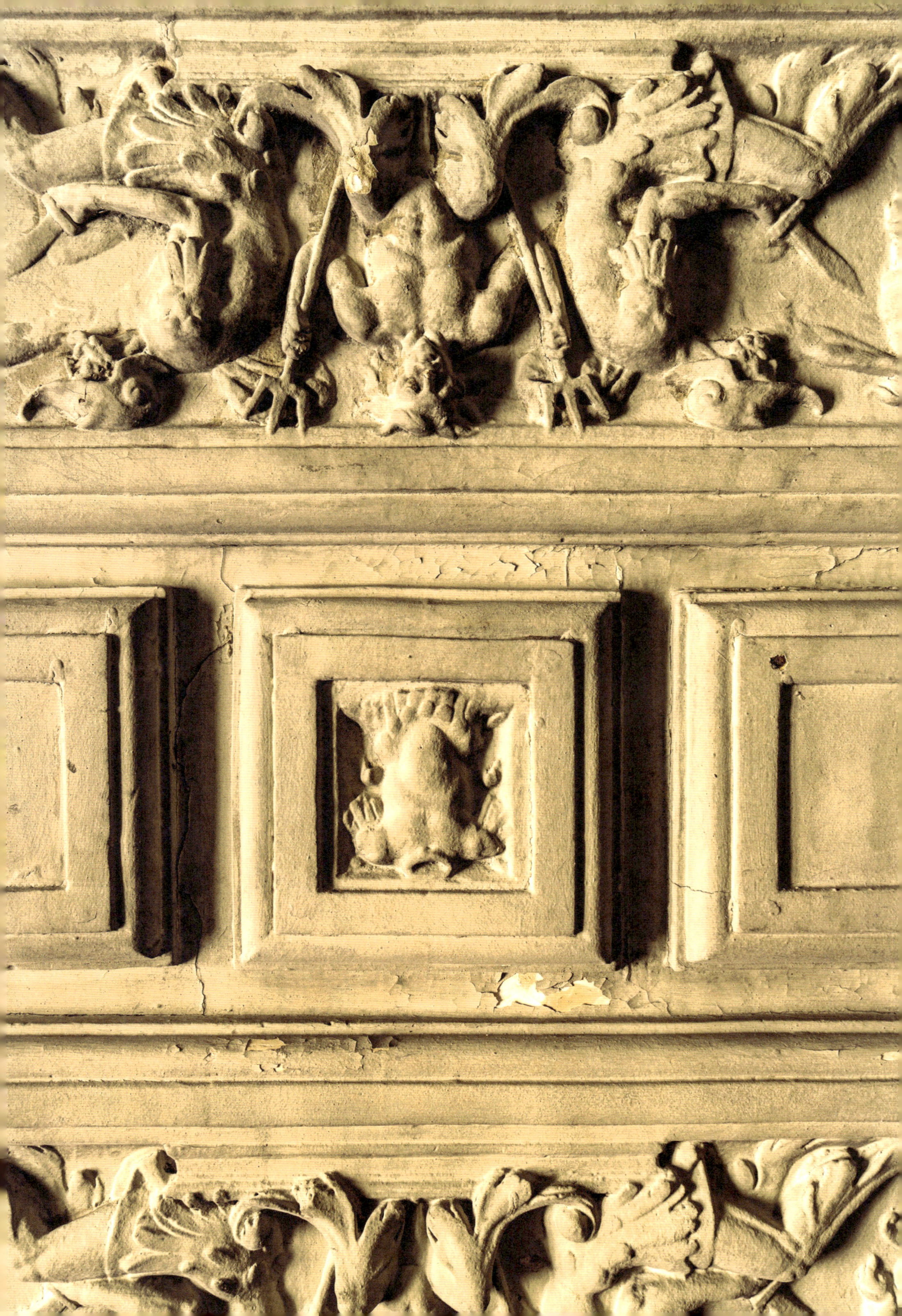

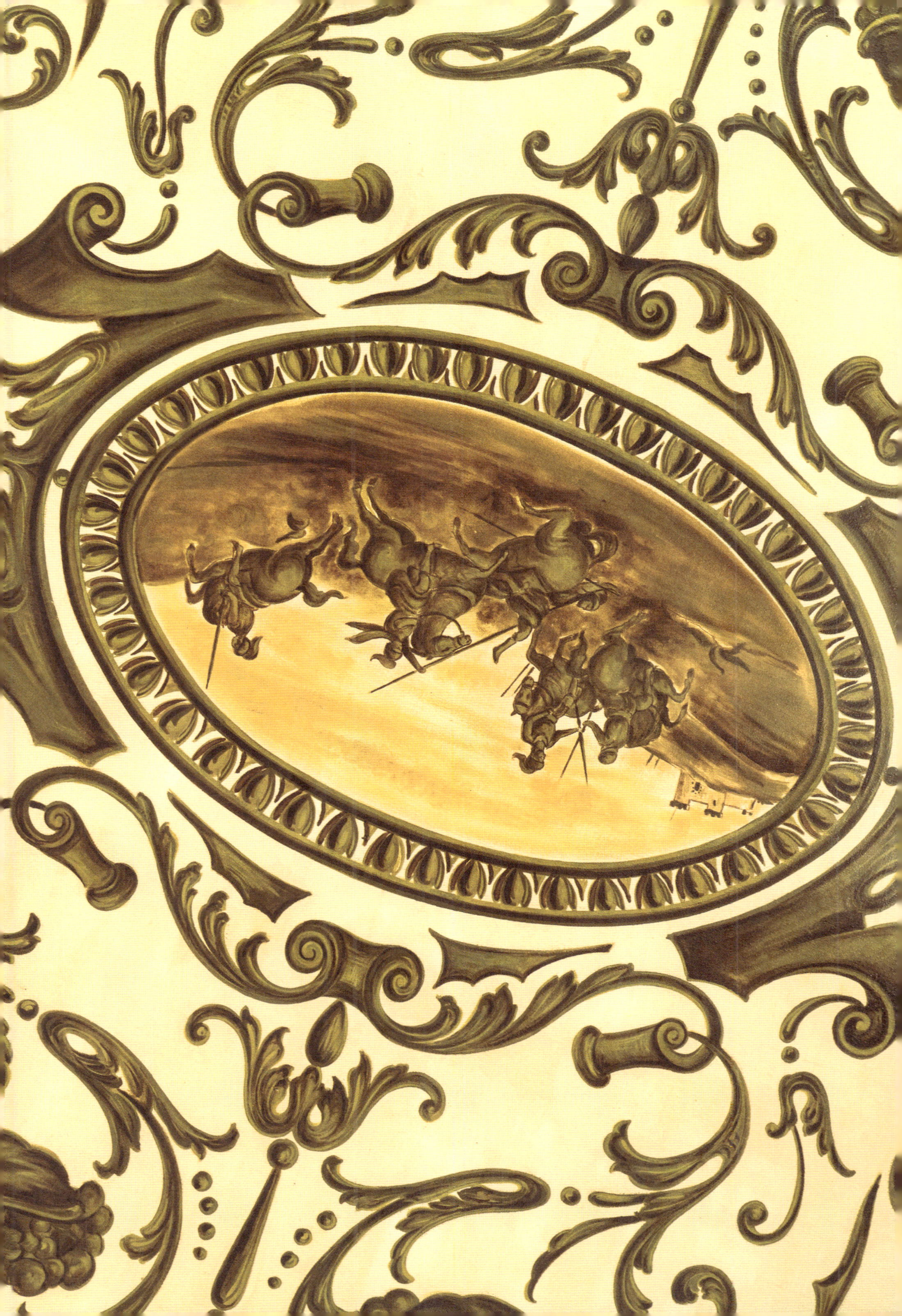

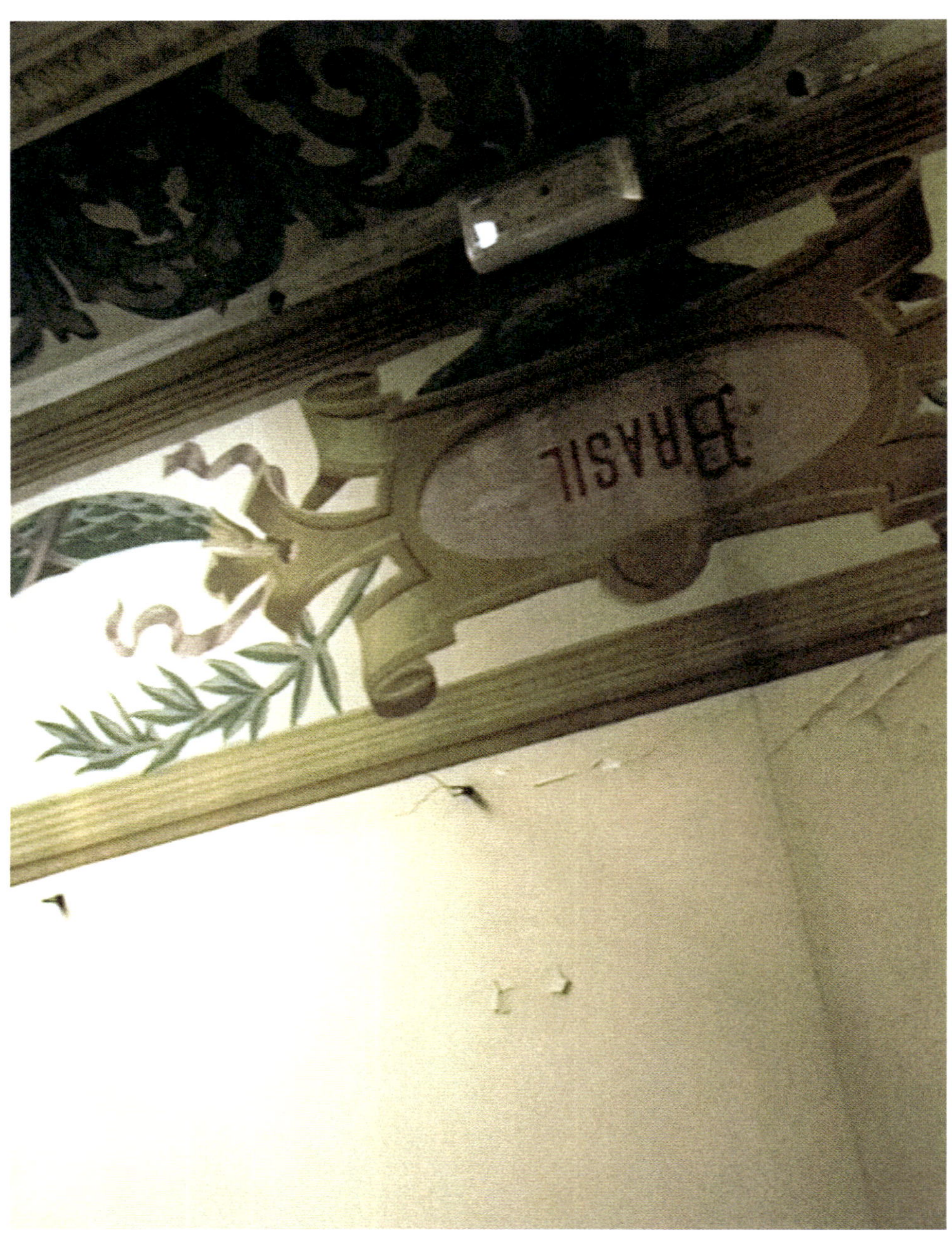

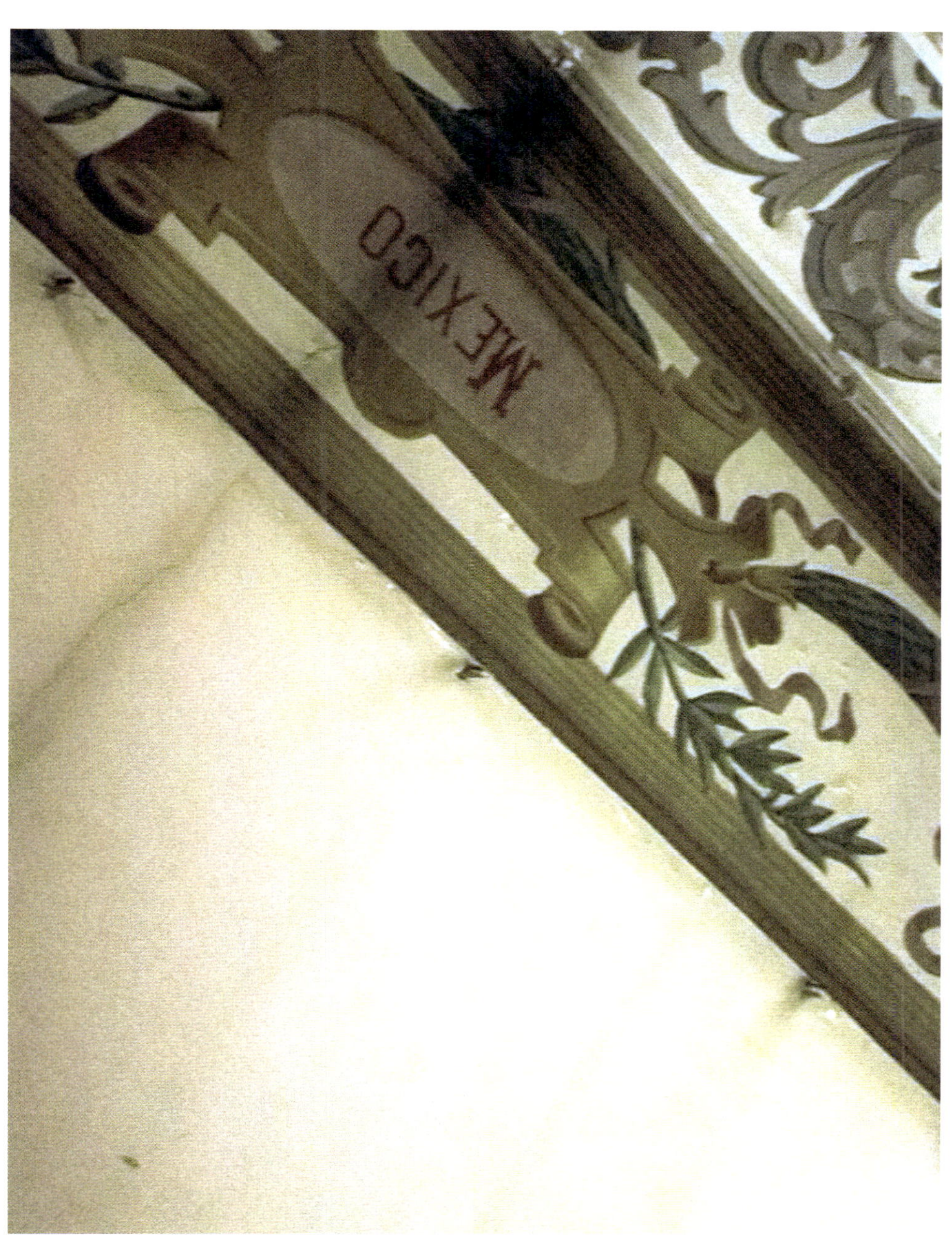
MÉXICO

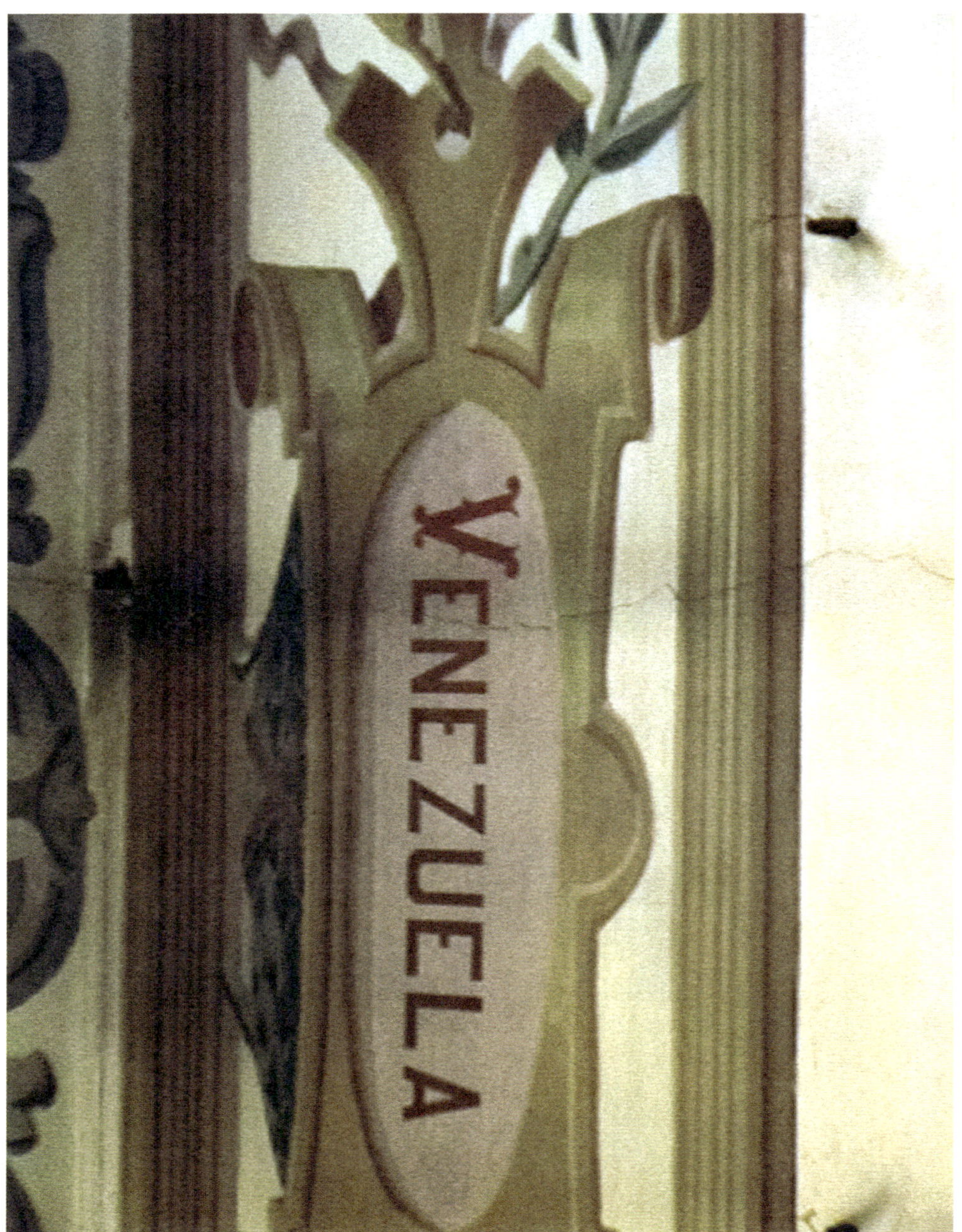
VENEZUELA

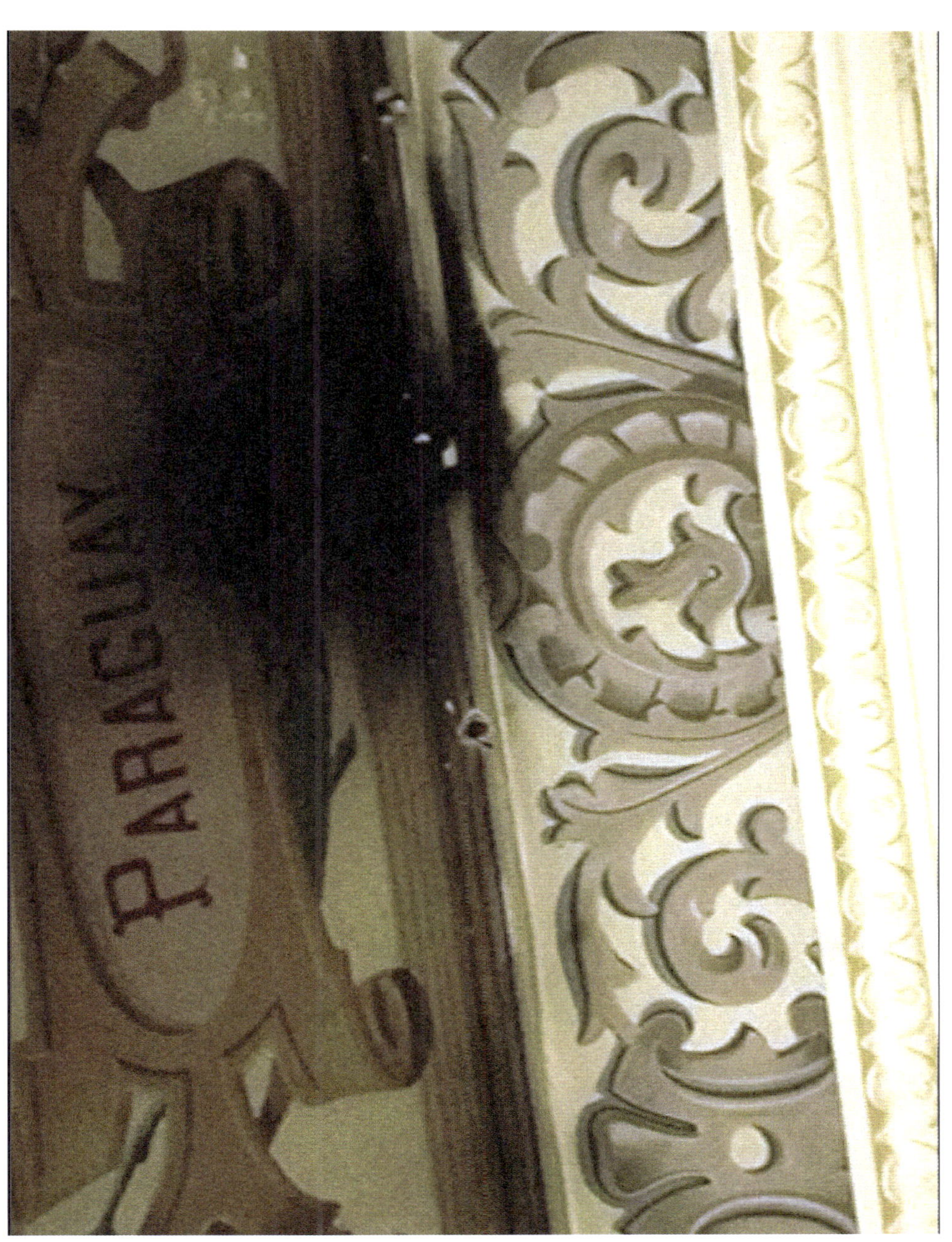
PARAGUAY

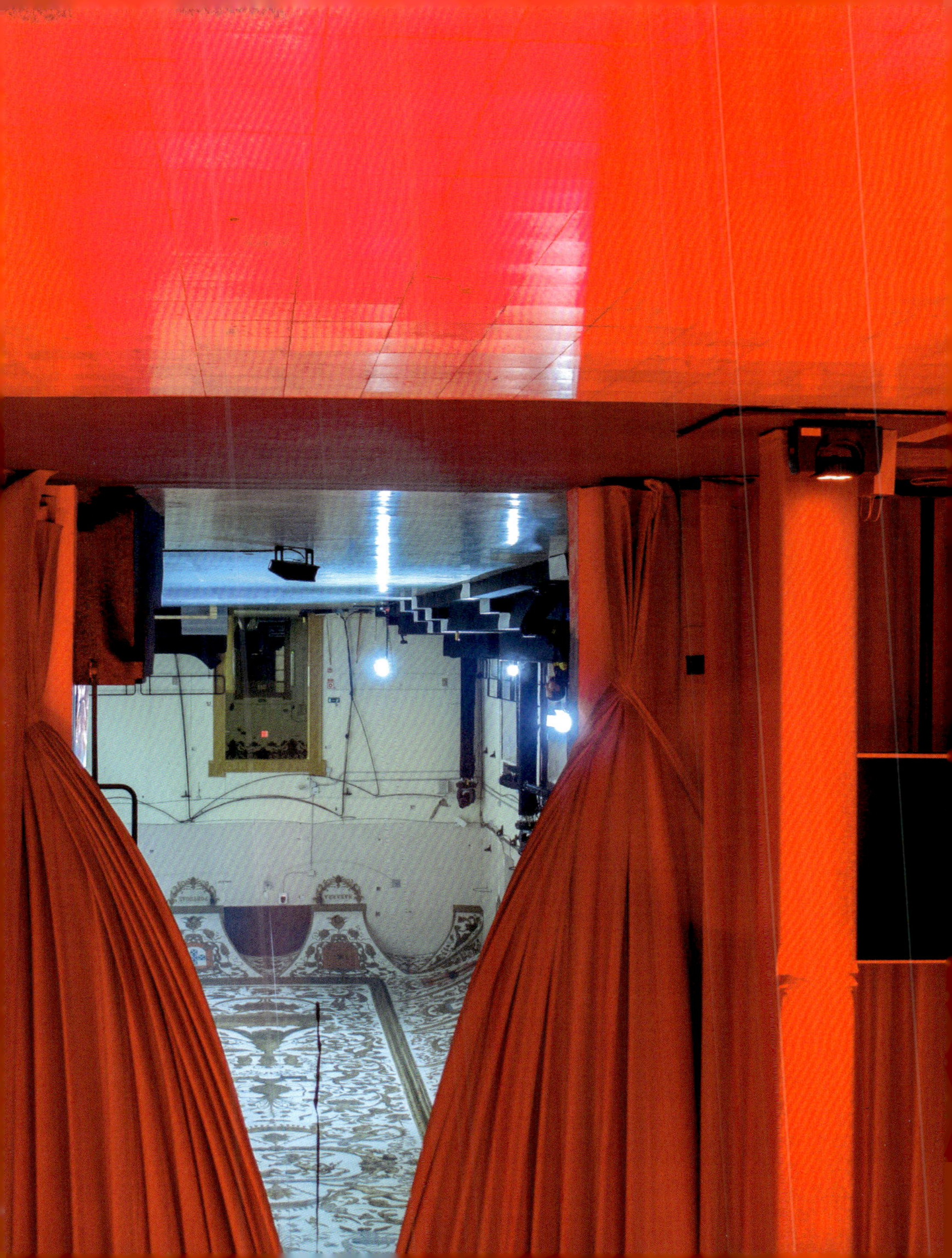

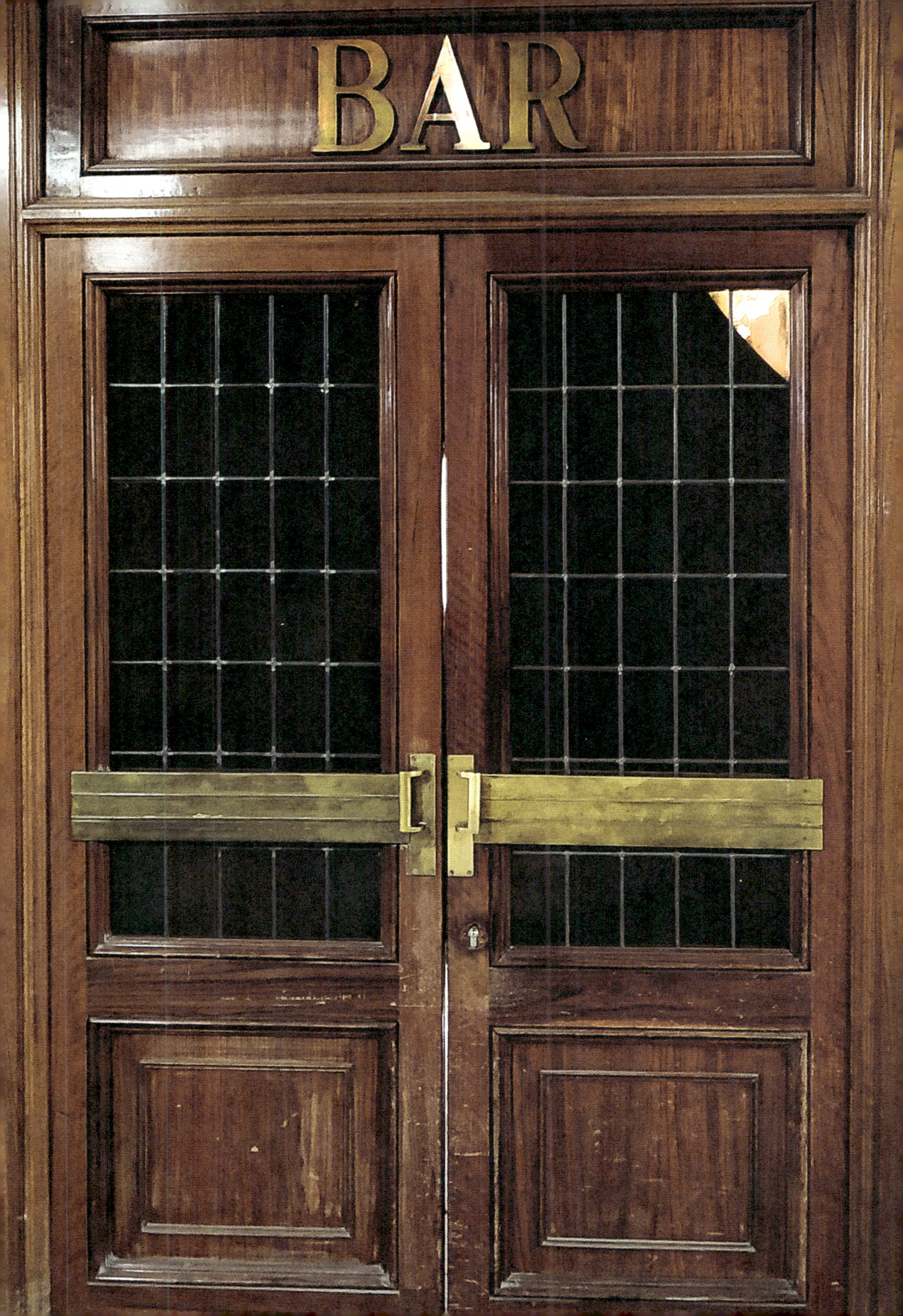
BAR

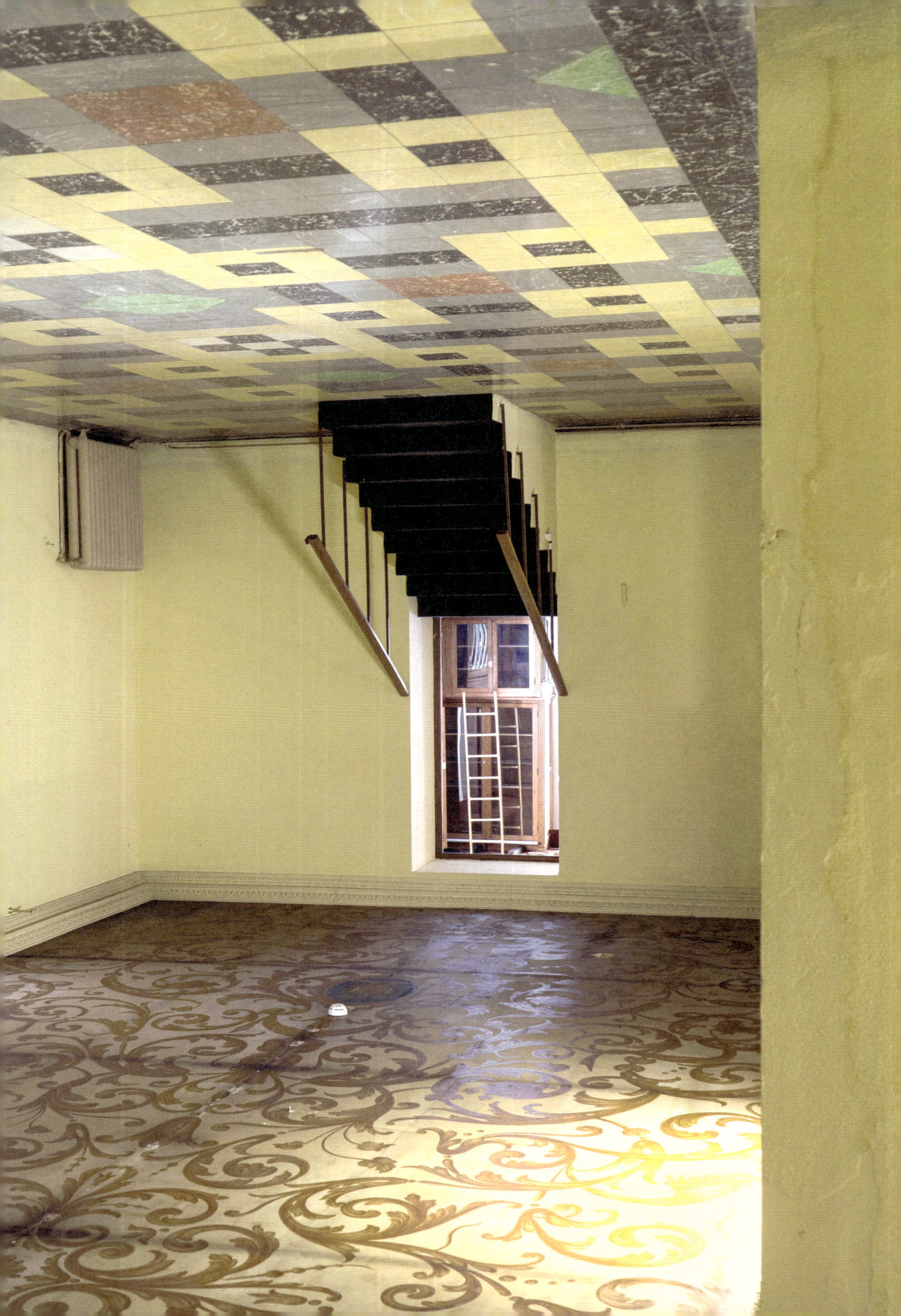

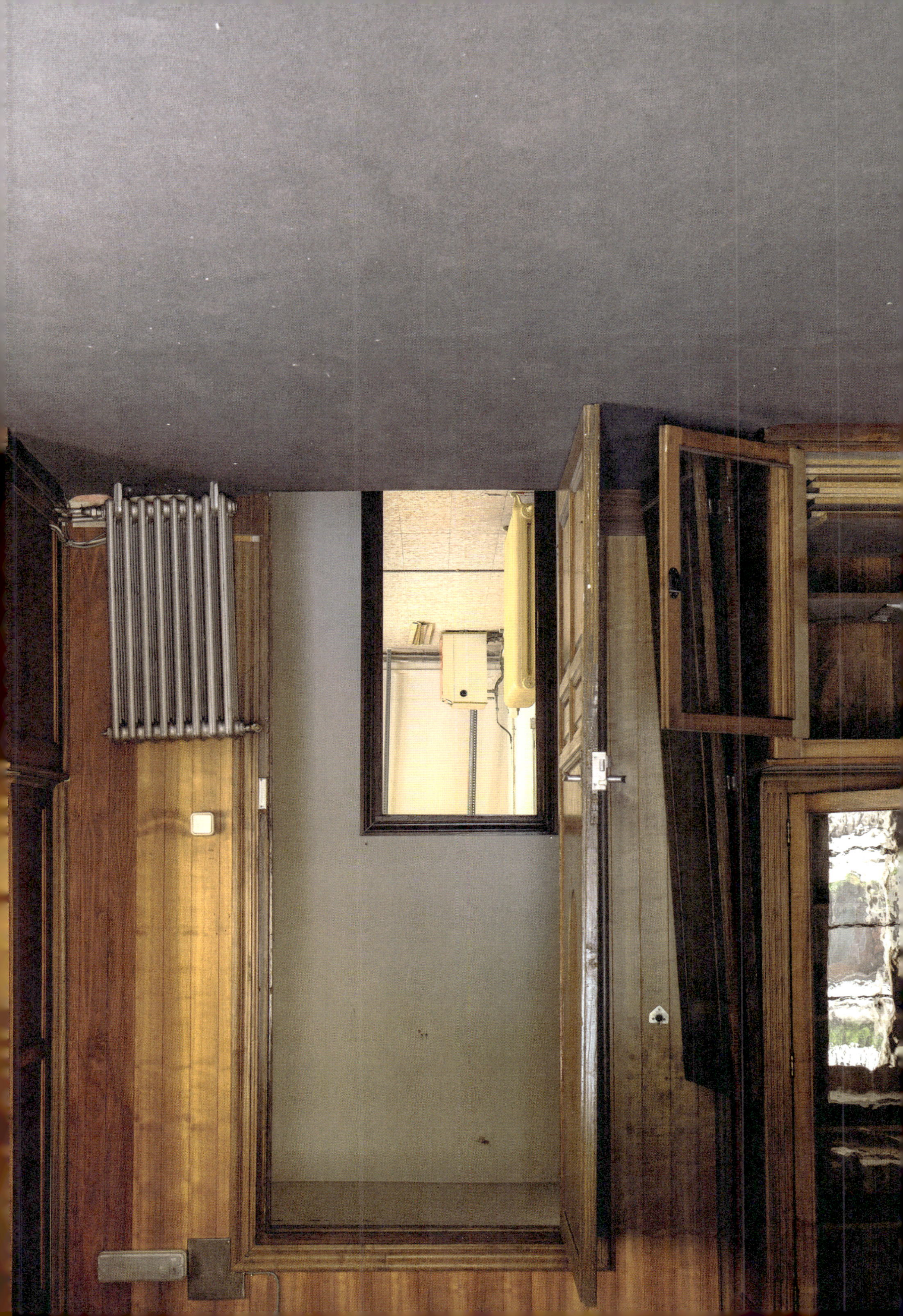

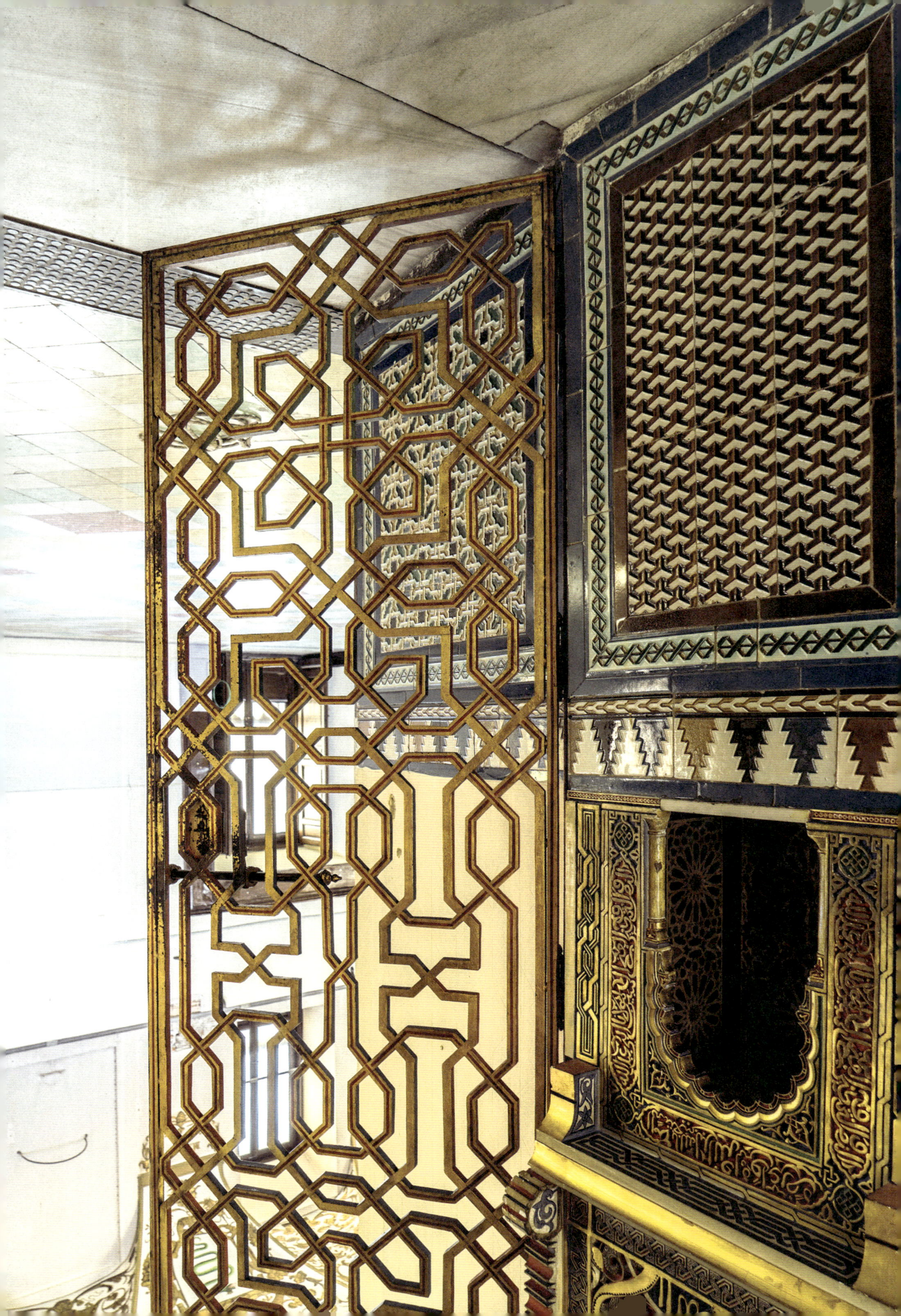

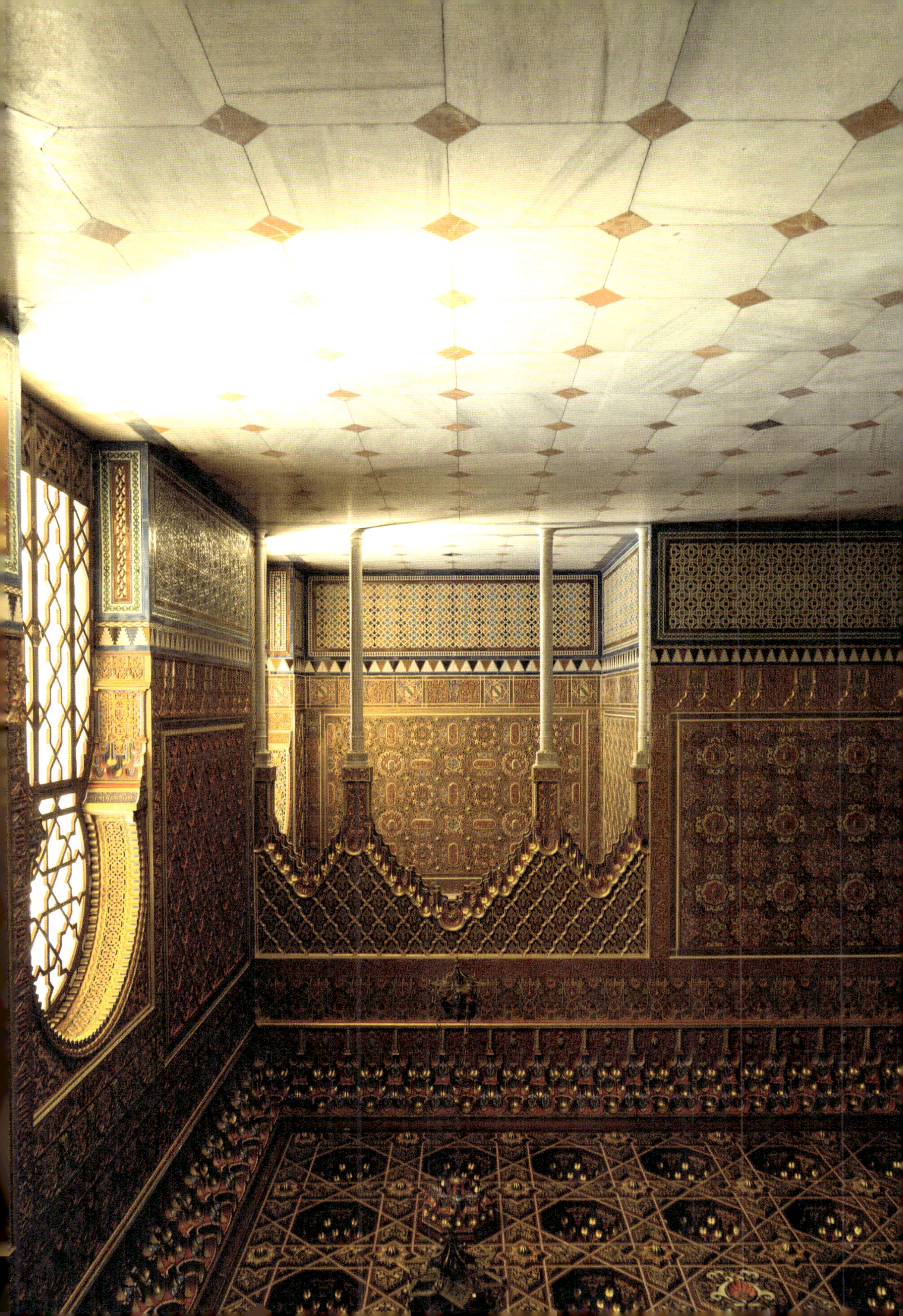

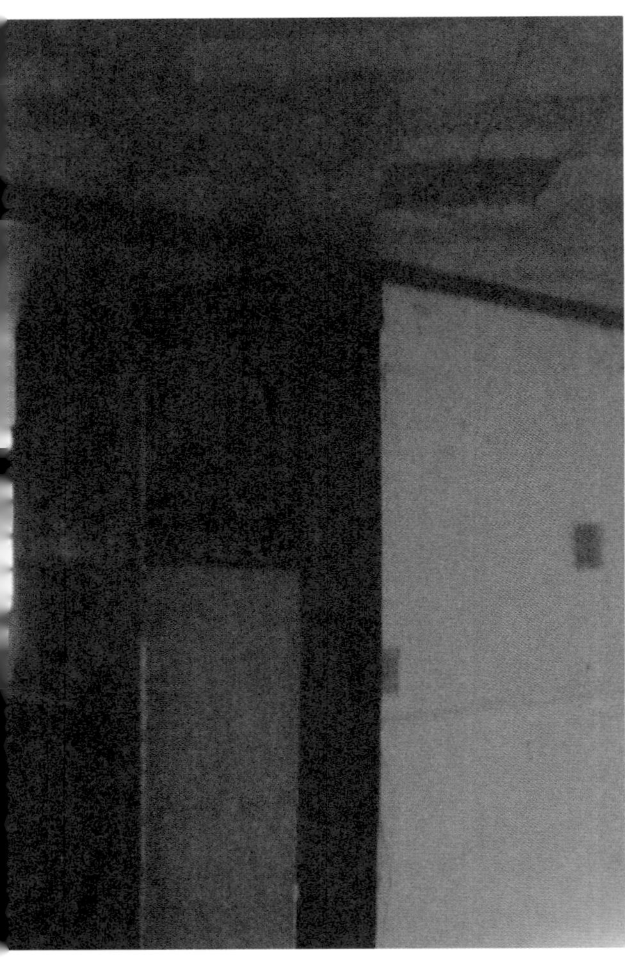

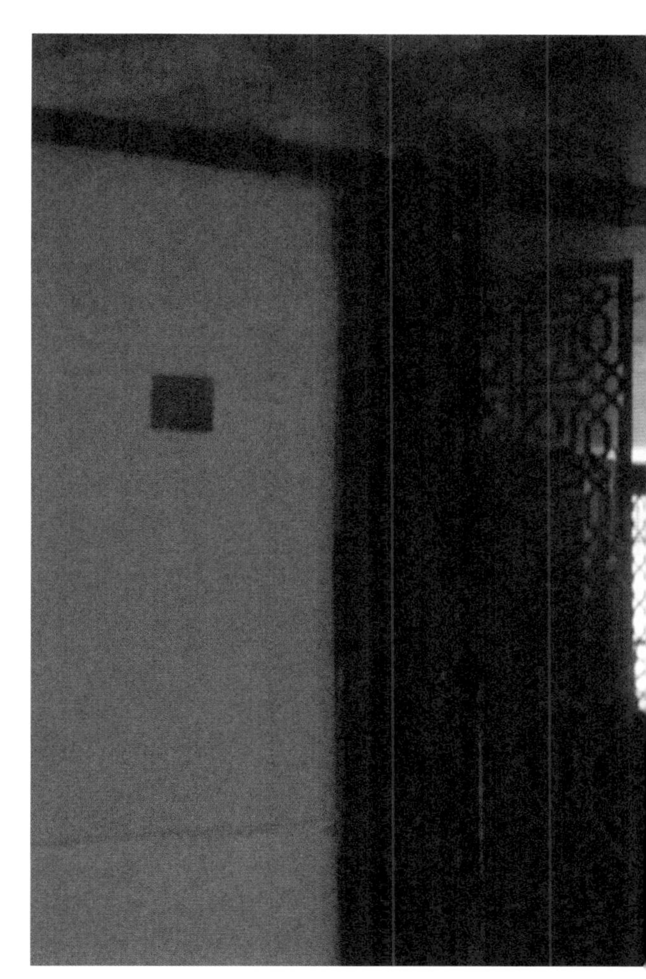

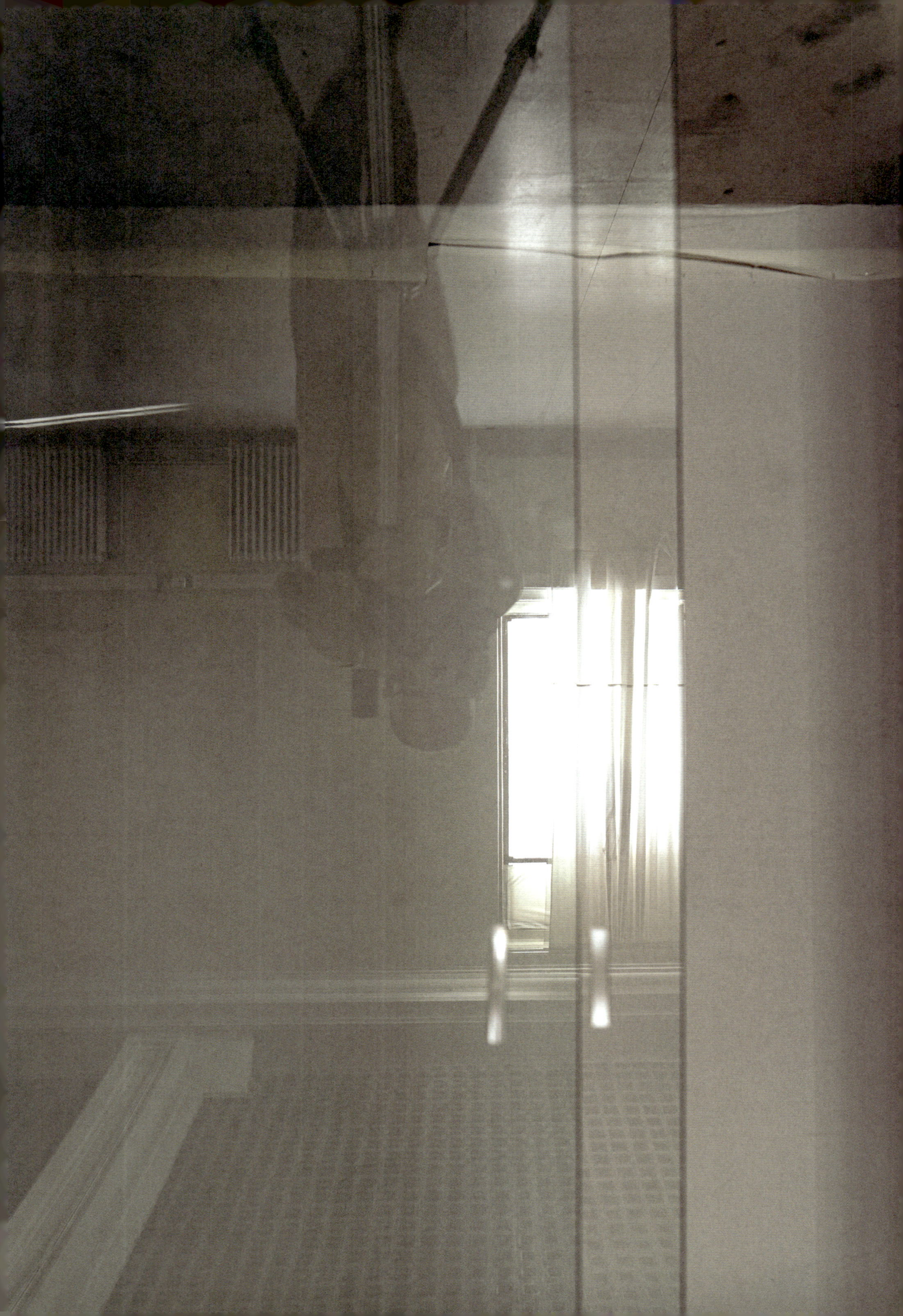

ESPEJO Y REINO / ORNAMENTO Y ESTADO

Álvaro Perdices

Editor: María Virginia Jaua

Colaboraciones: Juan Herreros, María Virginia Jaua,
María Dolores Jiménez-Blanco, Manolo Laguillo,
Álvaro Perdices y Manuel Segade

El Museo CA2M presenta la exposición *Espejo y Reino / Ornamento y Estado* del artista Álvaro Perdices, concebida como una gran instalación realizada específicamente para este espacio y comisariada por María Virginia Jaua.

La muestra, realizada en colaboración con el prestigioso estudio arquitectónico dirigido por Juan Herreros, estudio Herreros, plantea una reflexión sobre el archivo, la conservación del pasado y la revisión crítica sobre los símbolos a través de una investigación sobre el Salón de Reinos del Palacio del Buen Retiro —antiguo Museo del Ejército— y los talleres de ebanistería del centro penitenciario Ocaña I en Toledo.

El Salón de Reinos, también conocido como Salón Grande y construido entre 1630 y 1635, era el espacio dedicado a impresionar a través de sus actividades y recepciones a las cortes europeas. En él se albergaban las mejores pinturas, que hoy forman parte del Museo Nacional del Prado, como el mismo edificio, así como las pinturas de escudos de los 24 reinos que formaban la monarquía hispánica en tiempos de Felipe IV.

Debido a su labor profesional en el departamento de Exposiciones del Museo Nacional del Prado junto con su propia práctica artística, Álvaro Perdices ha realizado esta exhaustiva exploración como un ejercicio de revisión crítica, en la que presenta una instalación con varias series fotográficas que —por medio de una arqueología visual— recuperan el desmontaje del Salón de Reinos previo a su reciente remodelación e incluye un conjunto escultórico a partir del mobiliario producido en el centro penitenciario de Ocaña, junto con dos proyecciones de vídeo. No es la primera vez que este artista alude en su obra al Prado; ya antes, en 2017 desarrolló la videoinstalación *Jardín infinito. A propósito del Bosco* junto al cineasta Andrés Sanz, o la pieza *NEGRO y Luz*, donde capta, a través de la cámara, escenas del museo en las horas en las que ya no hay visitantes, de noche y sin apenas iluminación.

Sin duda, es esta exposición una magnífica inmersión en la historia de uno de los espacios más simbólicos donde se mezclan contenido cultural, político y social. Por todo ello, mi más sincero agradecimiento a la comisaria, María Virginia Jaua, por su rigurosidad en el planteamiento, así como por su implicación en este proyecto; también a todas las personas que forman el equipo de estudio Herreros por su excelente aporte arquitectónico a la museografía de la exposición y, por supuesto, al artista Álvaro Perdices por su excelsa generosidad. Mi gratitud a los autores participantes en esta publicación, concebida como una excelente herramienta que presenta interesantes y elaborados textos de la historiadora del arte María Dolores Jiménez-Blanco, de la comisaria y del arquitecto Juan Herreros, además de una entretenida conversación entre el director del Museo CA2M, Manuel Segade, la comisaria y el artista. También agradecer a todas las personas implicadas en esta exposición, así como al personal del museo, su continua labor de acompañamiento y su buen hacer para el correcto desarrollo de este gran proyecto.

Isabel Díaz Ayuso
Presidenta de la Comunidad de Madrid

The Museo CA2M presents *Espejo y Reino / Ornamento y Estado* (Mirror and Kingdom / Ornament and State), an exhibition by the artist Álvaro Perdices, conceived as a large, site-specific installation, and curated by María Virginia Jaua.

Created in collaboration with estudio Herreros, the prestigious architecture firm headed by Juan Herreros, this exhibition poses a reflection on the archive, the preservation of the past, and the critical review of symbols through its investigation of the Hall of Realms (the former Army Museum) in the Buen Retiro Palace and the Ocaña I prison carpentry workshops in Toledo.

The Hall of Realms, also known as the *Salón Grande* (Grand Hall), was built between 1630-1635 as the space dedicated to impressing the European courts with its activities and receptions. It housed the finest paintings—which, along with the building itself, form part of the Prado Museum—as well as the painted shields depicting the twenty-four kingdoms that constituted the Hispanic Monarchy during Philip IV's reign.

Due to his professional career in the Prado Museum's exhibition department, along with his own artistic experience, Álvaro Perdices executes this exhaustive exploration as an exercise in critical revision, presenting an installation of various photographic series that, through a visual archeology, recover the Hall of Realms's dismantling prior to its recent remodeling, as well as a sculptural ensemble from the furniture built in the Ocaña prison, along with two video projections. This artist has alluded to the Prado in his previous works: in 2017, he developed the film installation *Jardín infinito. A propósito del Bosco* together with the filmmaker Andrés Sanz; in 2019, his piece *NEGRO y Luz* captured the museum in closed hours, without visitors, at night, and with hardly any illumination.

This exhibition undoubtedly serves as a magnificent immersion in the history of one of the most symbolic spaces where cultural, political, and social content interweave. For all of the reasons above, I would like to extend my most sincere gratitude to the curator, María Virginia Jaua, for her rigorous approach and her involvement in this project; to the estudio Herreros team for their excellent architectural contribution to the museography of the exhibition; and, of course, to the artist Álvaro Perdices for his incredible generosity. I also extend my gratitude to the authors who participated in this publication—it is an excellent tool that presents interesting and elaborate texts by the art historian María Dolores Jiménez-Blanco, the curator, and the architect Juan Herreros, as well as a compelling conversation between the Museo CA2M director, Manuel Segade, the curator, and the artist. I would also like to thank everyone involved in this exhibition, as well as the museum staff for their continuous support and excellent work in the development of this project.

Isabel Díaz Ayuso
President of the Community of Madrid

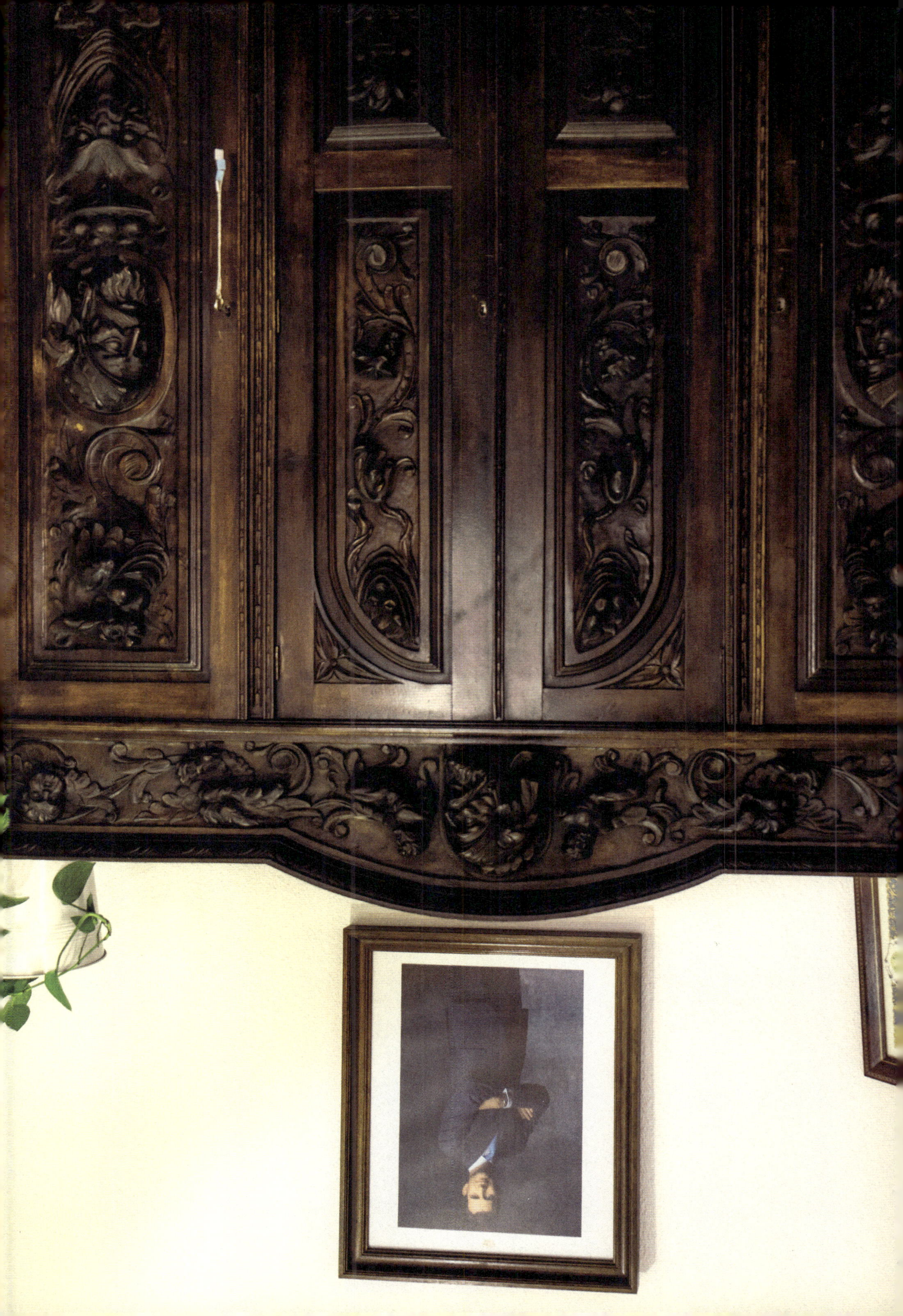

9 / Espejo y Reino / Ornamento y Estado
31 / Mirror and Kingdom / Ornament and State
María Virginia Jaua

43 / Espejo y Ornamento. Reino y Estado
49 / Mirror and Ornament. Kingdom and State
María Dolores Jiménez-Blanco

55 / Usos, abusos y correcciones
67 / Uses, Abuses, and Corrections
Juan Herreros

79 / Arte, institución y crítica: entre la tensión
y la asimilación. *Una conversación entre
María Virginia Jaua, Álvaro Perdices y Manuel Segade*
93 / Art, Institution, and Criticism: Between Tension
and Assimilation. *A conversation between
María Virginia Jaua, Álvaro Perdices and Manuel Segade*

110 / Listado de imágenes
112 / List of Images

114 / Biografías
118 / Biographies

Me veo obligada a dar cuenta del título. Así como de su posible exceso o duplicidad. Ya que como advirtió un amigo a quien al escucharlo, mientras conversábamos, le pareció un tanto redundante e intentó convencerme de que bastaba con el primer enunciado «Espejo y Reino»; mientras que el segundo, «Ornamento y Estado», habría que suprimirlo, ya que según él era reiterativo y por lo tanto prescindible.

De ahí que, a manera de argumentación, sirva como herramienta de elucidación a quienes se adentran en la lectura de este objeto cultural llamado libro o exposición del artista Álvaro Perdices, deba comenzar respondiendo a la pregunta de por qué este trabajo se presenta bajo una fórmula de doble enunciación, que a su vez se vuelve a desdoblar en dos pares de conceptos.

Por un lado, tenemos las dos proposiciones que conforman «espejo y reino», luego, un símbolo / que en castellano llamamos barra diagonal o inclinada, que señala la separación espacial y conceptual del segundo: «ornamento y estado».

De entrada, percibimos una suerte de duplicidad que no llega a serlo pero que mi amigo detecta; sin embargo, además de un desdoblamiento, se produce un juego de reflejos entre ambos enunciados, pero también al interior de cada uno de ellos. Por un lado, se plantea que el reino se vincula al desdoblamiento de su imagen en el espejo. Como se sabe, los espejos han jugado un papel relevante en la cultura palaciega, no solo por ser símbolo de lujo durante varios siglos, sino por su virtud de «reflejar» y «multiplicar» el «cuerpo del rey» sobre el que gira todo el sistema del poder monárquico.

Mientras que el Estado se representa en el ornamento, y esto ha tenido que ver no ya con la figura única de un dictador, presidente o primer ministro en la era moderna, sino con las diversas entidades que lo conforman, alineadas sobre un eje de fundamentos políticos e ideológicos, algunos implícitos y otros explícitos y visibles en las edificaciones —y otras producciones simbólicas— que sirven de sede y fachada a esos órganos, llamados instituciones gubernamentales.

Por ello, precisamente lo que el desdoblamiento del título hace que comparezca es la base sobre la que está planteado este proyecto artístico que gira en torno al edificio conocido como Salón de Reinos del Palacio del Buen Retiro. Su tránsito como espacio simbólico y emblemático de la monarquía a los distintos usos y abusos a lo largo de su trayectoria por las diversas nociones de Estado en los convulsos siglos xix y xx, que comprende la proyección de nuestro siglo sobre la que actualmente se está trabajando como espacio artístico supuestamente «despolitizado» adscrito al Museo del Prado. Y en el que, curiosamente, al parecer se pretende, en parte, volver a recrear el salón tal como estuvo cuando fue concebido para deleite y celebración del rey Felipe IV.

Esto último incluso nos llevaría a hacer el desdoblamiento del desdoblamiento. Pero como aún no es posible ver el resultado de la reforma que está llevando a cabo un grupo de arquitectos liderado por Norman Foster, solo podemos hacer suposiciones a partir de lo que se ha adelantado en la prensa como proyecto cultural.

Esto nos va dando las primeras claves de lo que presentamos tanto en el espacio físico que corresponde al Museo Centro de Arte Dos de Mayo (Museo CA2M) como exposición de Álvaro Perdices, como en el espacio íntimo y portátil que corresponde al libro que ahora usted tiene entre sus manos. Quizá aquí se produce otro desdoblamiento espacial implícito entre el espacio de la sala y el espacio del volumen que se viene a sumar a los anteriormente mencionados.

Espejo y Reino

El historiador José Álvarez Lopera describe cómo fue el Salón de Reinos desde la construcción del Palacio del Buen Retiro en el siglo xvii y señala que tuvo importancia en el sentido político y en el ceremonial. Esto es importante, ya que desde su concepción y los primeros años de uso, el Salón de Reinos se erigió como un lugar para el ejercicio del poder del soberano, su representación, su autocelebración y festejo.

Detalla Lopera que sus dimensiones eran las siguientes: 34,6 metros de largo, 10 de ancho y 8,25 de alto, y que se encontraba en el ala norte del patio central del palacio. Contaba con dos saloncitos a los costados: Salón del Cuerpo de Guardia del rey y Salón Coloma, comunicados por puertas, que marcan el eje de la galería. En lo más alto había pintados 24 escudos que correspondían a los 24 reinos de la Corona española. El salón estuvo ricamente decorado con doce óleos de batallas, con fuerte carga simbólica y política, que estaban distribuidos en las paredes norte y sur. Las doce pinturas celebraban las victorias de las fuerzas españolas entre 1622 y 1633. Ya para el momento en que se cuelgan en las paredes del salón, el Imperio va a dar signos de debilidad y comienza el largo proceso de su decadencia o desmembramiento. Arriba de las ventanas, intercaladas con los lienzos de las batallas, estaban las escenas de la vida de Hércules pintadas por Zurbarán. Mientras que al final de la pared flanqueando el trono se encontraban los retratos ecuestres de Felipe III y Margarita de Austria, y en la pared opuesta estaban los de Felipe IV e Isabel de Borbón, así como uno del príncipe Baltasar Carlos, colocado entre los monarcas, encima de la puerta. Todos estos retratos salieron de la mano de Velázquez. Gracias a la maestría e ingenio con los que fueron pintados, funcionan como una suerte de «espejos» en los que la figura del rey se ve reflejada. Sabemos de la importancia del artefacto especular en la pintura barroca, particularmente en la del autor de *Las meninas*, a quien además de muchos retratos de la monarquía se le encargó el diseño de un salón de espejos que estuvo en el antiguo Real Alcázar de Madrid.

Se sabe que el Salón de Reinos se utilizó ocasionalmente para la sesiones de apertura de las Cortes de Castilla y que en él se llevaron a cabo todo tipo de «festines y saraos», así como representaciones teatrales. Un ejemplo de ello es que en 1637, como parte de las festividades de carnaval, se representó la obra de Calderón de la Barca *Los disparates de don Quijote*, *El amor en vizcaíno*, de Luis Vélez de Guevara, o *El robo de las Sabinas*, de Francisco de Rojas Zorrilla. Para esa ocasión, apunta el historiador, la monarquía española se mostró a sí misma en todo su esplendor con el rey como centro del espectáculo, incluso por encima y más allá de las representaciones teatrales.

Esto nos da una idea aproximada de cómo fue dicho espacio, los usos que se le dio y su importancia, también nos invita a reflexionar acerca de la iconografía política, la cual postula que las imágenes no pueden reducirse a manifestaciones simbólicas de una visión del mundo, ni son la parte visible de las profundas tendencias sociales y económicas, sino que su realidad es mucho más poderosa que una simple ilustración del desarrollo histórico, porque participan en la creación de dicha realidad política. Tampoco se trata de un lenguaje abstracto, ni una gramática de elementos, puesto que la iconografía lleva consigo una reflexión sobre usos, dispositivos, leyes, teorías y prácticas políticas de la imagen, y esa imagen a su vez crea la realidad.

Ornamento y Estado

Tras la invasión francesa a principios del siglo xix y los bombardeos, del Palacio del Buen Retiro en Madrid solo quedaron en pie dos de las estructuras: el Casón del Buen Retiro y el Salón de Reinos. El siglo xix se considera, en parte, consecuencia de la Revolución francesa y de la Ilustración. En Europa el siglo xix fue el de la consolidación y homogeneización de los Estados, en América se conoce como el de las gestas de independencia. Mientras España enfrentaba la invasión francesa, las colonias americanas aprovecharon para emprender sus movimientos hacia la emancipación.

Sabemos que la historia es compleja y resulta imposible reducirla. Sin embargo, me atreveré a hacer una inversión de su lectura, este proyecto artístico en el que me veo involucrada y mi propia condición como venezolana y mexicana me invitan a ello. Digamos que como consecuencia de la guerra de España contra Francia (1808-1814) y de ese doloroso desmembramiento del Imperio colonial sobre el que construyó una hegemonía económica durante los siglos xvi, xvii y xviii, surge ese afán por reunir y consolidar el relato del poderío militar español, al menos a nivel simbólico.

Eso podría explicar las diversas gestiones que se llevaron a cabo para reunir finalmente en el Salón de Reinos las distintas colecciones militares dispersas que se materializan en un Museo Histórico Militar en 1932, durante la Segunda República; más tarde se llamó Museo del Ejército y finalmente terminó de consolidarse tras la Guerra Civil, sin duda el episodio más terrible de la España del siglo xx (imagen 1).

En ese contexto de luchas internas surge el «ornamento» como delito inherente del Estado en su afán por imponerse sin atender a la diferencia, sometiendo y aniquilando cualquier disidencia. Dice Adolf Loos en su emblemático ensayo *Ornamento y delito* de 1910: «El Estado, cuya misión es retrasar a los pueblos en su evolución cultural, consideró como suya la cuestión de la evolución y reanudación del ornamento».

Aquí se hace oportuno detenernos en el tipo de ornamentación que adoptó el franquismo para expresar su «ideología» y sobre qué fundamentos construyó e impuso su idea de la «identidad». La ruina de ambos elementos, tanto el ideológico como el identitario, es algo sobre lo que también labora este trabajo (imagen 2).

El gobierno militar que se instaura con la dictadura de Franco se basó ideológica y simbólicamente en la unidad perdida del Imperio y en la hispanidad. Esta ideología se hace visible en los nombres de las antiguas colonias españolas ya convertidas en repúblicas adscritas —a la fuerza o sin consultarles— a esa «hispanidad» en los nombres de los países pintados en el techo de uno de los salones del edificio que Perdices captura en el vídeo *Ausencia y panfleto*. Estos se encuentran o se encontraban en la sala Guerra de la Independencia junto a la sala Carlos V y fueron pintados por soldados sin ningún conocimiento artístico en el siglo xx.

Cuando veo esas imágenes con nombres como Paraguay, Bolivia, Perú, Ecuador, Colombia, Venezuela, México no dejan de asaltarme preguntas. ¿Qué sentido tendría para España rememorar las derrotas sufridas con las independencias americanas?

Ahora que sabemos que estos nombres desaparecerán en el nuevo proyecto de remodelación, me pregunto ¿será posible que algún día España invierta la fórmula y se declare hija de sus excolonias?

Durante el siglo XX la hispanidad fue una referencia mítica recuperada por el franquismo y asimilada con mucho provecho: el nuevo régimen asumió el cuerpo de doctrina de la hispanidad como una parte esencial de la ideología del Movimiento Nacional, convirtiéndola en un símbolo de una «nueva España» fascista. La integración de América en el relato y el ideal nacional a través de este mito sirvió como arma política al servicio de la dictadura. Por un lado, el régimen franquista acudió a la hispanidad como plataforma de penetración hacia el continente americano; por otro, los ideólogos del franquismo siguieron explotando el potencial nacionalista que contenía la hispanidad como vector de propaganda interior.

La hispanidad fue un mito polivalente, maleable y acomodaticio que supo adaptarse a las evoluciones culturales e ideológicas del largo periodo franquista (aunque también ha sido utilizado por los gobiernos democráticos más recientes). Como soporte ideológico y propagandístico, la noción de hispanidad siempre resultó imprecisa y debió adaptarse al cambiante contexto internacional. Desde los años treinta del siglo XX la hispanidad se convirtió en un programa nacional y en un núcleo polarizador del destino comunitario y sirvió para sublimar la frustración imperial del nacionalismo. No deja de ser curioso cómo en los discursos de la política contemporánea española, incluso la que ahora nos rige, se sigue insistiendo en esta desfasada y caduca noción ideológica.

La forma que adoptó esta sublimación del antiguo Imperio en la arquitectura fue el estilo «herreriano», una evocación que surge de El Escorial; mientras que en el mobiliario fue el estilo «remordimiento», un nombre irónico que se le dio al renacimiento español o plateresco y que consiste en una interpretación tosca —y a veces un poco cutre—, que hace énfasis en el recargado adorno de la talla de las maderas para la fábrica de arcones, mesas, sillas, repisas, escritorios y otros elementos del mobiliario. Ambos estilos se asocian a la grandeza de un pasado lejano, desconectado del presente y sin ninguna proyección de futuro, y en ese sentido opuesto a los valores de la modernidad (imágenes 3-7).

Precisamente, el estilo remordimiento —cuyo uso me parece más acertado que renacimiento o plateresco por lo diferido de su empleo en pleno siglo XX— se adopta en el ornamento que —como seña de identidad— se impuso durante gran parte de la dictadura franquista, y se aplicó en las remodelaciones y la decoración del Museo del Ejército, así como en muchas dependencias oficiales e incluso en las residencias de los militares como clase dominante.

Las lógicas perversas del poder conectan la producción de estos muebles con la cárcel de Ocaña en Toledo y que hoy se conoce como centro penitenciario Ocaña I. En donde se aplicaron las primeras políticas de «reeducación» y «reinserción» de los presos a través de diversos talleres de oficios como el de carpintería, en el que se produjeron grandes cantidades de muebles de estilo remordimiento y en donde suponemos que una gran parte de la mano obrera esclava fue de presos políticos y disconformes con el régimen que no solo los encarceló, sino que les obligó a producir sus bienes.

De ahí las mesas y los arcones de madera incluidos en el dispositivo de la exposición, que provienen de los talleres de la cárcel con su polvo y su abandono, así como los dos pequeños objetos producidos por el preso Daniel Frutos Morcillo, alcalde republicano de Manzanares el Real que compartió celda con el poeta Miguel Hernández, para su uso personal: una pitillera y una caja para cerillas. Conmueve el contraste entre la grandilocuencia de los muebles, frente a la sobriedad y sencillez de los objetos íntimos que nos evocan la existencia de aquellos hombres, a los que imaginamos fumando como una manera de consumir el triste tiempo del encierro.

Mal de archivo

¿Por qué habríamos de considerar algo como la noción de archivo o incluso el «mal de archivo» dentro de este proyecto? ¿A qué archivo nos podríamos referir aquí y qué pretendería «conservar»?

Foucault describe la función del archivo en primer lugar como «la ley de lo que puede ser dicho», el sistema que rige la aparición del enunciado como acontecimiento singular. Pero el archivo es también lo que hace que todas esas cosas dichas no se amontonen indefinidamente en una multitud amorfa, ni se inscriban en una linealidad sin ruptura y no desaparezcan al azar solo de accidentes externos; sino que se agrupen en figuras distintas, se compongan las unas con las otras según relaciones múltiples, se mantengan o se esfumen según regularidades específicas.

Mientras que el archivo para Derrida implica el lugar de la autoridad bajo dos órdenes: uno secuencial y otro de mandato, e implica un lugar de residencia y el poder de interpretarlo por parte de sus guardianes que, en consecuencia, consignan y reúnen. Esto desataría la problemática política sobre la posibilidad de participar y acceder al archivo, constituirlo e interpretarlo, así como lo relativo a lo que debe quedar fuera de él.

En su reflexión añade que el filtro del archivo es algo aterrador, puesto que no solo concierne a los documentos públicos y oficiales o a los archivos de la televisión y de la radio, sino que también incluye a las obras de arte. Hay obras que sobreviven y otras que no. Algunas van a parar a los museos, mientras que otras van a dar al olvido y son destruidas. Hay obras mediocres que sobreviven, mientras que sospechamos que ha habido obras literarias, pictóricas, cinematográficas quizá geniales de las que no se guarda ningún archivo o que por alguna razón no lo tuvo o fue destruido, por lo que nunca llegaremos a saberlo, puesto que no existe porque ha sido destruido.

De estas reflexiones se desprende que hay en el archivo algo de azar, es decir, algo que se le escapa a la vocación archivística y que Derrida llama «mal de archivo», entre otras cosas. El modelo de este singular «bloc mágico» incorpora también lo que habrá parecido contradecir, bajo la forma de una pulsión de destrucción, que es la propia pulsión de conservación y que podríamos asimismo denominar la «pulsión de archivo». A esto Derrida también lo llama «mal de archivo», habida cuenta de esa contradicción interna.

No habría deseo de archivo sin la finitud radical, sin la posibilidad de un olvido que no se limita a la represión. Sobre todo, y he aquí lo más terrible, más allá de ese simple límite que se llama finitud, no puede haber mal de archivo sin la amenaza constante de esa pulsión de muerte, de agresión y de destrucción. Ahora bien, esta amenaza es infinita, arrastra la lógica de la finitud y los simples límites fácticos, la estética trascendental, se podría decir, las condiciones espacio-temporales de la conservación. Digamos, más bien, que abusa de ellos. Un abuso como este abriría la dimensión ético-política del problema. No hay un mal de archivo, un límite o un sufrimiento de la memoria entre otros: al implicar lo infinito, el mal de archivo está rozando el mal radical.

Justamente de ese abuso surge la necesidad de «seleccionar», «guardar» y por ende también «destruir»; en ese sentido, este proyecto está estrechamente vinculado con el mal de archivo y participa de él; aunque en un principio no fuera su objetivo, forma ya parte indisociable.

Lo que aquí se archiva es lo que carece de valor: la ruina, el desecho, la herida, el abandono y la puesta en evidencia de las mascaradas del poder. Se archiva el preludio de la transformación del recinto conocido como Salón de Reinos, es decir, se archiva lo inarchivable: el borramiento. Se archiva lo que recoge el signo de la barra diagonal (/) que marca la separación del título y que señala el paso de una ideología a otra; de una forma a otra. Por muy excéntrico que parezca, precisamente la desmemoria y el entretiempo, algo así como un no lugar de la historia, el tránsito de un régimen estético —y quién sabe si ético— a otro son los objetos de este «desarchivo».

Lo que Perdices registra en los vídeos y en las fotografías son los interiores del Salón de Reinos cuando el Museo del Ejército fue desmantelado para ser trasladado al Alcázar de Toledo. Un desmontaje, una ausencia, la huella de una historia que debe ser releída y quién sabe si reescrita. También se registra un pasado incómodo que una parte de la sociedad sigue reclamando que sea enmendado.

Digamos que en ese «entretiempo» que simboliza la barra diagonal del título también se incluye el hasta ahora poco claro proyecto del Museo del Prado de ofrecerle al artista chino Cai Guo-Qiang como estudio el Salón de Reinos en 2017 para que produjera sus pinturas con pólvora y una vez concluido el trabajo dar una fiesta en su honor en el mismo recinto.

Más allá de que este «proyecto chino» nunca se haya entendido del todo dentro de las lógicas históricas y conservadoras de la programación y de la investigación del Museo del Prado, sí parece haber una cierta lógica, llamémosla secreta, subterránea y aberrante dentro de los usos y las historias que han tenido lugar en el Salón de Reinos.

Álvaro Perdices llama a esta última puesta en escena una suerte de «porno Estado». Lo vemos en las fotografías sobrepuestas que capturan la decoración que se le dio al salón para la fiesta: las cortinas rojas, la iluminación y todo el ambiente de prostíbulo en el que ya resulta imposible ocultar el sometimiento de la institución cultural al capital global.

Es curioso cómo a veces desde su concepción las edificaciones llevan una marca. Ya que el uso que se le dio al espacio lo vuelve a conectar tanto con el pasado que va de Felipe IV y sus representaciones teatrales y sus ceremonias en torno al cuerpo del rey en el siglo XVII, como a la dictadura de Franco y sus autocelebraciones militares en el Salón de Laureados y en los espacios de «ocio» y «esparcimiento» en forma de bar que se dispusieron en el Salón de Reinos (imágenes 8 y 9).

Todas estas imágenes hacen «archivo».

Sin embargo, como se puede ver en ellas, se trata de un archivo aberrante, atravesado y pervertido por el artista, quien para darle sentido y llevar a cabo una suerte de registro captura los restos del pasado más reciente del edificio, una vez desmantelado: huellas de escudos arrancados, moquetas sucias, frases borradas que flotan en la institucionalidad de un tiempo sin sentido, inodoros, huecos en los muros, paredes manchadas o marcadas por la luz del sol, vitrinas vacías de armas y objetos relacionados con la guerra que ahora solo el reflejo del artista parece ocupar.

Esta intromisión de Álvaro Perdices en las imágenes reactualiza, problematiza y violenta la noción de archivo a través del espejo en relación con el cuerpo del rey, ya no como un objeto decorativo que refleja la imagen del soberano o del poder gobernante, sino como cuerpo «desnudo»: objeto y sujeto de la obra vulnerable y por esa misma vulnerabilidad agente subversivo que habrá de presentarse ante el espectador, el ciudadano, su igual, su reflejo.

En una lectura que cruza a Deleuze y a Guattari, también se pone en evidencia un cierto carácter esquizoide del deseo intrínseco a dichas relaciones del sujeto con el poder y la institución. El cuerpo desnudo del artista —al ocupar el vacío dejado por el cuerpo del soberano o del Estado— despliega la pulsión libidinal del deseo por el deseo mismo, haciéndose eco de la domesticación y resistiéndosele al mismo tiempo: el cuerpo del artista es sujeto y objeto de consumo, y es también la energía que hace un intento de resistencia como máquina deseante. En consonancia con los autores del *Anti Edipo*, el ser objetivo y colectivo del deseo es el deseo del déspota, el deseo del sujeto no es más que «deseo del deseo del déspota», pero aquí esto no podría darse más que en un signo vacío, no podría encarnarse más que en un objeto inaccesible, perdido o faltante. El déspota, como presupuesto divino y causa trascendente aparente, hace de la existencia misma de los sujetos una deuda insaldable: un vacío imposible de llenar, un hueco por el que se escapa el sentido y que, sin embargo, lo ocupa un cuerpo espectral y *voyeur*.

Dispositivo = exposición

Desde el comienzo, uno de los rasgos que marca la concepción de la muestra *Espejo y Reino / Ornamento y Estado* como exposición que se despliega en el espacio físico es la doble noción de dispositivo, tanto la de disposición abierta a la recepción, como la de un mecanismo o artificio para producir una acción prevista en el visitante.

Pero ¿cuál sería o cómo podría ser dicha «puesta en escena» que evoca un espacio significativo enclavado en el epicentro del Imperio, y que ha sido y sigue siendo transformado a lo largo de los años, dentro del espacio de un museo de arte contemporáneo?

Quizá uno de los mayores retos que debíamos enfrentar el artista, los arquitectos y yo misma, sería el de construir un dispositivo archivístico crítico en el espacio del museo a partir de los materiales recogidos y producidos. Puesto que para nosotros aquí no se trata de «reescribir» ninguna historia, ya que, como sabemos, todas ellas son interesadas, sino precisamente de «desocultar» ese afán de reescritura y su futilidad, su vacío, su ineficacia, pero sobre todo su impermanencia. Como ahora mismo podemos constatar, pues estamos siendo testigos de los cambios radicales que se están produciendo en las lecturas de la historia. Y no de cualquier historia, sino precisamente la de esa relación entre España y sus antiguos reinos y colonias.

Por ello, en el objeto expositivo se despliegan tres categorías de imágenes superpuestas unas a las otras en los muros. Estas imágenes superpuestas no tienen ningún tipo de tratamiento especial. No están impresas y enmarcadas para su conservación. Las impresiones son efímeras como las de los carteles y los panfletos callejeros y así se han adherido a los muros formando diversas capas.

En la primera capa se encuentra la huella dejada por los grandes lienzos de batallas que se pintaron originalmente para decorar el

Salón de Reinos. Esta es una primera huella fantasmática de lo que fue en origen y en la que se intenta reproducir la misma manera de colgar aquellas grandes pinturas: en lo más alto de las paredes. En la segunda capa encontramos las imágenes del extinto Museo del Ejército en el proceso de su desmantelamiento para el traslado al Alcázar de Toledo. Este constituiría propiamente el cuerpo del archivo, pero como hemos señalado antes, se trata de un archivo pervertido por la intromisión del cuerpo desnudo del artista que de alguna manera deconstruye el archivo y al mismo tiempo activa el dispositivo barroco del reflejo. Recordemos por ejemplo el uso que le da Velázquez en varios de sus cuadros, poniéndolo al nivel del espectador, incluyendo su propia figura en el acto de pintar, creando un régimen escópico propio que incluye al sujeto que observa. Mientras que en la tercera capa tenemos las imágenes de la fiesta que se dio en honor del artista chino Cai Guo-Qiang, y la puesta en escena de la institución «vendida» al capital. Lo que ya hemos señalado antes como imágenes del porno Estado.

Aquí la fotografía es un objeto mnemónico no en tanto registra una supuesta realidad pasada, sino debido a que en ella se construye un recuerdo de la historia política e institucional y de la historia del arte. Las alusiones a la historia de la pintura barroca son evidentes, pero también a artistas conceptuales que aluden tanto a la pintura barroca como al Jeff Wall de *Picture for Women* (1979).

En el centro de la sala encontramos un espacio construido con distintos tipos de cristales que impiden, permiten o condicionan la mirada del espectador y que a su vez resguardan dos objetos escultóricos o tótems dispuestos a partir de los muebles —mesas y arcones— producidos en los talleres de carpintería de la antigua cárcel de Ocaña en Toledo, y que se ha procurado traer intactos desde la prisión con todo el peso del abandono que el polvo y las telarañas han dejado en ellos.

El dispositivo de la muestra establece su propio régimen visual y se refiere a los procesos de subjetivación y el papel que en ellos juega justamente la producción y el consumo de los imaginarios —como registro de plasmación, o imprimación, de lo escópico—. Sin duda, aquí es obligado el referente lacaniano, en la mirada que se nos regresa, y en particular el estudio de la constitución del yo en su relación con la construcción de la mirada, como estructura de relación instituyente del ser en el encuentro con el/lo otro —que también «nos» mira—. En este caso, el encuentro de nuestra mirada con la del reflejo del artista en el acto de capturarse/nos.

Otra de las características de la escenificación de un régimen de la mirada es la puesta en evidencia del propio dispositivo. En el que no hay artificio que oculte, sino que al contrario, este se muestra sin aspavientos y sin disimular sus recursos y sus procesos al hacerlos evidentes y dejarlos al descubierto o, si se prefiere, «mostrarse al desnudo».

La exposición también incluye los vídeos *Ausencia y panfleto* y *Carlos* que se proyectan en dos pequeñas salas conectadas a la instalación principal, pero separadas con el fin de presentarlos en las condiciones idóneas para el visionado. El primero, *Ausencia y panfleto,* es un recorrido narrativo por el Salón de Reinos en el proceso de desmantelación del Museo del Ejército.

Mientras que el segundo, titulado *Carlos,* fue grabado con un dron que sobrevuela y captura la huella dejada en el suelo por la tienda de campaña imperial que se ha mitificado en un relato en el que supuestamente el emperador Carlos V la utilizó en la campaña de Túnez. Sin embargo, estudios posteriores determinaron que además de motivos mogoles y musulmanes, había escudos del reino de Portugal, por lo que se sospecha que fue el regalo de un noble portugués a Felipe II, quien a su vez la regaló a la Santa Hermandad y, cuando esta desapareció, la tienda fue depositada en el Museo de la Artillería y de allí pasó al Museo del Ejército. Cuando estuvo en el Museo del Ejército esta tienda estuvo en una sala llamada Carlos V que se ubicaba exactamente sobre el propio Salón de Reinos, en el piso superior. Como una suerte de techo simbólico o de cobijo imperial a sus reinos (imagen 10). Una vez desmontada del salón, fue reinstalada en el nuevo Museo del Alcázar de Toledo, en donde se puede ver actualmente.

Al mirar hacia atrás, repasar el proceso y visualizar el resultado final del conjunto, pienso que este trabajo también intenta recuperar y conciliar un sentido de la ubicación política de la autonomía y de su transgresión, un sentido de la dialéctica histórica de la disciplina artística y de su contestación, al intentar proveer un objeto cultural con margen de maniobra.

El artista y la institución

A lo largo de su carrera, Perdices ha desarrollado un trabajo que gira en torno a la relación con la institución cultural. Esto no quiere decir que los demás artistas laboren al margen de la institución o que esta relación no se dé de manera implícita; todos lo hacen de alguna u otra manera, queriéndolo o evitándolo. Sin embargo, lo que en este caso le da su singularidad con respecto al resto es que la relación con la institución forma parte de la obra y de la reflexión de la que ella es portadora.

El artista señala que con respecto al trabajo con la institución y su interés por trastocar los órdenes jerárquicos que son inherentes a su reflexión, está atravesada por las ideas desarrolladas por Allan Kaprow y Robert Smithson en el sentido de que el arte más que un objeto de contemplación debe ser un detonante que active la experiencia.

Citaré como ejemplos dos trabajos anteriores que me parece que participan del mismo ámbito reflexivo acerca de la relación del artista con la institución. El primero se tituló *NEGADA, AbiertA y desnudA,* una muestra que se presentó en el Espai d'Art Contemporani de Castelló (2010), en la que el artista intercambia y trastoca los espacios interiores y exteriores de la institución cultural. Un área de la salas de exposición se utilizó como un escenario o plataforma en la que se instalaron las oficinas, los archivos, los empleados del centro, y sus funciones diarias se desarrollaron sobre una moqueta blanca que con el tiempo y el uso se fue ensuciando. Este escenario evoca la obra de Michael Asher, en la que se produjo un trastrocamiento similar con el fin de desocultar la zona del poder en la que normalmente se toman las decisiones y que nunca está expuesta a la vista. En esta muestra las oficinas vacías se convierten en el lugar de la exposición de las obras, ahora inaccesibles para el público. De esta manera se propone una vez más un escenario en el que se trastocan los usos del espacio, sus funciones y las del espectador.

El segundo ejemplo es *Zabana, INSHALLAH* (2011-2012), que se compone de un vídeo realizado en la Escuela de Bellas Artes de Orán y una serie de fotografías tomadas en el Museo Ahmed Zabana. Ambos edificios son parte del mismo conjunto arquitectónico y cultural, una institución que formó parte del programa enciclopédico occidental y colonial aplicado por Francia en Argelia. La serie de fotografías fue hecha durante el proceso de desmantelamiento de la sala de arqueología en la que se capturan las imágenes de un museo en ruinas, articulado desde el discurso colonial.

Mientras que en el caso de *Espejo y Reino / Ornamento y Estado,* las obras pudieron realizarse gracias a que Perdices trabajó varios años en el Museo del Prado y esto le permitió acceder al espacio en su proceso de transformación. Sin embargo, lo que resulta interesante aquí es que el trabajo no se detiene en la producción y la captura de las imágenes con un fin estético y mnemónico o en el traslado del Salón de Reinos a la sala del Museo CA2M de Móstoles, sino que se adentra en las estrategias de estas relaciones complejas y muchas veces contrapuestas y conflictivas, incorporándolas a la obra para —al ofrecer una imagen de ellas— ampliarlas, cuestionarlas, enriquecerlas y dotarlas de otros significados. Pero sobre todo «violentar» esta relación con la institución en la consciencia de su ser indisociable de ella. Ya que el artista, al desnudarse y mostrar su vulnerabilidad como sujeto frente a la institución, de alguna manera activa el dispositivo de desmantelamiento crítico que a su vez deja a ambos al desnudo en su relación de interdependencia y sumisión, revelándose lo que normalmente se busca ocultar.

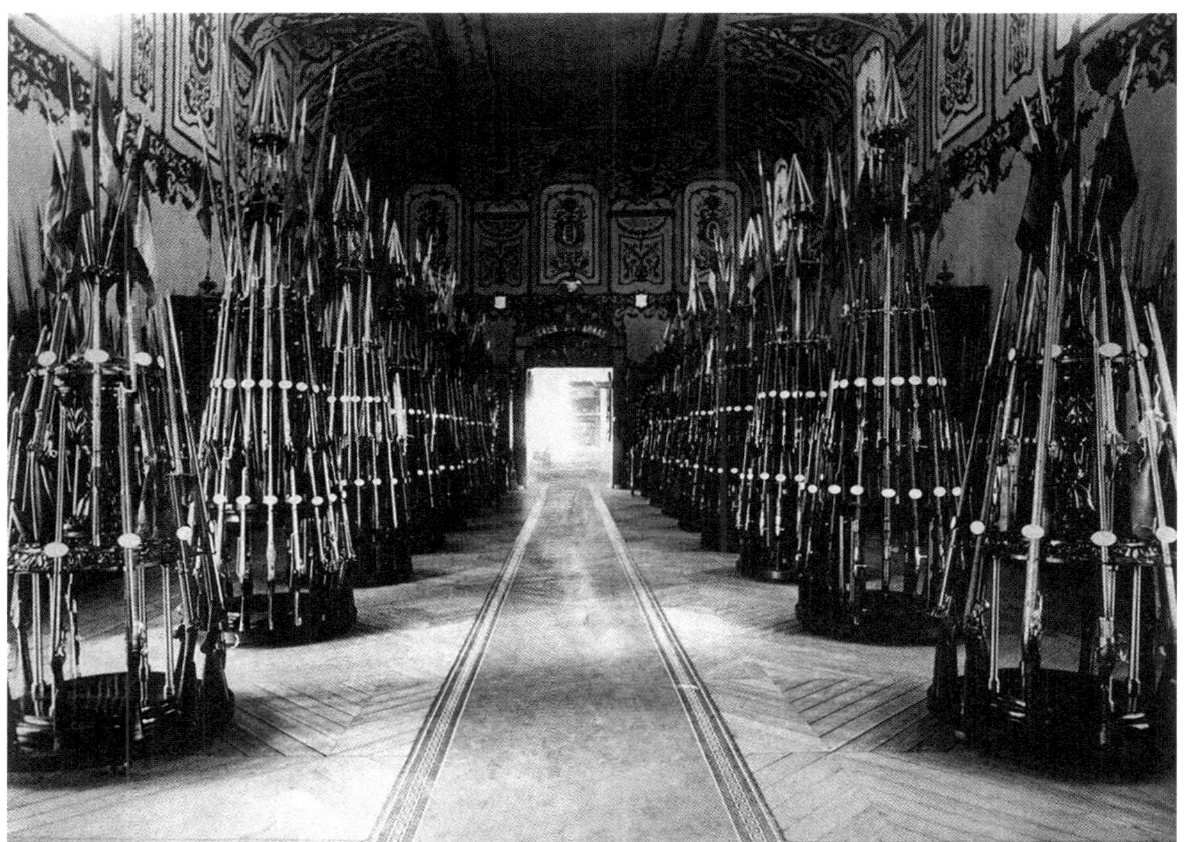

1

Sala de la hoploteca / Artillery Room, *c.* 1910-1915

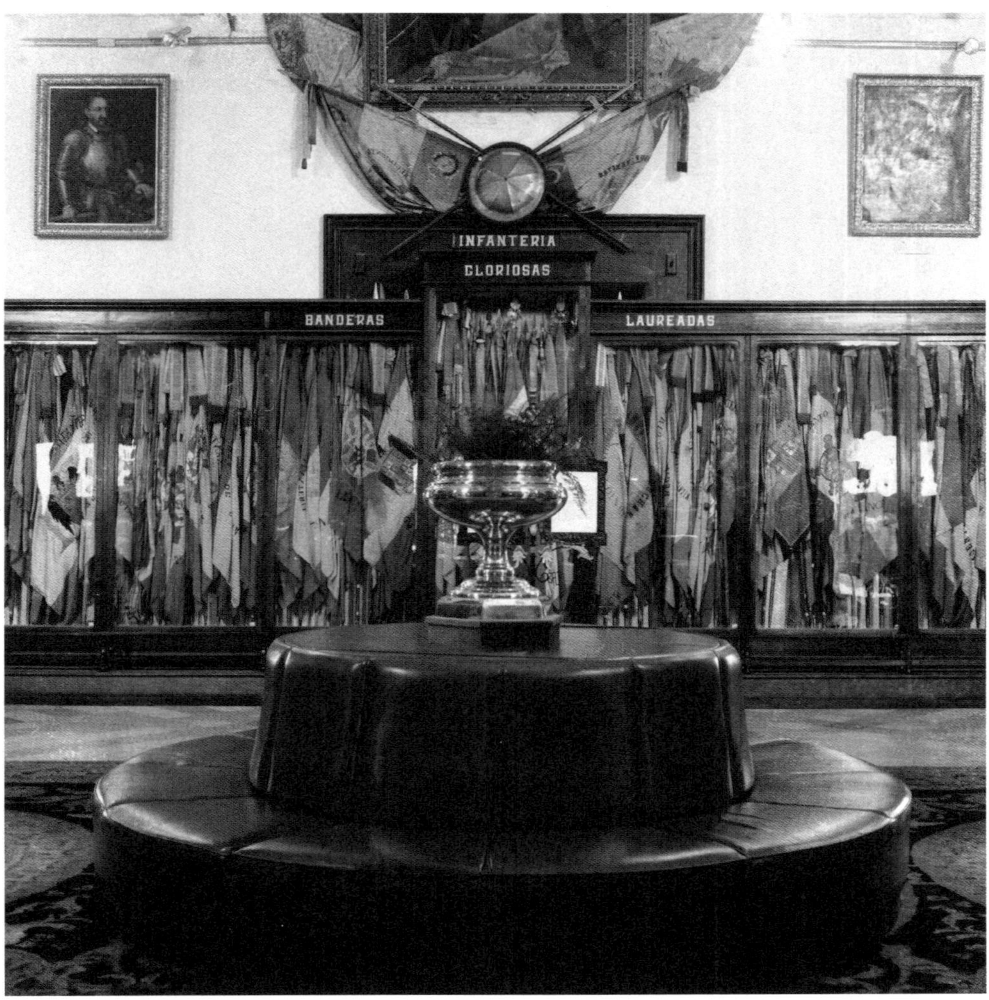

2

Sala de la Cruzada (nombre original de la sala hasta 2002). Estaba dedicada
a la Guerra Civil / Crusade Room (original name of the room until 2002).
It was dedicated to the Civil War, *c.* 1940-1950

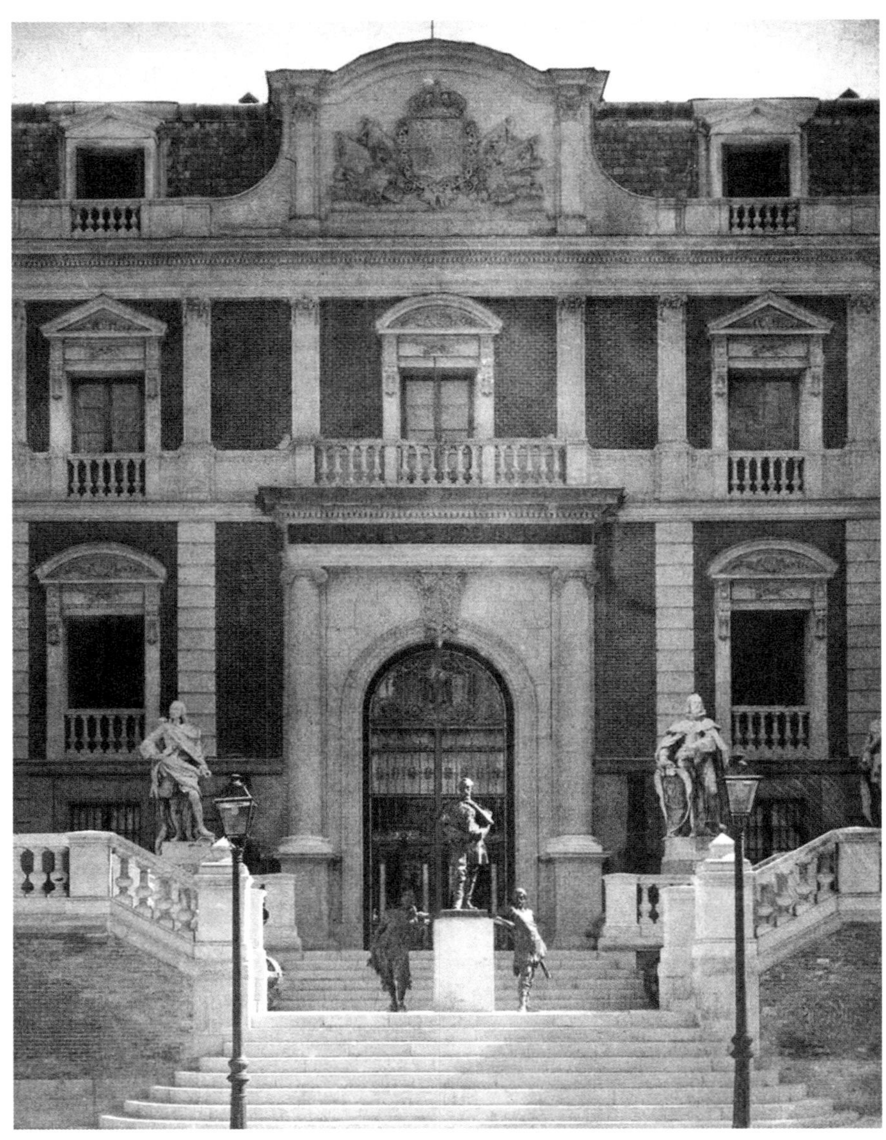

3

Fachada norte del museo / North façade of the museum, 1940-1950

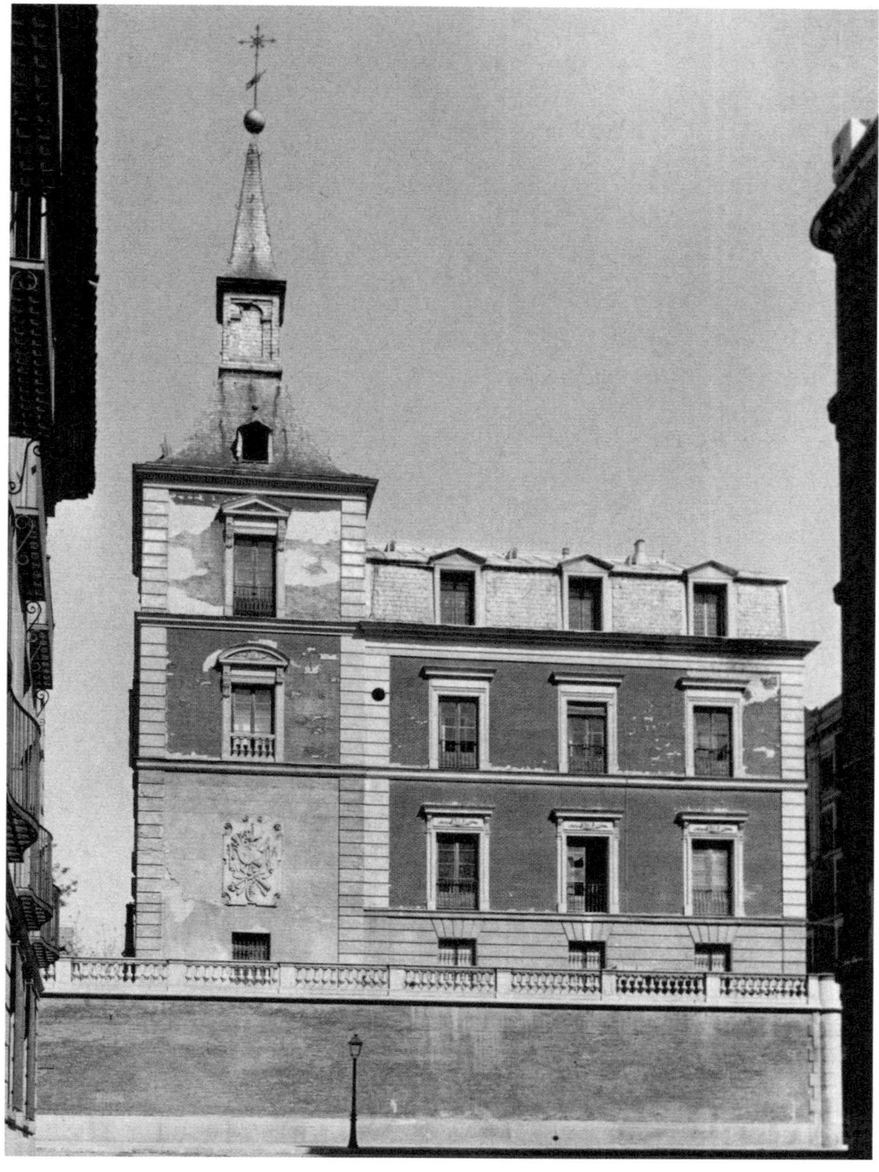

4

Torreón de la fachada oeste del museo /
Tower on the west façade of the museum, 1940-1950

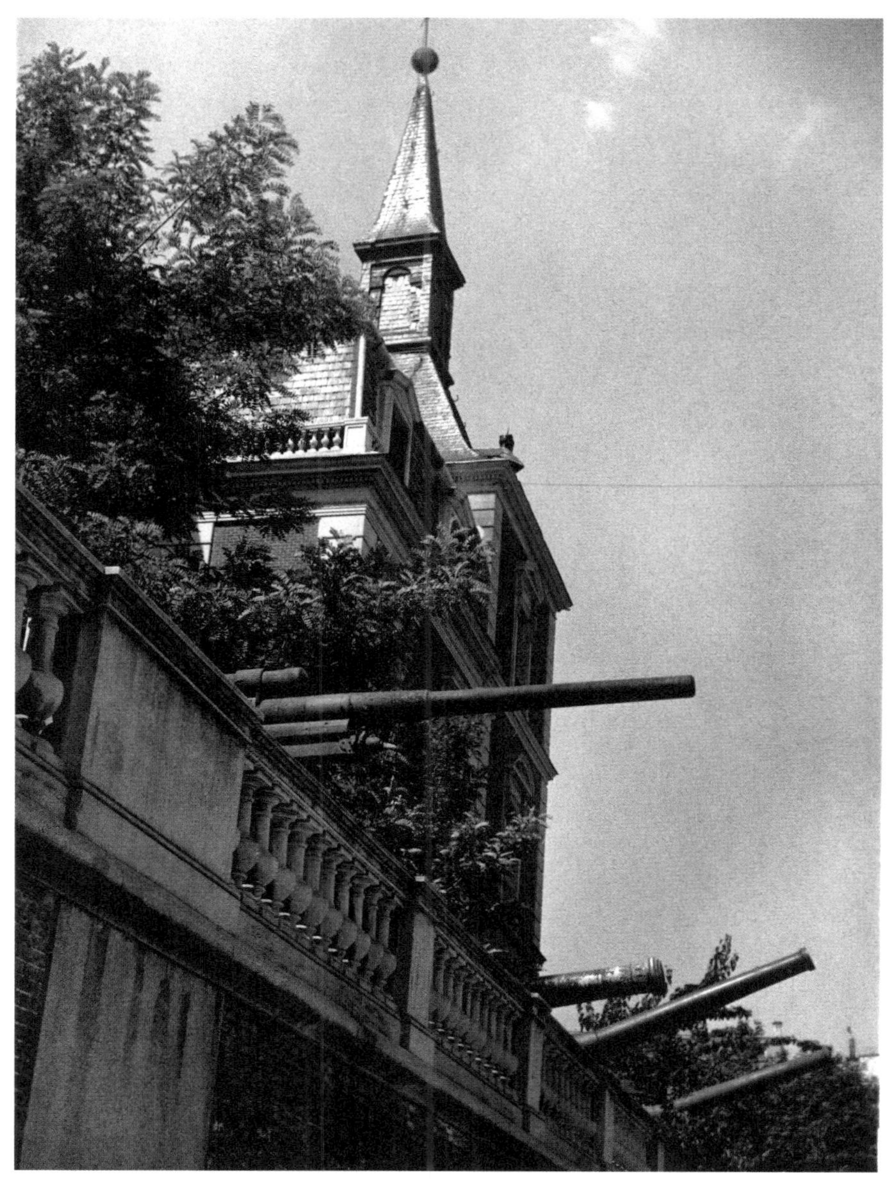

5

Fachada norte del museo / North façade of the museum, 1940-1950

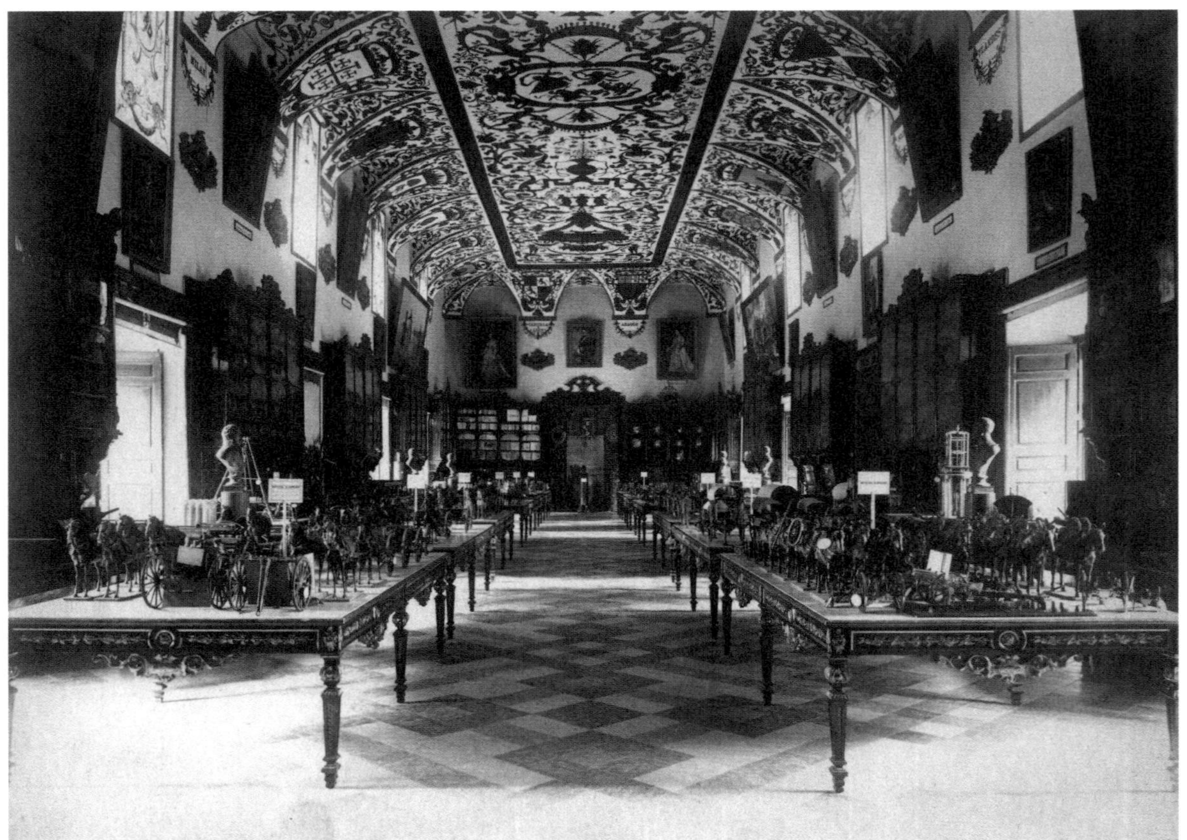

6

Salón de Reinos / Hall of Realms, *c.* 1910-1915

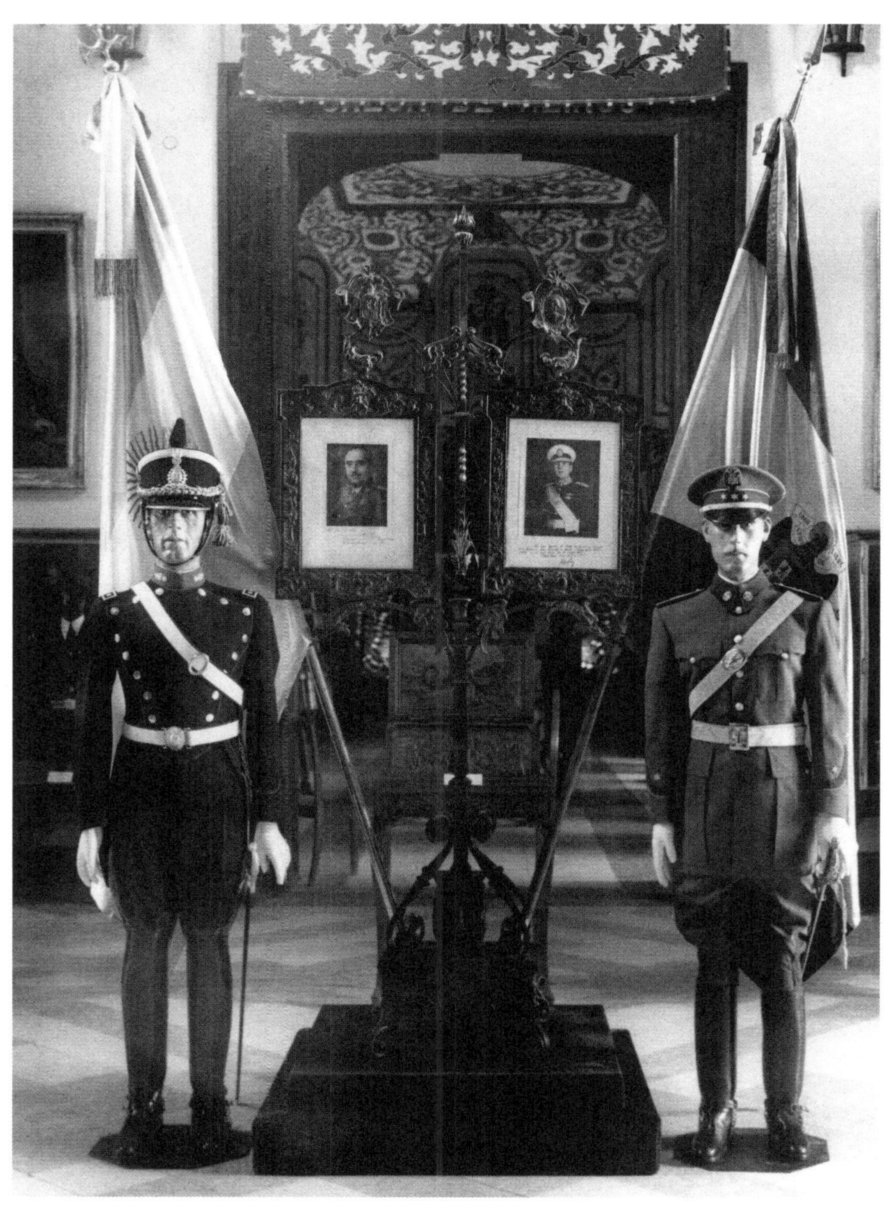

7

Sala de la Reina, entrada al Salón de Reinos /
The Queen's Hall, entrance to the Hall of Realms, *c.* 1970

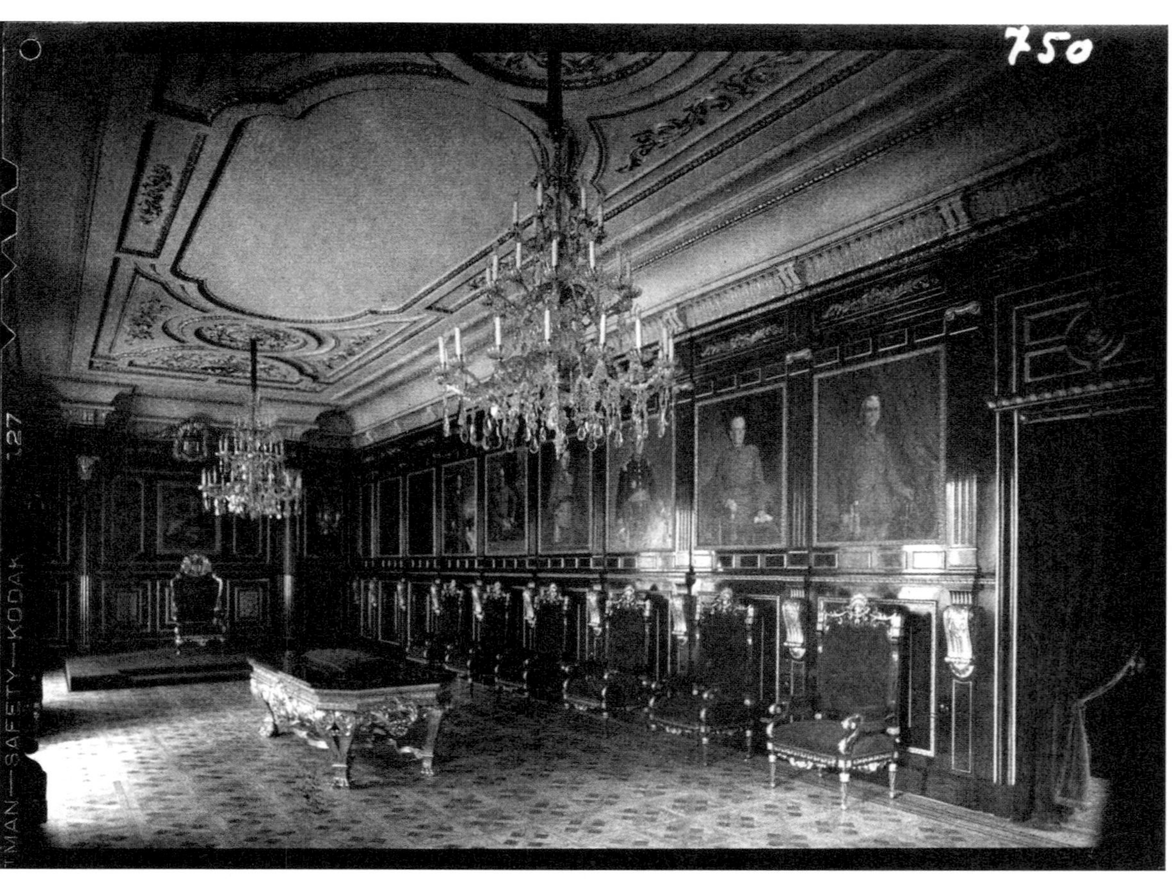

8

Salón de Laureados / Hall of Laureates, 1965

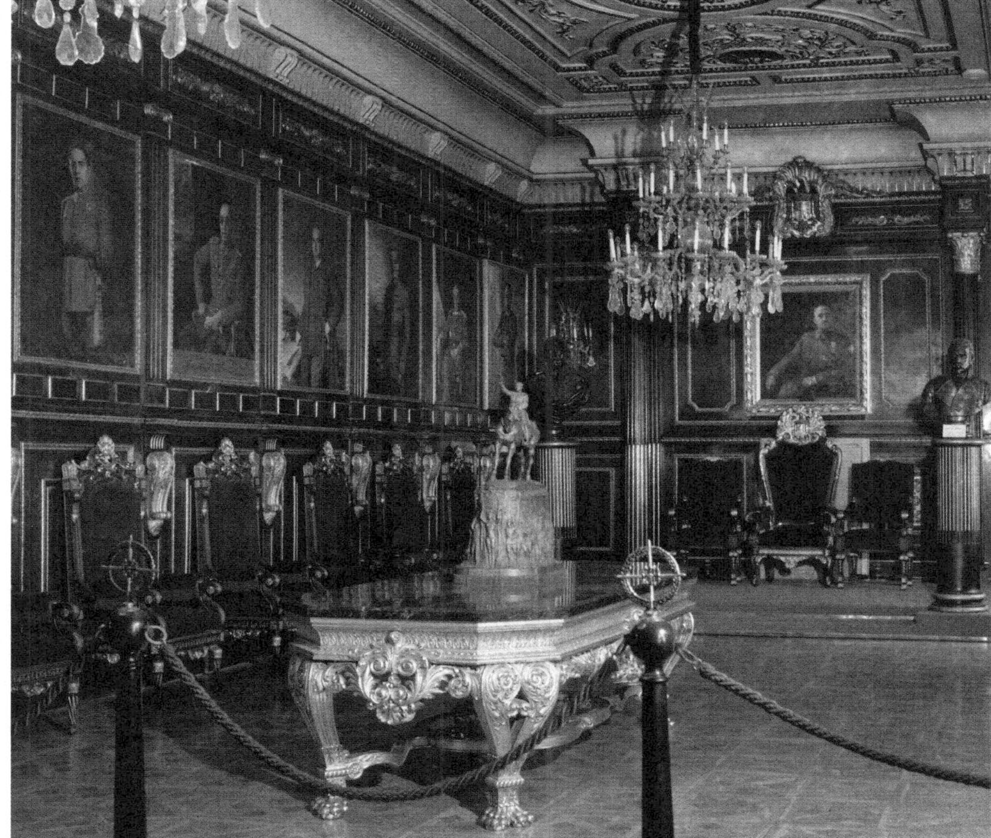

9

Salón de Laureados / Hall of Laureates, 1965-1975

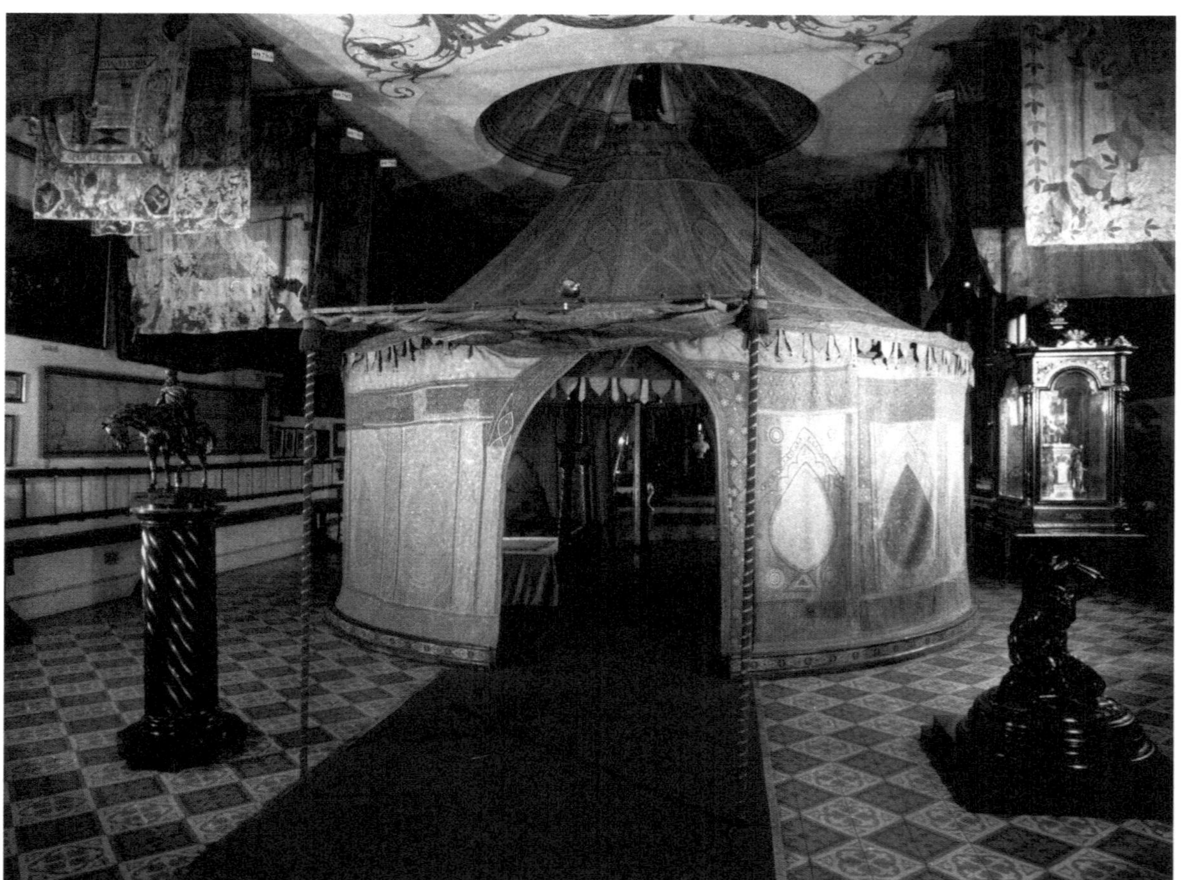

Tienda imperial en la sala Carlos V / Imperial Tent in Carlos V's Room

Mirror and Kingdom / Ornament and State
María Virginia Jaua

I feel compelled to clarify the title, as well as its possible excess or duplication. When I first mentioned the title to a friend, he found it redundant, and while trying to convince me, he emphasized that the first title, *Mirror and Kingdom,* was sufficient, while the second title, *Ornament and State,* was repetitive and therefore dispensable.

Hence, to shed light upon the following text and the exhibition by the artist Álvaro Perdices, I should begin by addressing the duality of the title's structure, which further unfolds into two conceptual pairings.

On the one hand, we have two constructs which compose *Mirror and Kingdom,* followed by a "/" which in Spanish we call a diagonal or a slash, marking the spatial and conceptual separation from *Ornament and State.*

A duplication can be immediately perceived, but not only in the manner in which my friend detected. In addition to the duality, a reflective game is created between both statements, as well as within each one of them. On one hand, the kingdom is suggested to be linked to the unfolding of its mirrored image. Mirrors have played a crucial role within palace culture, not only due to their luxurious symbolic value but also because of their power to "multiply" the "king's body" through their "reflections," on which the power of the monarchial system revolves. On the other hand, the State is represented through ornament because of its correlation to not only the unique figure of a dictator, president, or prime minister in the modern era, but also to the various entities that form the State. The State is aligned on an axis of political and ideological premises, some of which are implicit, while others are explicit and visible in buildings (and other symbolic productions), serving as the headquarters and facades of these specific entities, namely, governmental institutions.

Therefore, this artistic project revolves around the precise duplication that the title holds, the building known as the Salón de Reinos del Palacio del Buen Retiro (the Hall of Realms in the Buen Retiro Palace). Its transition from a symbolic and emblematic royal environment to a space that has been used and abused throughout history by the different notions of statehood during the turbulent 19th and 20th centuries leads us to its current conceptualization of the 21st century: an artistic space supposedly "depoliticized" and affiliated with the Prado Museum. Curiously, in part, it seems as though the intention behind the refurbishment was to recreate the room as it was initially conceived, as a space for King Philip IV's pleasure and celebration.

The latter would lead us to create yet another division within this initial split. However, because it's not yet possible to see the results of the refurbishment—which is being executed by a group of architects led by Norman Foster—we can only make assumptions from the information released by the press.

This offers us the first clues on what we present, both in Alvaro Perdices's physical exhibition at the Museo Centro de Arte Dos de Mayo, as well as what you'll find in the intimate and portable book that you now hold in your hands. Perhaps, here is yet another implicit spatial division that we haven't explored above: the one between the exhibition space and this publication.

Mirror and Kingdom

The historian José Álvarez Lopera describes the Hall of Realms's characteristics from its initial construction in the 17th century in the Buen Retiro Palace, underlining the prominent political and ceremonial role the space held. The latter is crucial—from its conception and first years of use, the Hall of Realms was erected as an environment to exercise the sovereign's power, representation, self-celebration, and festivities.

Lopera details its dimensions—34.6 meters long, 10 meters wide, and 8.25 meters high—and states that it was located in the north wing of the central courtyard of the palace. It was flanked by two smaller rooms, the Hall of the King's Guard Corps and Coloma Hall, each connected by doors that marked the axis of the gallery. The ceiling was decorated with paintings that depicted 24 shields, corresponding to the 24 kingdoms of the Spanish Empire. The hall was richly decorated with twelve oil paintings, distributed on the north and south walls, portraying battles that were imbued with a strong symbolic and political value. These twelve paintings celebrated the victories of the Spanish forces between 1622 and 1633. By the time these paintings were exhibited on the walls of the salon, the Empire had begun to indicate signs of weakness, as well as its consequent process of decline and dismemberment. Above the windows, paintings depicting scenes from Hercules's life, painted by Zurbarán, were spread in between the other canvases representing the battles. Equestrian portraits of Philip III and Margaret of Austria were placed at the end of the hall, flanking the throne. Across from them were portraits of Philip IV and Isabella of Bourbon, as well as one of Prince Balthasar Charles, all of which were painted by Velázquez. Due to the mastery and ingenuity of these paintings, these portraits function as "mirrors" that reflect the figure of the king. The importance of the speculative artifact in Baroque painting is acknowledged, particularly in the work of the author of *Las meninas*, who, in addition to painting many portraits for the monarchy, was also commissioned to design the Hall of Mirrors at the Royal Alcázar in Madrid.

The Hall of Realms was occasionally used for the inaugurations of the Castile Court, holding an array of "feasts and festivities" as well as theatrical performances. For instance, in 1637, Calderón de la Barca's play *Los Disparates de Don Quijote, El Amor en Vizcaíno* by Luis Vélez de Guevara, and *El Robo de las Sabinas* by Francisco de Rojas Zorrilla were all performed in this space. The historian denotes that, even on these occasions, the Spanish monarchy exhibited themselves in all of their splendor, with the king as the center of the show, even above and beyond the theatrical performances.

In addition to providing an approximate idea of the space's characteristics, uses, and importance, these details also invite us to reflect on the political iconography, suggesting that these images cannot be reduced to a symbolic manifestation of a worldview, nor are they the visible representation of social and economic trends; rather, they illustrate a reality that is a much more powerful depiction than a historical development, due to their participation within the creation of said political reality. It is not an abstract language, nor a grammar of elements—the iconography encompasses an inherent reflection on the uses, devices, laws, theories, and political practices of an image, which in turn, creates reality.

Ornament and State

Following the French invasion and bombardments at the beginning of the 19th century, only two of the structures of the Buen Retiro Palace in Madrid were left standing: the Casón del Buen Retiro and the Hall of Realms. The 19th century has partially been shaped by and considered a consequence of the French Revolution and the Enlightenment. In Europe, the 19th century was a time of consolidation and homogenization of the States, whereas in the Americas, it has been recognized as a century of independence. While Spain faced the French invasion, the Spanish colonies seized the opportunity to emancipate.

As is known, history is impossible to simplify because of its complexity. Nonetheless, I would like to be so bold as to try to do so, due to my involvement in this artistic project and personal identity as a Venezuelan and Mexican citizen. Let's say that as a consequence of the Peninsular War against France (1808-1814) and the painful dismemberment of the colonial empire on which it had built an economic hegemony during the 16th, 17th, and 18th centuries, the desire to gather and consolidate the Spanish military power arose, at least, on a symbolic level.

This could explain the many steps that were taken to finally congregate the various scattered military collections within the Hall of Kingdoms. In 1932, during the Second Republic, these collections resided in the Military History Museum, which was later renamed the Army Museum and was consolidated after the Spanish Civil War (without a doubt, one of the most horrifying episodes in Spain during the 20th century). In this context of internal struggles, "ornament" ascends as an inherent State crime, given its desire to impose itself without attending to any differences, thereby subjugating and annihilating any dissidence. In Adolf Loos's emblematic essay titled *Ornament and Crime* (1910), he states: "the State, whose task it is to retard the cultural progress of the people, took up the fight for the development and revival of ornament."

It's appropriate to pause here and recognize the nature of ornamentation adopted by Francoism, both to express its ideology, as well as the foundations on which its identity was implemented. The ruins of both elements—ideology and identity—are frameworks upon which this work was built (Image 1).

The military government established under Franco's dictatorship was ideologically and symbolically based upon the Empire's loss of unity and *Hispanidad* (Spanishness). The names of the former Spanish colonies that became republics that were ascribed to Hispanidad—by force or without consultation—represent this ideology. Such is illustrated in Perdices's film *Ausencia y panfleto* (*Absence and Pamphlet*), which depicts the names of these countries on the royal hall's ceiling. These could be, or could have been, found in the room of the War of Independence that was connected to Carlos V's room, which was painted by soldiers who had no artistic knowledge of the 20th century.

When I see these images with names like Paraguay, Bolivia, Peru, Ecuador, Colombia, Venezuela, and Mexico, I ask myself: What sense does it make for Spain to remember the defeats it suffered that led its colonies to emancipate? Now that we know that these names will disappear in the current refurbishment, I wonder: will Spain be able to reverse the formula and declare itself the daughter of its former colonies?

During the 20th century, Hispanidad was a mythical reference that the Franco dictatorship recovered and assimilated to its great advantage—the Hispanic doctrine was assumed as an essential part of the novel regime and the National Movement's ideology, converting it into a symbol of a fascist, "new Spain." The integration of the Americas into the national ideal and narrative through this myth served as a political weapon in service of the dictatorship. On one hand, the Franco regime turned to the Hispanic world as a platform for integrating the American subcontinent; on the other hand, Francoist ideologies continued to exploit the nationalist potential which Hispanidad encapsulated, as a vector of internal propaganda.

Hispanidad was a versatile, malleable, and accommodating myth that knew how to adapt to the cultural and ideological evolutions of the Francoist period (although it's also been used by more recent democratic governments). Used as ideological and propagandistic support, the notion of Hispanic identity has never been precise and has had to adapt to the evolving international context. Beginning in the 1930s, Hispanidad became a national program and a polarizing nucleus of communities' destiny, serving to divert the imperial frustration of nationalism. It's curious how these prevalent discourses in contemporary Spanish politics, even within the current governing party, still implement and insist upon both outdated and outmoded ideologies.

The former Empire adopted Herrerian architecture, an evocation of El Escorial. However, the furniture was created in the style known as *remordimiento*—an ironic name given to the Spanish Renaissance or Plateresque movement—consisting of a rough (and sometimes kitsch) interpretation emphasizing ornamentation and wood carvings in the manufacturing of chests, tables, chairs, shelves, desks, and other pieces of furniture. While both styles are associated with the grandeur of the past, they are disconnected from the present and lack future purpose. Thus, they become opposed to the values of modernity (Images 2-6).

The remordimiento style—whose use, it seems to me, is more suitable than the Renaissance or Plateresque due to its lack of progression throughout the 20th century—was adopted in the ornamentation implemented during the Franco dictatorship. Additionally, the same style of ornamentation was applied in the remodeling and decoration of the Army Museum, as well as in other military and official buildings and homes.

The obstructive dynamics of power are exemplified by the connection between the production of furniture and the Ocaña prison in Toledo, known today as the centro penitenciario Ocaña I. Prisoners who were forced to follow the "reeducation" and "reintegration" policies worked in carpentry workshops, many of which produced large quantities of remordimiento-style furniture. In fact, we can assume that this production was executed through slave labor, specifically that of political prisoners who were dissatisfied with the regime that not only imprisoned them but also forced them to produce its goods.

Hence, the wooden tables and chests that were produced in prison workshops, as well as a cigarette case and matchbox created by Daniel Frutos Morcillo, mayor of Manzanares el Real (who shared a prison cell with the poet Miguel Hernández), have been included in this exhibition. It's moving to observe the stark contrast between the grandeur of the furniture and the sobriety and simplicity of the personal objects that evoke the existence of those men, whom we can imagine smoking as a means to pass the time in confinement.

Archive Fever

Why should we consider something like the notion of the archive, or even the "archive fever," within this project? What archive could we be referring to, and what would it seek to preserve?

Foucault describes the archive's function as "the law of what can be said"—a system that governs the statement's appearance as a singular event. However, archives also ensure that files don't accumulate indefinitely in an amorphous multitude, nor are they inscribed in an unbroken linearity, but instead, they can be preserved from external accidents. Archives also allow for a specific organization—grouped in different figures, placed according to specific categories, and maintained or neglected according to detailed criteria.

Contrarily, Derrida implies that the archive becomes a space of authority under two orders: sequential and mandate. As such, Derrida suggests that the archive is a place of residence in which the guardian has the authority to interpret the archive as they wish. This unleashes and perpetuates a political narrative, allowing the authority to participate, interpret, and access the archive, as well as decide what should be excluded.

In his reflection, Derrida reveals the frightening nature of the archive's filtering process that not only involves public and official documents, television, and radio archives, but also works of art. Some artworks survive, while others do not. Few end up in museums, while others are forgotten and destroyed. Thus, some mediocre works survive, while we suspect that brilliant literary, pictorial, and cinematographic works, which have been excluded from the archives, have been destroyed—we will never know, since they don't exist.

Based on these reflections, what becomes clear is the role that chance or luck plays within the archive. Derrida names this archival vocation "archive fever," as this "magic bloc" contains a contradiction—an archive serves for both the destruction and conservation of objects, resulting in the "archival drive." Derrida also designates this as a type of "archive fever," due to its inherent internal contradiction.

There would be no desire for an archive without a radical finitude and the possibility of the forgotten, which is not limited to repression. Above all, the most terrible part—beyond the simple constraint of finitude—is that an archive cannot exist without the constant threat or instinct for death, aggression, and destruction. This threat becomes infinite and carries the logic of finitude and simple factual boundaries, the transcendental aesthetic, or conservation's spatio-temporal conditions. Let's say, rather, that it abuses them. Such abuse engenders the ethical and political dimension of the problem. There is no "archive fever," limit, or suffering memory—by implying the infinite, "archive fever" borders on radical.

It's precisely from this abuse that the need to "select," "save," and therefore also "destroy" arises. Although it wasn't initially intended, this project is inextricably interwoven with this "archive fever," which has become an indispensable component.

What has been archived here is what has been classified as worthless: ruin, waste, wound, and the abandoned, as well as the evidence of the masquerades of power. What can be found is what was in the Hall of Realms prior to the refurbishment. In other words, what is archived is unarchivable: the erased. The archived material is represented by the slash symbol (/) that separates the exhibition title, and consequently, signals the passage from one ideology to another. As eccentric as it may seem, it's precisely this in-between, forgotten or non-historic place—the transition from one aesthetic to another—in which we find these "unarchivable" objects.

Perdices's films and photographs depict the interiors of the Hall of Realms when the Army Museum was dismantled and transferred to the Alcázar of Toledo—a disassembly, an absence, and the trace of a story which must be reread and rewritten. Perdices also records an uncomfortable past, a part of society that continues to demand to be amended.

What can be found in this "in-between," as symbolized by the diagonal slash, also includes unclear projects, such as the Cai Guo-Qiang exhibition at the Prado Museum in 2017. This ambiguous project consisted of offering the artist the Hall of Realms as a studio where he could produce his paintings with gunpowder. Once he completed the work, a party was thrown in his honor in the same hall.

The intentions, specifically the historical and conservative logic behind this "Chinese project" within the Prado Museum's programming and research framework, have never been clearly understood. However, what do seem to be logical, perhaps secretly, are the Hall of Realms's uses and stories.

Álvaro Perdices titles this last staging the "porn State." This becomes visibly clear in his superimposed photographs that capture the Hall's decorations for a party—the red curtains, lighting, and brothel-like atmosphere—in which the subjugation of the cultural institution to global capital is impossible to hide.

It's curious how sometimes the conception of buildings can build a brand. Because of its initial use, the Hall of Realms connects Philip IV's past, from the theatrical performances and ceremonies that revolved around the figure of the king in the 17th century, with the Francoist dictatorship, including the military self-celebrations in the Hall of Laureates, as well as the spaces dedicated to "leisure" and "recreation," materialized as a bar in the Hall of Realms (Images 7 and 8).

All These Images Compose "Archives"

However, as we can see, this archive is atypical and is one that has been altered by the artist, who, in order to understand and create a recording, captures the remains of the building's most recent history. Traces of torn shields, dirty carpets, erased phrases that floated in an institutionalized and meaningless time, toilets, holes in the exterior walls, stains or patches of sunlight on the walls, and empty shelves holding weapons and war-related objects were revealed, but only in the artist's reflection.

Álvaro Perdices's interference with these images updates, problematizes, and violates the notion of the archive by mirroring its relationship to the king's figure. The king's body is no longer a decorative object that is used to reflect the ruling power, but a "naked," vulnerable object and subject of the work. The consequent vulnerability converts the figure of the king into a subversive agent, one that presents himself as equal to the viewer, a citizen, in his reflection.

In a reading referencing Deleuze and Guattari, a certain character is exhibited, whose intrinsic desire is within the subject of power and institution. By occupying the void left by the sovereign or the State, the artist's nude body represents the desire within the libidinal drive for desire itself, echoing—while also resisting—domestication. Thus, the artist's body is both the subject and the object of consumption, as well as the desired energy that attempts resistance. Aligning with the authors of *Anti-Oedipus*, the objective and collective desired being is the tyrant's desire. The subject's desire is no more than the "desire of the tyrant's desire." However, this can only be embodied in an accessible, lost, or missing object. The tyrant, as a divine presupposition and an apparent transcendent source, creates a liability out of the very subject—a void impossible to fill, a hole through which meaning escapes and that is, nevertheless, occupied by a spectral and voyeuristic body.

Device = Exhibition

One of the characteristics which led *Mirror and Kingdom / Ornament and State* to become an exhibition was its unfolding in the physical space as its device. The duality in this exhibition is created by using this device both as a staged arrangement open to reception as well as a mechanism or artifice that produces a foreseen action in the visitor.

But, in what way could we shape an exhibition that "stages" and evokes a significant space that resembles the epicenter of an Empire—one that has been, and continues to be, transformed over the years—within a contemporary art museum?

Perhaps one of the greatest challenges that the artist, the architect, and I faced was to construct a critical archival device in the museum space, with the collected and produced materials. It wasn't a question of "rewriting" history but one of "revealing" the desire to rewrite history, including the futility, uselessness, and impermanence of such desire. As we can currently see, we are witnessing radical changes that are taking place when reading history. And not just any history: specifically, the relationship between Spain and its former kingdoms and colonies.

Therefore, this exhibition displays three categorized, overlapping images. These superimposed images have not had any special treatment. They aren't printed or framed for conservation. These prints, like posters and pamphlets found on the street, are ephemeral and have been pasted to the walls in various layers.

The first layer traces the large canvases depicting battles that were originally painted to decorate the Hall of Realms. This acts as a ghostly trace, not only by resembling its origin but also by placing these large canvases on the highest register of the walls. The second layer displays the images of the former Army Museum during its dismantling and transferring process to the Alcázar of Toledo. The latter would constitute the body of the archive; however, as explored above, this archive is intruded by the artist's naked body, somehow deconstructing the archive, while activating the Baroque use of reflection. For example, we can look back at Velázquez's use of reflection in several of his paintings, in which he placed himself at the spectator's level and included his own figure within the act of painting, creating his own scopic regime that included the observing subject. In the third layer, we find images depicting the celebration honoring the Chinese artist Cai Guo-Qiang, as well as the staging of the institution that has been "sold" for capital, previously referred to as the "porn State."

Photography is used as a reminiscent object, not because it has been used to record a supposed reality of the past, but because it constructs a memory based on political and institutional history, as well as art history. What becomes evident are the allusions to Baroque paintings, as well as conceptual artists who allude to the Baroque period, for example, Jeff Wall's *Picture for Women* (1979).

In the center of the room, there is a space built with different types of glass which impede, allow, or condition the viewer's gaze. This glass simultaneously protects two sculptural objects or totems arranged from furniture (tables and chests) that were produced in the carpentry workshops of the former Ocaña prison in Toledo. We've attempted to bring this furniture in the same condition in which it was found—weighed by dust and cobwebs, due to years of abandonment.

This exhibition establishes its own visual format that references the processes of individuality and the role played by the imaginary production and consumption as a register of expression, rendering, or of the unlimited. Undoubtedly, the Lacanian reference is imperative, not only in the returning gaze but also in the study of the constitution of the self in relation to the construction of the gaze, particularly, as a structure of the instituting relationship in the encounter with the other, who also looks at "us." In this case, it becomes the encounter of our gaze with the artist's reflection, within the act of capturing himself/herself/ourselves.

The exhibition format is also characterized by using the gaze as a device itself. No artifice is hidden—on the contrary, the artifices reveal themselves without disguising their resources and processes by "showing themselves in the nude."

The exhibition also includes the films *Absence and Pamphlet* and *Carlos*, both projected in small rooms connected to the main installation, separated in order to exhibit them in ideal conditions. The first film, *Absence and Pamphlet*, is a narrative journey told through the Hall of Realms, depicting the dismantling of the Army Museum.

The second film, *Carlos*, was recorded with a drone that flew over and captured the imprints left by the imperial tent. This has been mythologized in a story that supposedly recounts Emperor Charles V using this tent during the Tunisian campaign. However, studies have found, along with Mughal and Muslim motifs, shields from the Kingdom of Portugal, indicating that the tent was originally a gift to Philip II from a Portuguese nobleman, who in turn gave it to the Holy Brotherhood. When the Brotherhood disappeared, the tent was deposited in the Artillery Museum, and from there was transferred to the Army Museum, where it was placed in the Charles V room, located on the upper floor, directly above the Hall of Realms, acting as a symbolic roof or imperial shelter to his kingdoms (Image 9). Once it was removed from the Hall, it was reinstalled in the Museum of the Alcázar of Toledo, where it is exhibited today.

While looking back and reviewing the process and visualization of the final ensemble, I believe that this work also attempts to recover and reconcile a location of political autonomy and transgression—a sense of the historical dialect in which the artistic discipline and its contestation try to provide a cultural object with room for adjustment.

The Artist and the Institution

Throughout his career, Perdices has developed a body of work that revolves around the relationship with the cultural institution. This doesn't imply that other artists work on the margin or outside of the institution, nor that this relationship doesn't implicitly occur. Every artist creates this relationship in one way or another, either willingly or reluctantly. However, in this case, what stands out is the relationship with the institution and the reflection it carries, forming part of the work itself. The artist underlines that his work regarding the institution and his interest in disrupting the hierarchy, inherent in his reflection, cross over ideas developed by Allan Kaprow and Robert Smithson, in which art is more than an object of contemplation and should be a trigger which activates experience.

From my point of view, this interest in the artist and the institution is further explored by Perdices, as he seeks to reveal the tensions, negations, and negotiations that are established in this exchange. This makes his work part of a rare and scarce tradition of Spanish institutional criticism.

To emphasize my point, I will reference two previous works that, in my opinion, also explore the artist's relationship with the institution. In the first work, titled *NEGADA, AbiertA y desnudA*, exhibited at the Espai d'Art Contemporani de Castellanó in 2010, the artist altered and disrupted the interior and exterior of the cultural institution. The offices, archives, and employees of the cultural institution were placed on a stage or platform that was used as an area of the exhibition. Their daily tasks were administered on a white carpet that, over time, became dirty. This scene evokes Michael Asher's work, in which a similar disruption took place, revealing an area resembling power where decisions are normally made, but that is never revealed to view. In this way, the empty offices became the space of the exhibition, which are now again inaccessible to the public. Consequently, a scenario is proposed in which the uses of space, both in its physical functions and those of a spectator, are disrupted.

The second example, *Zabana, INSHALLAH* (2011-2012), consists of a film made at the School of Fine Arts in Oran and a series of photographs taken at the Ahmed Zabana Museum. Both buildings form part of the same architectural and cultural complex, an institution that was part of the western and colonial program that was applied in Algeria by France. These photographs depict the process of dismantling the archeology room, in which images of a museum in ruins are also captured and are articulated from a colonial discourse.

The work in *Mirror and Kingdom / Ornament and State* came to fruition due to Perdices's employment at the Prado Museum, which consequently gave him access to the space and its process of transformation. However, what becomes increasingly interesting is that this work does not end with the production and the capturing of images for aesthetic purposes, nor with the transferring process from the Hall of Realms to the Museo CA2M exhibition space in Móstoles. Instead, the work delves into the complex and often conflicting strategies and relationships, in which the image works to expand, question, enrich and endow the work with other meanings. Above all, however, "violating" this relationship with the institution becomes inseparable, due to his awareness. By undressing and exhibiting his vulnerability as a subject in front of the institution, the artist activates a dismantling critical device that leaves both naked within their interdependent and submissive relationship, revealing what normally seeks to be hidden.

Espejo y Ornamento. Reino y Estado
María Dolores Jiménez-Blanco

I

En 2019 el Museo del Prado proyectó *NEGRO y Luz,* un trabajo de Álvaro Perdices que la institución anunciaba como:

> Un ensayo fílmico y fotográfico de las salas y pinturas del Museo del Prado. Su narración acontece durante la noche, a museo cerrado, con poca iluminación y una parcial ausencia de luz. Esta filmación propone a partir de la noción de la fotografía expandida, la experiencia visual de la pintura y de la institución. Aborda la escritura pictórica, la luz y su ausencia, la interpelación de las obras sobre el espectador y la lectura fílmica de la pintura como hecho narrativo que las acerca al espacio íntimo de la percepción. Su duración se aproxima a lo que sería una posible visita al Prado, en la que la lentitud y el ensimismamiento de la cámara permiten un acercamiento inusual.[1]

Acostumbrado a ver y entender en la penumbra mucho más de lo que otros, abrumados por la oscuridad, solo atisbamos, e intrigado por el poso cultural y por las experiencias personales y colectivas asociadas a los museos, Álvaro Perdices se propuso rodar también en un espacio distinto, pero igualmente asociado al Museo del Prado, aunque de momento desprovisto de pinturas en sus paredes. Me refiero a un espacio que fue parte del antiguo Palacio del Buen Retiro, el lugar que en el siglo XVII contuvo el Salón de Reinos, que después y hasta 2005 fue sede del Museo del Ejército, y que de nuevo volverá a contener, con toda probabilidad, las obras que en su día estuvieron en el Salón de Reinos, ahora como parte del nuevo Campus del Museo del Prado, a cuya colección pertenecen dichas obras. Después del traslado del Museo del Ejército a Toledo y antes de que el Museo del Prado inicie las obras previstas en el proyecto de Norman Foster para incorporar este edificio a la vida de la institución, Perdices ha rodado allí los dos audiovisuales, titulados respectivamente *Ausencia y panfleto* y *Carlos.* En este caso, pues, es tan importante dónde como cuándo.

Era lógico que se interesara por este lugar, al que podía aplicar análogamente su concepto de fotografía expandida, porque puede conceptualizarse también como espacio musealizado. Pero en este caso empleamos el término «musealizado» en un sentido amplio para indicar que, en diversos momentos de la historia y de diversas formas, allí se han expuesto imágenes y objetos componiendo narraciones complejas, y que esas narraciones convergían además en un objetivo común: el de crear un escaparate de glorias militares destinado a legitimar al gobernante situado al mando de un reino o de un Estado. Ese argumento principal se reforzaría con otro, hasta cierto punto inseparable de él, y que no haría sino confirmar la virtud (guerrera, pero también política) del citado gobernante: el establecimiento de una genealogía halagadora que necesariamente desembarcase casi en el presente mediante una cascada de hazañas bélicas. La idea compartida, pues, era la de eclipsar ante el visitante las sombras de situaciones políticas complicadas.

Al contrario de *NOCHE y Luz*, en donde, quizá sin quererlo, Perdices retrata la permanencia del museo y revela la luz que emerge en la penumbra más oscura, tanto en *Ausencia y panfleto* como en *Carlos* Perdices habla de interrupción, de un tiempo «otro» en el que, sin ausentarse del todo la luz, afloran las oscuridades. De entrada, ese es un primer hallazgo tan inquietante como elocuente: reconocer y definir, con precisión de escalpelo, un momento definitivamente antiheroico en un espacio concebido para el despliegue de los relatos heroicos del «pasado», un momento cuya cualidad de «presente» nos interpela sin piedad.

Aunque parece señalar una ruptura, una discontinuidad, quizá lo que se apunte desde el extraño hueco en el que se sitúa y nos sitúa Perdices sea precisamente lo opuesto: que todo el tiempo es parte de un mismo transcurso, que cada momento forma parte de una sucesión de momentos, de un recorrido desigual y lleno de imperfecciones que, por sí mismo, unifica y tensa la carga, en este caso histórica, de un espacio ya de por sí connotado desde su inicio como espacio político, en el que un *Reino* y un *Estado* quisieron verse reflejados de una determinada manera.

Ahora bien, el momento elegido para la realización de estos audiovisuales juega en la línea del tiempo, en todo caso, como un intervalo no tan breve, porque dura ya más de quince años. No tan breve pero sí extraño, porque donde hubo solemnidad, donde hubo importantes pinturas, probablemente tapices y mesas de jade, por no hablar de un trono para ensalzar una gloria cada vez más escurridiza en la época de Felipe IV, primero, y donde hubo estandartes y objetos de artillería, uniformes y *memorabilia* militar después, hay ahora, solamente y sobre todo, aire encerrado: es un espacio vaciado y desalojado, con leves vestigios de vidas anteriores recordadas por muebles desvencijados, polvorientos fragmentos de vitrinas descolocadas y muros horadados. Lo que

Perdices registra, por tanto, no son presencias, sino ausencias; no son imágenes, sino fantasmas; no son los objetos, sino sus huellas. A diferencia de *NEGRO y Luz*, esta vez no se trata de visibilizar, sino de evocar, incluso de invocar hasta exorcizar un pasado o varios, en un silencio perturbado por el ruido del dron y el sonido musical que lo acompaña mientras sobrevuela un suelo desgastado, manchado por los años y por todo lo que ellos trajeron. En algún punto del rodaje, Perdices registra no los espacios, no las vitrinas, sino el reflejo de su propio cuerpo con la cámara en los cristales de esas vitrinas. Una presencia real que irrumpe en un lugar de presencias solo imaginarias. Espejo sin ornamento. Quizá, de nuevo viendo lo que para otros no era tan evidente, Perdices entendió que en aquel lugar y en aquel momento se cruzaban todas las historias, todas las memorias, todas las vidas contenidas en un espacio que funciona como una cápsula del tiempo. Sucesivas capas de memoria que apuntalan el sentido patrimonial de un edificio muy singular, entendiendo el concepto de patrimonio como lo hace Philip Roth en su novela *Patrimonio: Una historia verdadera*[2]. Es decir, patrimonio como conjunto de historias familiares que pesan, como acumulación de las trayectorias, experiencias y recuerdos que llevamos a cuestas, que nos definen querámoslo o no, y que se revelan de forma especialmente clara en determinados momentos y situaciones.

II

Construido en la década de 1630 como parte del desaparecido Palacio del Buen Retiro, este espacio albergaría, como salón del trono y centro de ceremonias, el célebre Salón de Reinos destinado a desplegar visualmente el poder y la gloria militar de la llamada monarquía hispánica, con Felipe IV como monarca y mecenas. John Elliott y Jonathan Brown describieron con detalle el proceso de toma de decisiones que cristalizó en aquel espacio en su libro *Un palacio para el rey*[3], así como las reacciones que provocaba la riqueza de este interior, que contrastaba con la escasa calidad arquitectónica de un palacio de construcción apresurada, cuya opulencia exterior radicaba, casi, solo en su tamaño. Era preciso mostrar, mediante la escenificación del esplendor de la corte, la brillantez del Imperio del que se conocería como el Rey Planeta, aunque aquel Imperio se estuviera desmoronando. De entre los muchos testimonios de la época suele citarse el de Jean Muret, que escribió lo siguiente después de visitar el palacio en 1667, dos años después de la muerte de Felipe IV:

En el palacio nos vimos sorprendidos desde la entrada por la cantidad de cuadros. No sé de qué manera está adornado en otras estaciones, pero cuando nosotros estuvimos se veían más los cuadros que las paredes; las galerías y las escaleras estaban llenas de ellos, igual que las habitaciones y salas, y puedo aseguraros, Señor, que allí había más que en toda la ciudad de París. (…) En un lugar vimos todas las batallas modernas que se han dado, en otro las más curiosas antigüedades, aquí diversas historias, tanto sagradas como profanas, allí una infinidad de caprichos, en otro lado las desnudeces más deshonestas, y por todas partes una selección particular del genio y del gusto de cada pintor.[4]

Más allá de la calidad arquitectónica de su contenedor —discutida ya en su propia época—, la importancia histórica de este espacio radica en lo que contuvo y en lo que allí se presenció, es decir, en su carácter de lujoso escenario de indiscutible valor ceremonial que, además, se apoyaba siempre en un pasado entre legendario y cierto, entre remoto y próximo. No hay que olvidar que en él se contenían desde la serie de los *Trabajos de Hércules* de Zurbarán hasta los cuadros de batallas, especialmente encargados a diversos artistas del momento, desde Velázquez hasta Maíno, desde Carducho hasta Eugenio Cajés, entre otros, para conmemorar victorias militares antiguas y recientes.

La idea que animó la concepción original del Salón de Reinos puede aplicarse también al posterior Museo del Ejército en sus sucesivas formulaciones y localizaciones, desde Godoy hasta Franco, pasando por Espartero y el Gobierno de la Segunda República: en todas ellas se recurre precisamente a un pasado heroico, a hazañas y personajes supuestamente luminosos de siglos, décadas y años anteriores, para reivindicar la posición de mando y alejar las sombras del presente. Y se hace acumulando objetos que así puedan atestiguarlo.

Sin embargo, el largo intervalo de desocupación de este espacio, vacío desde 2005 hasta 2020, lo que ha dejado a la intemperie es sobre todo la melancolía y la oscuridad que en las últimas décadas habían acechado detrás de los estandartes, los escudos, las armas e incluso los cañones, también las cortinas arrancadas y las mesas funcionales de una oficina de homicidios abandonada, las grietas que se abrían en los escudos de países que un día compusieron un Imperio en el que no se ponía el sol, pintados en la bóveda. Es, de nuevo, el sentido del término «patrimonio» al que se refiere Philip Roth: el eco de un pasado menos halagador, el eco de presencias que han quedado atrapadas en el polvo del tiempo; el eco de historias, imágenes y palabras que a lo largo de los años, pero especialmente del último siglo, han rebotado en las paredes de ese espacio, en los cristales de las vitrinas y en los suelos hidráulicos castigados por el peso de lo inmóvil. Pero también el eco de las ausencias: las de todos los que no formaban parte de aquel relato, las de quienes jamás visitaron aquel museo por sentirse ajenos a aquel relato, cuando no expulsados de un país que era el suyo y el de sus familias, pero en el que solo pudieron permanecer si guardaban silencio y mantenían un perfil bajo. Esas ausencias también pesan en este espacio.

III

Tengo la impresión de que, aunque obviamente también piense, de lejos, en el Salón de Reinos que una vez estuvo allí y que pronto volverá a hacerse visible, en los dos audiovisuales rodados en los espacios del antiguo Museo del Ejército ahora abandonados Álvaro Perdices piensa, percibe y siente mucho más de cerca esta última institución. Quizá podemos ser todavía más precisos: piensa, percibe y siente la etapa final de esta institución, cuyo traslado se evoca hasta hacerse casi manifiesto: sin querer escuchamos, o imaginamos, el chirrido del desplazamiento de muebles y vitrinas para la mudanza, quizá precipitada, que dejó fatídicos contornos de suciedad en los suelos; imaginamos el momento en el que vitrinas que en su momento exponían piezas valoradas por su marcialidad fueron vaciadas y sus contenidos introducidos en cajas; miramos con extraña nostalgia sillas desvencijadas, cansadas por el uso y también por el desuso de varios años, marcos que aún rodean superficies de terciopelo rojo sobre las que se posaban armas que fueron arrancadas, escudos pintados... Todos ellos hablan de objetos cuya presencia física, inmóvil durante años, ha trazado líneas y ha dejado zonas decoloradas en suelo y en paredes. Son huellas de la época en la que el Museo del Ejército tomó su forma definitiva «tras la Guerra Civil», según dice la página web oficial de la institución[5]. Huellas de la postguerra, de una época en la que el país se militarizó, aislado del resto del mundo mientras se recordaba el antiguo Imperio perdido. Es interesante el dato de que algunos de los muebles que una vez llenaron el museo fueron fabricados por los presos de la cárcel de Ocaña en la postguerra, como vía de «redención» y siguiendo diseños tradicionalistas similares a los que se proponían en la revista *Reconstrucción*, para los que habían de llenar las nuevas casas construidas en los primeros años de la autarquía por el Servicio Nacional de Regiones Devastadas, un organismo creado, además de con el objetivo obvio de reconstrucción de un país arrasado por la Guerra Civil, para dar nueva forma tanto a las ciudades como a las zonas rurales con el deseo de crear un escenario acorde con la vida que se quería instaurar bajo el franquismo.

Álvaro Perdices se sitúa, pues, en un resquicio fértil y doloroso, cuando el espacio que ha filmado se prepara para un nuevo cambio que, de nuevo, quiere dejar atrás un trauma: esta vez el de una pandemia sin precedentes, salvo por la casi olvidada gripe de 1918, precisamente llamada «gripe española» en el resto del mundo. Una pandemia que, durante un tiempo ya largo para los vertiginosos ritmos de la modernidad, ha provocado algo tan trascendente como la necesidad de replantear las relaciones humanas, así como la relación con el futuro o, mejor, con el tiempo en general.

Quizá lo que hace más sobrecogedora esta obra de Álvaro Perdices es que habla de un espacio pensado para consagrar el pasado, pero está rodada en un momento que pronto será borrado y hasta olvidado. Y que, precisamente por eso, trabaja para la memoria. Para la memoria de un espacio singular y sobrecargado de narraciones, para la memoria de las historias y las instituciones que ahí se han cruzado, para la memoria entendida como conjunto de memorias individuales. Y aunque parezca que registra el espacio desde su reverso más oscuro, aunque haga aflorar todas las sombras, lo que hace, en realidad, es situarlo a plena luz. Sin ornamento. Un espejo.

1   https://www.museodelprado.es/recurso/negro-y-luz/8d65b85c-097c-054f-16a9-2c8e657e67ae. Visitada el 7 de diciembre de 2020.
2   Philip Roth, *Patrimonio: Una historia verdadera* (edición original de 1991). Barcelona, Seix Barral, 2003.
3   John H. Elliott y Jonathan Brown, *Un palacio para el rey: El Buen Retiro y la Corte de Felipe IV* (edición original de 1981). Madrid, Taurus, 2016.
4   Muret, carta del 10 de enero de 1667, referenciado en cita 20 de José Álvarez Lopera, «La reconstitución del Salón de Reinos. Estado y replanteamiento de la cuestión». En el catálogo de la exposición *El Palacio del Rey Planeta, Felipe IV y el Buen Retiro*. Madrid, Museo del Prado, 2005. Edición a cargo de Andrés Úbeda de los Cobos, p. 93.
5   https://ejercito.defensa.gob.es/museo/museo/informacion_general/historia/. Visitada el 8 de diciembre de 2020.

Mirror and Ornament. Kingdom and State
María Dolores Jiménez-Blanco

I

In 2019, the Prado Museum screened a work by Álvaro Perdices titled *NEGRO y Luz (BLACK and Light)*, that the institution announced as:

> "A film and photographic essay on the rooms and paintings in the Prado Museum. His narration takes place at night, in a closed museum, with little illumination and a partial absence of light. Through the notion of expanded photography, this film proposes the visual experience of painting and the institution. It addresses pictorial writing, the light and its absence, the interjection of the works and the spectator, as well as a filmic reading of painting as a narrative that approaches an intimate space of perception. Its duration is close to what would be a possible visit to the Prado, in which the slowness and the self-absorption of the camera allow for an unusual approach."[1]

Accustomed to seeing and understanding at twilight, overwhelmed by the darkness we can only glimpse, and intrigued by the cultural background and the personal and collective experiences of museums, Álvaro Perdices chose to shoot in a different space—one associated with the Prado Museum, but, in a moment without paintings on its walls. I'm referring to a space recognized as the Hall of Realms, a part of the Buen Retiro Palace in the 17th century. Until 2005, the Buen Retiro Palace served as the headquarters of the Army Museum, which will again hold the works belonging to the Hall of Realms, as it will form part of the Prado Museum's new campus, whose collection these works belong to. Following the Army Museum's transfer to Toledo, and prior to the renovations led by Norman Foster to incorporate this building into the Prado's institutional complex and life, Perdices shot two films, respectively titled *Ausencia y panfleto (Absence and Pamphlet)* and *Carlos*. In this case, what becomes just as important is the place and timing.

This was a logical space of interest for the artist, as it allowed him to apply his concept of expanded photography, while conceptualizing the musealized space. In this case, we use the term "musealized" in a broad sense, indicating the various ways and times throughout history that images and objects have been exhibited, composing complex narratives that have converged in a common objective: showcasing military glories as a means of legitimizing the ruler placed in command of a kingdom or State. This main argument is reinforced by another one—which, to a certain extent, becomes inextricable from the first—that also confirms the military and political virtue of the ruler: the establishment of a flattering genealogy that has persisted to the present-day through a cascade of war-like exploits. The shared idea, then, was to eclipse the shadows of the complex political situations, obscuring them from the visitor.

Contrary to *NEGRO y Luz*, in which Perdices depicts, perhaps unintentionally, the museum's permanence, revealing the light that emerges in the darkest shadow, in both *Ausencia y panfleto* and *Carlos*, Perdices discusses the interruption of "another" time in which, without the complete absence of light, darkness arises.

From the outset, this initial finding is just as disturbing as it is eloquent, recognizing and defining, with a scalpel-like precision, a definitively anti-heroic moment in a space conceived for the unfolding of heroic and historic tales, a moment whose quality of "present" mercilessly challenges us.

Although this seems to indicate a rupture and discontinuity, the strange gap Perdices places us in suggests precisely the opposite—all time is part of the same course, each moment forming part of a succession of moments in an unequal path filled with imperfections. This by itself unifies and intensifies the burden, in this case, historical, of a space already recognized from its conception as a political environment, in which a kingdom and a State aimed to be reflected in a certain manner.

The moment chosen for the realization of these audiovisual works plays within a timeline, which in any case, is not a short period of time, having already lasted over fifteen years. This may not be brief, but it is odd, because where solemnity was initially present—where important paintings, probably tapestries and tables made of jade, not to mention a throne to worship the elusive glory of Philip IV's reign, banners and artillery objects, uniforms and military memorabilia, were situated—there is now, only and above all else, enclosed air. It is an empty and vacated space, with faint traces of former lives remembered through the derelict furniture, the dusty fragments of shelves, and the perforated walls. Therefore, what Perdices records is not presence, but absence—not images, but ghosts; not objects, but their traces. Unlike *NEGRO y Luz*, this work does not concern visibility, but instead, concerns the evoking or even invoking—to the extent of exorcising one or several pasts—of a silence disturbed by the drone's noise and the accompanying musical sound, as it flies over a worn ground stained by many years and everything it carried.

At one point during the film, Perdices stops recording the space and cabinets, and records the reflection of his own body. By placing the camera on the cabinet's glass, a real and physical presence bursts into a space of imaginary presences—mirror without ornament. Perhaps, by noticing what others might not find so obvious, Perdices understands that within that space, and at that moment in time, all of the stories and memories of the lives lived there function as a capsule to traverse time. Successive layers of memory underpin the sense of heritage of this unique building. Following Philip Roth's concept in his novel *Patrimony: A True Story*,[2] heritage can be a set of family stories that weigh heavily on us, an accumulation of trajectories, experiences, and memories that we carry on our backs, defining us whether we want them to or not, and that are revealed exceptionally clearly in particular moments and situations.

II

Built in the 1930s as a part of the bygone Buen Retiro Palace, this space housed the renowned Hall of Realms, a ceremonial and throned hall destined to visually exude the power and glory of the Hispanic Monarchy and its military, with Philip IV as the monarch and patron. In *A Palace for a King*,[3] John Elliot and Jonathan Brown describe in acute detail the decision-making process that crystalized in that environment. Additionally, they examine the origins of the interior's affluence, which contrasted with the poor architectural quality and rushed construction of the palace, whose exterior opulence was almost only due to its size. It was necessary to illustrate, by displaying the splendor of the court, the Empire's brilliance, which came to be recognized as *Rey Planeta* (Planet King), even when the Empire was in decline. Among the many testimonies of that time, Jean Muret, who visited the palace in 1667, two years after Philip IV's passing, wrote the following:

"We were surprised by the number of paintings when entering the palace. I do not know in what manner it is decorated in other seasons, but when we visited, the paintings were more visible than the walls; the galleries and staircases were filled with them, as were the rooms and halls, and I can assure you, Sire, that there were more there than in the whole city of Paris. [...] In one area we saw all of the modern battles that have taken place, in another the most curious antiquities, here various histories, both sacred and profane, an infinity of whims, in another area the most dishonest nudity, and all around, a particular selection of the genius and taste of each painter."[4]

Beyond the architectural quality of its container, already discussed in its own time, the historical importance of this space lies in what it contained, as well as in what was witnessed in this space—that is, its character as a luxurious setting of indisputable ceremonial value, as well as its past that falls between legend and truth, between distance and proximity. It's imperative to remember that this space contained works ranging from Zurbarán's series *Works of Hercules,* to the paintings specifically commissioned to various artists of the time—from Velázquez to Maíno, Carducho to Eugenio Cajés, among others—depicting battles commemorating military victories, both ancient and recent.

The idea that triggered the original conception of the Hall of Realms can also be applied to the subsequent Army Museum, in its successive constructions and locations. From Godoy to Franco, through Espartero and the government of the Second Republic, all have resorted to a particular heroic past—achievements and supposedly glorious characters of previous centuries, decades and years—to vindicate their commanding position and to prevent present shadows, by accumulating objects that can attest to such.

However, the long period from 2005 to 2020 that this space was found empty brought to the forefront the melancholy and darkness that had previously lurked behind the banners and shields, the weapons and cannons, the torn curtains and functional tables of an abandoned homicidal office, and the cracks within the country's shields that had once formed an Empire in which the sun never set, painted on the vaulted ceiling.

This again leads to Philip Roth's definition of heritage: the echo of a less flattering past, the echo of presences that have been trapped in dust over time, the echo of stories, images, and words that throughout the years, but particularly in the last century, bounced off the walls of that space, on the cabinet's glass, and on the hydraulic floors punished by the immobile weight. But most of all, the echo of absence: those who were not part of that story, those who never visited the museum because they felt alienated from it, those who felt the need to remain silent and keep a low profile to stay and not be expelled from their country. Those absences also weigh heavily in this space.

III

Although I think about what the Hall of Realms once was, and what it will soon become, I have the impression that through the two films shot in the abandoned Army Museum, Álvaro Perdices thinks, perceives, and feels closer to this institution. Perhaps we can be even more precise—he thinks, perceives, and feels the final stage of this institution, whose relocation is evoked almost overtly, without wanting to hear or imagine the creaking sound of furniture and cabinets being moved, perhaps hastily, leaving the fateful traces of dirt on the floor. We can also imagine the moment in which the cabinets exhibiting valuable objects were emptied and placed in boxes. We can perceive with a strange nostalgia the rickety chairs, worn from use and disuse over the years, frames that still border red velvet surfaces where weapons were torn off, painted shields... All of these physical and immobile objects have left a presence in the traces of lines and discolored areas on the floor and walls.

According to the institution's official website,[5] these traces depict the Army Museum in its final stage "after the Civil War," a post-war period, a time when the country was militarized, isolated from the rest of the world, remembering the old and lost Empire. Interestingly, some of the furniture that once filled the museum was built by the inmates of the Ocaña prison as a form of "redemption" during the postwar period. They followed traditionalist designs, similar to those proposed in the *Reconstrucción (Reconstruction)* magazine, using these designs to fill the newly constructed houses that were built in the first few years of the autarky by the National Service for Devastated Regions, an organization that was created, along with the obvious objective of reconstructing a country devastated by the Civil War, to reshape both cities and rural areas to fit in accordance with the desired lifestyle established by the Francoist regime.

Álvaro Perdices situates himself in a fertile and painful opening by having filmed a space that, during its new transformation, aims to suppress a trauma—in this case, a pandemic that is unprecedented, apart from the almost forgotten flu of 1918, remembered as the "Spanish flu." A pandemic that, for a long time and with a bewildering rhythm, has provoked the transcendent need to reconsider human relationships, including the relationship with the future, or even better, with time in general.

Perhaps the overwhelming nature of Álvaro Perdices's work is in how it speaks of a space designed to sanctify the past, but is recorded in a moment prior to its erasure, and could even be forgotten. For this precise reason, it works around memory. It works around the memory of a singular space overloaded with narratives, around the intersected memories between history and institutions, and the individual, singular memory. Although it seems to record the space from its darkest side, exposing all of its shadows, in reality, it achieves a space full of light. Without ornament—a mirror.

1   https://www.museodelprado.es/recurso/negro-y-luz/8d65b85c-097c-054f-16a9-2c8e657e67ae. Visited 12/7/20.
2   Philip Roth, *Patrimonio: Una historia verdadera* (original edition 1991). Barcelona, Seix Barral, 2003.
3   John H. Elliott y Jonathan Brown, *Un palacio para el rey: El Buen Retiro y la Corte de Felipe IV* (original edition 1981). Madrid, Taurus, 2016.
4   Muret, letter from January 10th, 1667, referenced in citation 20 of José Álvarez Lopera, «La reconstitución del Salón de Reinos. Estado y replanteamiento de la cuestión». Found in the exhibition catalog *El Palacio del Rey Planeta, Felipe IV y el Buen Retiro*. Madrid, Museo del Prado, 2005. Edition of Andrés Úbeda de los Cobos, p. 93.
5   https://ejercito.defensa.gob.es/museo/museo/informacion_general/historia/. Visited 12/8/20.

Usos, abusos y correcciones
Juan Herreros

Un proyecto de arquitectura

Lo más admirable de los edificios es su capacidad resiliente, la manera en la que aceptan y acumulan transformaciones, perversiones y recodificaciones que en muchos casos son actos de violencia extrema, ya sea proactiva o invisible entrelazada en la bondad de la recuperación. La tesis que nos gustaría presentar aquí es la de que tal borrado es imposible y que la memoria y los rastros que deja la arquitectura pueden llegar a ser muy tenues, pero siempre queda vivo algo que nos dice que no es factible destruir todas las pruebas de esos pasados que muchas veces se quiere anestesiar. El Palacio del Buen Retiro de Madrid que el conde-duque de Olivares construiría en 1632 como enclave de recreo extramuros para Felipe IV a cargo del arquitecto Alonso Carbonell es un caso notable de construcción que ha atravesado el tiempo bajo múltiples contenidos. Ha sido lugar de ociosas celebraciones principescas y de exaltación nacional, periférico en su origen rodeado de naturaleza y central una vez absorbido por la ciudad, entero y troceado al ser atravesado por calles que no le pertenecen en una operación con intereses especulativos vinculada a la construcción del ensanche de Madrid, y lugar de acogida del *Guernica* de Picasso rodeado de las salas museísticas para el fondo del siglo XIX del Prado antes de convertirse en centro de estudios de la institución tras el traslado de la mítica obra al Museo Reina Sofía. Su fragmento más agitado entre el esplendor y la miseria es sin duda el Salón de Reinos, un contenedor de glorioso pasado como centro de diversión de la realeza, más recordado por su papel de enérgico Museo de Artillería desde la Primera República de finales del XIX hasta bien entrada la democracia, pasando por la Segunda República que lo denominaría Museo Histórico Militar y por el franquismo que lo bautizó como Museo del Ejército. Cerrado y sin uso desde 2005, el Salón de Reinos acomete hoy una etapa nueva para convertirse en parte consolidada de los espacios expositivos del Museo del Prado, lo que presumiblemente decretará su feliz estabilización funcional para la historia futura y la desaparición de todo aquello a lo que la convención sobre los valores patrimoniales no concede valor que justifique su mantenimiento.

En el tiempo suspendido entre el desmantelamiento del Museo del Ejército y su nueva ocupación, la visita al edificio revela una cantidad de huellas que nos hablan de pasados contradictorios y derrumbes estrepitosos del orgullo colectivo que la remodelación en ciernes sepultará, pero que nos permiten reflexionar sobre el papel de la arquitectura, de las instituciones y de la necesidad de recordar y reescribir la historia. Álvaro Perdices llevaba ya tiempo inmerso en una relación silenciosa y meticulosa con el edifico y sus delicados despojos cuando comenzamos una conversación espiral sobre estos asuntos con motivo de su exposición *Espejo y Reino*, comisariada con gran inteligencia por María Virginia Jaua para la que Jens Richter y yo hemos tenido el placer de diseñar su instalación. El atractivo de esta colaboración radica no tanto en la ideación física del *display* de la muestra, sino precisamente en esa conversación a tres bandas guiada con criterio firme y curiosidad sensible por su comisaria sobre asuntos que trascienden el caso de estudio en los que la arquitectura tiene un papel que va más allá de las funciones que habitualmente se le atribuyen. Quizá por ello, la primera afirmación que queremos poner sobre la mesa es la de que este trabajo de Álvaro Perdices es en realidad un proyecto de arquitectura en todos los sentidos. Primero, porque se refiere a las transformaciones sucesivas de un edificio, el Salón de Reinos del Palacio de Buen Retiro, de manera que la propia observación del artista y los materiales producidos y manipulados generan un nuevo estadio inscribible en la historia del inmueble; un proyecto que no se construye físicamente, pero del que quedará un registro de otro palacio, tan verdadero como los anteriores, cuando todo haya sido borrado. Segundo, porque al tratarse de un contenedor con una historia asociada a la representación de lo colectivo que acumula en sus muros y estructuras la huella de casi cuatrocientos años de vaivenes que desembocan en un vaciado de toda capacidad simbólica, se nos ofrece como laboratorio de reflexión sobre las relaciones entre arquitectura y representación en unos tiempos en los que tal atributo parece desterrado de los temas que le interesan a la disciplina. Y tercero, porque como su propio nombre indica, «proyecto» es un término que lanza una visión hacia adelante, una especie de predicción deseable acompañada de preguntas, en este caso relativas a lo que queremos conservar y a las instituciones que necesitamos y deseamos. Este aspecto cobra enorme relevancia cuando el programa del que estamos hablando es un museo de arte que surgirá superpuesto a un museo de armas que se produce por ocupación de un lugar de celebraciones privadas de la corte, en definitiva, una sucesión de lugares rituales que parece que solo puede ser reconducido volviendo a añadirle un montón de arquitectura. Y no deja de ser notable que el círculo se cierre mediante la recodificación que supone la integración del Museo del Ejército al Museo del Prado colgando de nuevo los cuadros y con ello reescenificando una cierta vuelta al pasado, saltándose las décadas oscuras y convirtiendo el monumento en algo reconocible como parte de las industrias culturales del momento. Ante la dificultad de discernir la complejidad del caso, el proyecto de Álvaro Perdices convoca a la arquitectura como práctica crítica invocando ciertos recursos alejados de la contundencia que suponen los cambios drásticos y reclamando la necesidad de mantener legibles los legados recibidos por muy incómodos que nos resulten.

La imposibilidad de destruir la arquitectura

La arquitectura es sin duda la creación cultural más agredida en el tiempo. La mutilación humillante, cuando no la destrucción irresponsable, están a la orden del día. Podría decirse que hay una obsesión generalizada por taparla una y otra vez que se manifiesta en acciones que van desde las alteraciones que los particulares hacen de las fachadas de los edificios de vivienda colectiva —quizá con la intención subliminal de demostrar la falta de asamblea de la mal llamada comunidad de vecinos— hasta la sustitución de obras consensuadamente valiosas por otras radicalmente banales, pasando por la recodificación de los inmuebles corporativos para señalar el comienzo de una nueva etapa desconectada del pasado. Y todo ello porque desplegar afectos sobre lo recibido parece incompatible con una idea de progreso que solo acepta acciones drásticas de transformación o crecimiento que han convertido a la arquitectura en bien de consumo fugaz. Sin embargo, no debemos confundir esta relación sensible con una llamada a la inmovilidad, sino a un diálogo entre el pasado, el presente y el futuro que permita a la arquitectura evolucionar sin dejar atrás tanta tierra quemada. Desde hace años venimos desarrollando en la academia el programa de investigación «Correcciones Tipológicas*», que defiende que la mejor ciudad será la que seamos capaces de construir sobre la que hemos recibido y no derribándola y reconstruyéndola una y otra vez o haciéndola crecer en mancha de aceite ocupando un territorio natural que debemos preservar por razones obvias. En su enunciado hablamos de segundas oportunidades para los enclaves obsoletos y de cómo medir la cantidad mínima de arquitectura que asegura un cambio deseable y la cantidad máxima que no se debe sobrepasar sin aniquilar la presencia del soporte original. La idea es que el producto final, necesariamente híbrido, resulte del diálogo fructífero entre diferentes épocas y tecnologías. También se propone una cierta indulgencia respecto de las arquitecturas banales que en su impersonalidad atesoran la naturalidad de lo producido sin maldad o prepotencia.

La conclusión más valiosa es que a pesar de todo, tanto cuando se añade demasiada arquitectura como si se destruye la fábrica original, siempre queda la huella del abuso de unas arquitecturas sobre otras de la misma forma que en el Museo del Ejército se han llevado las armas, pero han quedado sus marcas en las maderas de las panoplias decoloradas por el sol. Esta imposibilidad de destruir la arquitectura es patente en tantos edificios sepultados por el colapso de incontables reformas sucesivas —véase el MoMA de Nueva York— y también en barrios enteros arrasados como los promovidos por Owen Moses en Nueva York contra la oposición de los que preferían una ciudad más amable como Jane Jacobs —véase la destrucción del bajo Manhattan para construir el World Trade Center o la del barrio San Juan Hill donde hoy se asienta indiferente el complejo cultural del Lincoln Center—. Estas y otras muchas operaciones de remodelación, reconexión o recualificación realizadas bajo la bandera del progreso han dejado en numerosos casos huellas de dolor imborrables que el esplendor derivado de su despliegue no ha sido capaz de mitigar.

Quizá porque en este presente convulso somos más conscientes de que la fragilidad no es una carencia, sino un amplificador de percepciones y vivencias, ahora es más difícil que nunca establecer los límites de esas actuaciones repletas de buenas intenciones y ortodoxia disciplinar. Así, aunque en otro tiempo se consideraba posible el exorcismo de edificios o fragmentos completos de ciudad renacidos bajo la promesa de la renovación, hoy existe consenso sobre el interés de seleccionar cuidadosamente la intensidad de las intervenciones inmersos en dar una respuesta responsable a la pregunta de qué hacer con la fábrica urbana que hemos heredado.

El arte como instrumento de acción inmediata

El trabajo de Álvaro Perdices y el de otros artistas acomete estas cuestiones con la inmediatez de la que disfruta el arte para poner el dedo en la llaga sobre las inquietudes del presente. La lentitud y la complejidad técnica de la arquitectura, sus múltiples contingencias y reclamos funcionales, no permiten reflexionar con la distancia necesaria a través del proyecto profesional como puede hacerlo el arte mediante instalaciones como *Espejo y Reino*. El arte puede leer la realidad y responder al instante, o al menos durante el devenir de los acontecimientos, y eso avala su capacidad de posicionarse entre los hechos y expandir una situación puntual como es la desaparición del rastro del Museo del Ejército franquista hasta convertirse en asunto de reflexión y debate que debe interesar a múltiples sectores del pensamiento y la acción creativa. Entre ellos, la arquitectura es desde luego una gran privilegiada por encontrar en el arte una especie de *alter ego* que señala los temas sobre los que hay que trabajar so pena de llegar tarde a todo. Por eso son tan afinados los materiales producidos por Álvaro Perdices. Parten de un edificio al que se le han arrancado literalmente los elementos que lo cualificaban, en una suerte de degradación castrense. El estado cadavérico del contenedor exige una atención delicada, casi íntima, para leer las sutiles marcas dejadas por los usos y abusos de los espacios y las paredes, los ornamentos aparentemente inocentes que se presentan como elementos simbólicos del Estado y el mobiliario impostado. En este proceso, Álvaro Perdices recurre incluso a su propia desnudez reflejada tenuemente en las vitrinas y los espejos que pueblan algunas tomas fotográficas. En ellas, cuerpo despojado, cámara y trípode, sujeto y dispositivos intrusos, buscan una sintonía con la vulnerabilidad del objeto de estudio una vez doblegada su impronta y puesta en evidencia su fragilidad en lo que parece ser una pugna entre dos masculinidades de muy diferente cuño. Todo ello se muestra no como documentación de un pasado inoperante, sino como reflexión sobre cuánto los edificios escenifican la ruina, el conflicto y la violencia cultural que acompaña a la descomposición de los valores y sobre la importancia de desplegar un sentido crítico sobre estos procesos. *Espejo y Reino* no levanta estructuras, pero alumbra un tipo de proyecto que habla de compromisos y sutilezas. La arquitectura es una práctica basada en la reflexión, pero también en la acción y así debe seguir siendo, pero ahí queda la invitación a desempeñarla de otra forma más reflexiva, más posicionada, más compleja.

El arte en su capacidad de enunciar problemas y formular preguntas asiste así a la arquitectura en cuanto a la reflexión inevitable sobre dónde estamos y qué tipo de crítica es pertinente al redescribir la historia a través del proyecto sin necesidad de aniquilarla, siendo conscientes de que operamos sobre un soporte que es parte de nosotros mismos. En el caso particular de *Espejo y Reino*, Perdices se plantea la pregunta incómoda de cómo la institución del Estado recurre a ciertos edificios-imagen que celebran al propio poder. El problema surge cuando la acción del Estado se torna ridícula al ser redescrita desde otro lugar dejando a la vista todas las fisuras que convierten ese poder en impostado.

Impermanencia, patrimonio y monumento

Si los edificios y con ellos las instituciones no van a soportar el paso del tiempo; si las nuevas necesidades y asuntos sobre los que enfocarnos cambian cada día más deprisa y demandan recurrentes correcciones, la pregunta que surge de la contemplación de *Espejo y Reino* es la inutilidad de empeñarse en construir una arquitectura permanente. Ciertas observaciones recientes coinciden en que la dicotomía fundamental entre la ortodoxia y la heterodoxia disciplinar en la arquitectura del siglo XX radica precisamente en este tema. La arquitectura moderna que ocupó la totalidad del escenario relegó al papel de visionarios singulares a los que querían poner en crisis su empeño sublime de pasar a la historia. Valga como ejemplo la ausencia de B. Fuller de las historiografías oficiales de la arquitectura americana a pesar del aprecio notable del que gozó en vida si bien encasillado sistemáticamente en el papel de rareza no homologable. Eso mismo ocurrió en Europa con Cedric Price o Yona Friedman y en Japón con el movimiento metabolista. Todos ellos hablaban de una arquitectura cambiante, abierta, dispuesta a mutar al ritmo de las impertinencias del tiempo, y por ello capaz de sobrevivir consciente de que la irrupción de la tecnología volvería todo más sensible a la obsolescencia. Sin embargo, la insistente acción destructora sobre la arquitectura hace que ese diseñar elemental desemboque en vulnerabilidad y no es casual que el maestro español de la ligereza Alejandro de la Sota haya sido noticia varias veces por la mutilación extrema cuando no la destrucción total de sus obras. Por eso hoy resulta agotador pensar que tenemos que construir resistente y duradero, porque construir ligero y por lo tanto fácil de actualizar no siempre deviene en la obra evolutiva que sería tan oportuna, sino que desgraciadamente convoca a la degradación y la pérdida de un patrimonio valioso.

Lo que en realidad se problematiza en estas reflexiones sobre lo que preservamos y destruimos es la noción de patrimonio o, mejor dicho, la construcción de una idea cultural que no política de patrimonio que evoluciona con el tiempo demostrando que los valores supuestamente objetivos otorgados a los edificios son tan inconsistentes como el tiempo. Por eso es tan necesario manifestar que *Espejo y Reino* está hablando de un patrimonio histórico que no encaja en los moldes de la convención y con ello, el trabajo de Perdices se convierte más en un rescate crítico que en un registro documental. En su propuesta, el contenido adherido a la arquitectura es más importante que el continente y por ello propone un rescate de lo efímero que se produce en el fragor de una intervención que preserva con gran pericia técnica las estructuras permanentes del edificio original protegido por la lista oficial de lo que debe permanecer, pero aniquila las aplicaciones superficiales que lo caracterizaron durante siglos. Las imágenes de *Espejo y Reino* capturan esos valores que se están modificando y están dando paso a otros mientras se eliminan podredumbres en los forjados de madera para devolverles su utilidad o se consolidan muros malamente apoyados. Esta dicotomía entre estabilidad e impermanencia revela cuánto habitamos un momento histórico de una profunda crisis según la cual queremos que lo institucional nos provea de seguridad, pero a la vez sentimos la necesidad de socavar críticamente su estructura. Esto nos hace pensar que quizá el Salón de Reinos ha perpetuado su esencia a pesar de las contingencias de la historia porque siempre ha mantenido su carga simbólica, monárquica y representativa del Estado como algo indiscutible. El propio Perdices señala que el Salón de Reinos mantuvo su función inalterable incluso cuando era Museo del Ejército en tanto que lugar celebratorio del Estado y menciona la curiosidad de que en inglés se haya traducido siempre como *Home of Realm* junto con el hecho de que en su bóveda se mantienen aún intactos todos los escudos de los reinos que imprimen al salón un poder simbólico, una inmanencia que nos recuerda que somos una monarquía débil que necesita reforzarse a través de esos mecanismos frente al desvanecimiento de toda unicidad que nos rodea. Y aquí se plantea la pugna más contundente del presente en tantos frentes: la dicotomía entre sistemas cerrados, solidificados, revestidos de seguridad a través de la contundencia y la simpleza de las clasificaciones, y la convicción absoluta de que esa unicidad debe ser arrasada porque todo se ha multiplicado en diversidad de opciones que reclaman su espacio. Por eso se nos hace tan difícil reconocer como propios esos monumentos que por lo general aluden a la especificidad de los valores del pasado para los que necesitamos criterios que nos permitan ponerlos en valor desde otras ópticas mientras sentimos la necesidad de preguntarnos por los monumentos que podrían tener sentido hoy. Efectivamente, si en 1966 *La arquitectura de la ciudad* de Aldo Rossi describe el medio urbano como un fondo neutro sobre el que se recortan los monumentos del pasado, la pregunta pertinente hoy es ¿cómo hacer compatible ese deseo de impermanencia con la pretensión de perpetuidad del monumento? Y más precisamente ¿cuáles deberían ser los monumentos del presente y el futuro? Está claro que el Salón de Reinos que hemos heredado es un buen ejemplo de lo que no queremos, pues en su búsqueda absurda de la solemnidad falla por todas partes. Ni siquiera su construcción responde a los modelos de calidad deseables en su época. Su condición original de lugar de asueto hace que su obra fuera rápida y elemental. El edificio es básicamente un contenedor que se construye deprisa, en ladrillo, sin piedras nobles, sin sótanos, con una cimentación rudimentaria. Sin embargo, resuelve su función representativa mediante un trabajo de interiorismo, parece que ideado por el mismísimo conde-duque de Olivares, que se nutre de una colección de pinturas espectaculares. En definitiva, se trata de un trampantojo que muestra la condición problemática de contar una realidad deficiente como si se tratara de algo extraordinario. Y por eso, cuando la instalación de la exposición *Espejo y Reino* repite la acción de construir otra habitación, en este caso con una escenografía de arquitectura de contenido crítico, está alumbrando posibles respuestas a las preguntas que nos preocupan.

Papel, vidrio y espejo

Es notable que el trabajo de Álvaro Perdices se «represente» por primera vez en un edificio que recodifica un fragmento de historia local como es el Museo CA2M de Móstoles que surge superpuesto con una cierta agresividad a una construcción vernácula cuya frágil raigambre se muestra incapaz de competir con la potencia de una arquitectura que ahora intenta corregir el ajustado proyecto de reescritura firmado por Andrés Jaque que dibuja con el empeño meticuloso de un arqueólogo las huellas que, una vez más, ha sido imposible hacer desaparecer. Las sucesivas actuaciones que se vienen realizando bajo su dirección conforman un proyecto modélico en cuanto a esa atención a la fugacidad del tiempo como material de construcción que tanto necesitamos. Museo CA2M es también el territorio experimental en el que se despliegan proyectos que aluden a la necesidad de transformar en arquitectura los idearios contemporáneos sobre la fluidez y la capacidad de absorción necesarias de las instituciones asumiendo que para ello hay que despojarse de ciertas formas de orden y equilibrio que ya no operan. Los tratamientos gráficos y los objetos de orientación espacial desarrollados por Murray Branding & Design y Studio Animal arrojan una luz notable sobre la posibilidad de construir entornos para los nuevos públicos del arte contemporáneo que no es otra cosa que el arte del futuro.

En este contexto, el diseño de la instalación parte de la idea de la reescenificación trasladando las paredes arrasadas del Salón de Reinos al espacio más basilical del Museo CA2M, una mudanza que se materializa en un empapelado de material humilde que reproduce borrosamente los paramentos en los que se adivinan las huellas de los cuadros que han de volver. Este nuevo trampantojo desdibuja la historia que se desvanece al tiempo que hace de soporte de una serie de fotografías que aportan la fantasía de la objetividad. El centro de la sala se ocupa con un dispositivo de alto contenido conceptual formado por dos planos quebrados en tres lados construidos con estructuras metálicas de acabado perfecto y una serie de vidrios diversos. A modo de pabellón o tienda de campaña, la construcción podría muy bien ser la reimpresión en clave contemporánea de la jaima de Carlos V cuando acampó en las inmediaciones del Museo CA2M en 1525 tal y como reza la placa conmemorativa al uso y cuyo supuesto original se exponía en el Museo de Armas en el que aún se adivina su huella en el pavimento convertida en visión evanescente del Imperio perdido. Este dispositivo contiene una serie de muebles en *estilo español* realizados por presos del penal de Ocaña, una institución penitenciaria fundada en 1883 —apenas doce años después de que se abriera en el Salón de Reinos el primer Museo de Artillería— de la que consta que su taller-reformatorio de carpintería recibió pedidos de mobiliario para el Museo del Ejército. Los que

Álvaro Perdices traslada al Museo CA2M junto con otros objetos encontrados son expuestos como apropiaciones ficcionadas,
meros rescates efímeros cuya instalación se propone como recur-
so reflexivo más que como obra de arte en sí misma.

Los aspectos métricos de la instalación remiten a la idea de
recreación provocadora a la escala del cuerpo del visitante que
se convierte en elemento protagonista al que se otorga la posibilidad de redefinir la historia con su mera presencia. La altura
del zócalo palaciego reproducido apenas con un listón corrido
abundando en el debilitamiento del lujo impostado, la escala
abrumadora de la pared empapelada, los tamaños de los vidrios
deliberadamente más altos y anchos que la figura humana, convierten al público en invitado inesperado. Las personas, como
los muebles desplazados al lugar inadecuado, son los parásitos
del proyecto en tanto que sujetos «fuera de sitio» que con su
mera presencia explican cuánto han cambiado las cosas y cómo
las instituciones del arte tienen la responsabilidad de explicarlo
y construir otros mundos posibles.

El espectador no es tal, sino que forma parte del tinglado, especialmente si entendemos que el proyecto de Álvaro Perdices
solo toma cuerpo real en el momento en el que se produce la in-
teracción entre ambos. Es entonces cuando se comprende que se
está ofreciendo una reflexión más hacia el futuro que hacia el pasado, que el monumento ya no actúa como cancelación certifica-
dora e inamovible, sino que revive a través de la mirada crítica,
exploratoria y experimental de ambos, artista y público, y vuelve
a ser útil al escapar de la sobreprotección del consenso de lo evidente. Por eso, la construcción de la exposición recurre a una ma-
terialidad deliberadamente modesta y ligera. Quiere alejarse de
la solidez de la piedra, de la estabilidad de los muros gruesos,
de la seguridad que proporcionan las decoraciones suntuosas.
Aquí hay papel pegado con la técnica de los carteles urbanos, fotografías y películas de gran liviandad, vidrios de los escaparates
de las tiendas de barrio, perfilerías de las construcciones metálicas más banales… Los cristales juegan un papel crucial en este
paisaje. Son atraparreflejos que establecen la complicidad con
las cámaras y las superficies especulares que ha usado el artista
en su exploración furtiva que habla de una oportunidad casual
y exclusiva de moverse por el espacio con la libertad de un caza-
dor que mata para sobrevivir en un medio en el que la seguridad
en lo estable es ya imposible. Los vidrios son una alusión a la inmersión en el mundo de pantallas y dispositivos que habitamos
que nos devuelven visiones distorsionadas de nosotros mismos
una vez reducida estrepitosamente la relación directa con la realidad convertida en un vivir a través de artilugios tecnológicos
como muy bien describe la terrorífica serie *Black Mirror.* Los vidrios ofrecen la posibilidad de ver la misma imagen varias veces
transformada, deformada u oscurecida por diversos planos de

transparencia y tonalidades. También devuelven la imagen del observador desde su condición variablemente especular en la que el visitante se funde con la exposición, como muestra el propio artista reflejando su cuerpo en los espejos del salón. Los vidrios en definitiva funden continente y contenido en la proyección de una ficción entre amable y pavorosa. Como colofón, uno de los vidrios es negro como una televisión apagada, pero devuelve el reflejo de los objetos resaltados dramáticamente en su fondo azabache proponiendo un velado homenaje a la pintura barroca española y sus fondos negros profundísimos que atrapan a los personajes exagerando sus estados de ánimo.

Nos gustaría pensar que ya no hay espectador, que ya no hay sujeto pasivo que se relaciona con el arte a través del acto desimplicado de la visita a la exposición de turno. Por eso, el material canónico de la muestra, las fotografías perfectamente editadas, son mostradas acompañadas de toda esta cantidad de capas que reclaman atención y en definitiva implicación a través de una experiencia espacio-temporal en la que el desplazamiento de los cuerpos en la sala es parte del experimento. El espectador interpelado y objetualizado es de esta forma convertido en personaje de una escenografía que cuenta una historia que Perdices califica como abyecta y que en la experiencia de la inmersión se descubre que afecta a todos.

Contra el olvido

El proyecto y su instalación actúan entonces como un mecanismo contra el olvido tantas veces estimulado por las intervenciones en los edificios históricos cuando en realidad, tal y como aquí se revela, hay un patrimonio intangible nutrido de una cantidad de ingredientes no tan físicos en permanente riesgo de desaparición. Al volver la vista atrás, en nuestras conversaciones queríamos imaginar la escena del despojamiento del Salón de Laureados donde estaban los cuadros de los generales victoriosos y el de Franco, las sillas doradas y el Águila de San Juan arriba presidiendo, y veíamos unos personajes descolgando los cuadros, desprendiendo el águila, quitando las armas de los escudos, desmontando los cañones de sus peanas y los bustos de sus pedestales... Acciones quizá tan furtivas como las incursiones de Perdices en el lugar de los hechos, pero seguramente desesperadas por des-escribir la historia. Acciones en definitiva repletas de carga política formal que remiten al valor de esas capas superpuestas de vida adheridas circunstancialmente a la arquitectura que tantas veces operan como reservorios de una memoria extraordinariamente valiosos y que igual que surgen son desaparecidos irreflexivamente perdiéndose sin remedio oportunidades de construir valores sobre los que edificar una sociedad mejor. La tesis de Álvaro Perdices propone entonces que salvar del arrasamiento invisible las capas superficiales de las construcciones institucionales, especialmente aquellas que parecen menos pertinentes en el presente, impedirá caer en los mismos abusos y reescribir la historia en el futuro tantas veces como sea necesario. Esta posición reactiva la propia idea de museo como lugar ya no solo de archivo, sino de exploración de la realidad introduciendo cuñas en sus grietas para adentrarse en los aspectos más oscuros y contradictorios de la historia. En este punto se produce el deseable hermanamiento del arte con la arquitectura a pesar de sus tiempos y procedimientos diferentes en tanto que disciplinas ocupadas de la construcción no tanto de los monumentos, sino de la vida cotidiana de las personas. La desconfianza actual en el poder tiene mucho que ver con este asunto y es de creer que deberían ser los ciudadanos, al menos en los países democráticos de nuestro entorno, los que desmontaran el *statu quo* del poder una vez que se le ha despojado de la potestad de imponer un relato oficial. El proyecto de Álvaro Perdices se despliega finalmente como un acto democratizador que reconoce que la historia no la conocemos a través de la vivencia activa de los ciudadanos, sino de los dueños del relato y por eso se expone él mismo como sujeto de una experiencia personal puesta al servicio de los demás. Su presentación en un museo bajo la forma de un archivo visual no documental que recoge un experimento con uno mismo a través del cual visibilizar una serie de sustratos que van a desaparecer, es la clave de la propuesta. Museo y archivo son revisitados y con ello se proclama la necesidad de que ambas instituciones se dediquen a poner en crisis los entornos consolidados del pensamiento para negociar sin red las posibilidades de un mundo mejor a pesar de la incertidumbre y la inestabilidad del presente.

*   Nota de la edición: Juan Herreros ha desarrollado la mencionada investigación «Correcciones Tipológicas» en sus programas docentes en las Escuelas de Arquitectura de la Universidad Politécnica de Madrid, la Universidad de Columbia de Nueva York, la Universidad Aalto de Helsinki y la Universidad de San Sebastián en Santiago de Chile.

Uses, Abuses, and Corrections
Juan Herreros

An Architectural Project

The most admirable quality of buildings is their resilience—the ways in which they accept and accumulate transformations, distortions, and recodifications. In many cases, the latter can be an act of extreme violence, whether proactive or unintentional, but is interwoven with the graciousness of recovery. In this essay, we would like to underline that erasure is impossible, and while architectural memories and traces can be, at times, very faint, some parts will always remain alive. Thus, we aren't able to destroy the evidence of the past we often want to anesthetize. The Buen Retiro Palace in Madrid—that the Count-Duke of Olivares built in 1632 as a recreational space for Philip IV—is an example of a construction that has lived many lives. It has been a place that has held royal festivities and national exaltation, peripheral in its origin, while surrounded by nature and absorbed by the city's proximity. The construction project of widening Madrid's streets led to its various iterations, both whole and divided, due to the streets' placement. It has also been a space that held Picasso's *Guernica*—surrounded by rooms that exhibited works from the Prado Museum in the 19th century, before becoming part of the museum's center of investigation—before its transfer to the Reina Sofía Museum. The Hall of Realms is the palace's most agitated fragment between splendor and misery: a space that held a glorious past of royal entertainment but is best known for being the Artillery Museum during the First Republic in the late nineteenth century until democracy was established. During the Second Republic, it was named the Military History Museum, and later during the Francoist regime, it was baptized as the Army Museum. Closed and unused since 2005, the Hall of Realms is now embarking on a new journey to become an extended exhibition space belonging to the Prado Museum, which will presumably order a content and functional stabilization for future history and be responsible for removing the objects that the Convention on Patrimonial Values deems as unworthy of maintenance.

In the transitionary period between the dismantling of the Army Museum and its novel occupation, visiting the building reveals a number of traces that recount the contradictory pasts and the broken collective pride that the remodeling will bury, while also allowing us to reflect on the role of architecture, institutions, and the need to remember and rewrite history. Álvaro Perdices had already been immersed in a silent and meticulous relationship with the building and its delicate remains when we began to discuss the exhibition's motive, curated with great intelligence by María Virginia Jaua, and for which Jens Richter and I have had the pleasure of designing its installation. The appeal of this collaboration isn't based on the physical ideation of the exhibition's presentation but is in the three-way conversation guided by the curator's firm criteria and sensitive curiosity, that transcends the architecture's role, functions, and usual attributions. Perhaps, for this very reason, we should begin by postulating that this work by Álvaro Perdices is in fact—and in every sense—an architectural project. First, because it refers to the successive transformations of a building (the Hall of Realms of the Buen Retiro Palace) in which the artist's own observations, as well as the produced and manipulated materials, have generated a new inscribable stage in the property's history. It's a project that's not built physically, but one in which a new record of another palace will be documented—one just as veritable as its predecessors—once everything has been erased. Second, because it acts as a container, encapsulating a history associated with the collective representation that accumulates within its walls and structures—the imprint of almost 400 turbulent years that led to an unloading of all symbolic value—offering us a laboratory for reflection on the relationship between architecture and representation, at a time when this attribute seems to dismiss issues that interest this discipline. And third, as its name suggests, "project" is a term that launches a vision forward, a fairly desirable prediction, accompanied by questions that, in this case, concern what we want to preserve and the institutions that we need and desire. The latter becomes increasingly relevant when the program we're discussing is an art museum that will be imposed on a museum of weapons, produced by an occupation of a celebrated space of the court: in essence, a succession of ritual-like spaces that seem to be redirected by mounting architecture upon them. Additionally, it's remarkable that the cycle ends by recoding the integration of the Army Museum into the Prado Museum, rehanging the paintings, thereby re-staging a certain return to the past, skipping past the dark decades, and turning the monument into something recognizable as part of the current cultural industry. Faced with the difficulty concerning the complexity of this case, Álvaro Perdices's project reimagines architecture as a critical practice, invoking certain resources removed from the forced and drastic changes, and reclaiming the need to keep the legacies legible, however uncomfortable that might be.

The Impossibility of Destroying Architecture

The most attacked cultural creation over time is, without a doubt, architecture. Humiliating mutilation, if not irresponsible destruction, is a common occurrence. We could argue that there is a generalized obsession with repeatedly concealing the past. This manifests itself in actions ranging from the forced alterations of the facades of collective housing buildings—perhaps with the subliminal intention of demonstrating the lack of assembly within the misnamed community of neighbors—and the replacement of consensually valued works with others that are radically banal, to the recoding of corporate real estate, signaling the commencement of a new period disconnected from its past. For these reasons, we see that displaying affection for what is inherited is incompatible with the progressive idea of only accepting drastic acts of transformation or growth, which has turned architecture into a fleeting consumer good. However, we mustn't confuse this sensitive relationship with immobility; rather, we should understand it as a dialogue between the past, present, and future, allowing architecture to evolve without leaving behind scorched terrain. For years now, at the academy we've been developing the "Typological Corrections,"* research program, that argues that the best city will be the one that's built upon the one we receive—not by repeatedly tearing it down and rebuilding, or growing it with an oil stain, occupying a nature reserve that we must preserve for obvious reasons. In the program's statement, we discuss second chances for obsolete enclaves and methods to measure the minimum amount of architecture that could ensure a desirable change—as well as the maximum amount that shouldn't be exceeded—without annihilating the presence of the original support. The idea is that the final product, essentially hybrid, stems from a fruitful dialogue between different periods and technologies. We also propose a certain indulgence with respect to the banal architecture that, through its impersonality, treasures the production's naturalness without malice or arrogance. The most valuable conclusion is that, in spite of everything—whether too much architecture is added or the original fabric is destroyed—a trace of the architectural abuse will always remain. An example of this is the Army Museum: the artillery has been dismantled, but their marks still remain on the panoply's wood, discolored by the sun.

The impossibility of destroying architecture is evident in the many buildings buried by countless and consecutive renovations—look to the MoMA in New York—or in the entire neighborhoods that are razed, like the works in lower Manhattan, New York led by Owen Moses (contrasting Jan Jacobs, who preferred a friendlier city). These projects called for the destruction of lower Manhattan to construct the World Trade Center, also seen in the San Juan Hill neighborhood, where the Lincoln Center's cultural complex now sits indifferently. These examples, among many other remodeling, reconnecting, or re-qualifying operations fulfilled under the flag of progressivism, have left permanent traces of a pain that even the splendor of their positioning can't mitigate.

Perhaps, because in this convulsive present we're increasingly aware of how fragility acts as an amplifier of perceptions and experiences and not as a loss, it's now exceedingly difficult to establish the limits of these actions, filled with good intentions and disciplinary orthodoxy. While it was once considered possible to exorcise buildings or entire fragments of a city, reborn under the promise of renovation, today, a consensus exists of carefully selecting the intensity of interventions, providing a responsible answer to the question of what we should do with the inherited urban fabric.

Art as an Instrument of Immediate Action

Álvaro Perdices's work, and that of other artists, tackles this question with immediacy, bespeaking the concerns of the present. Architecture's slowness and technical complexity, its multiple contingencies and functional claims, don't allow for reflections with a necessary distance on professional projects, as do artistic installations like *Mirror and Kingdom*. Art can read reality and respond instantly—or at least during important events, while endorsing its ability to position itself in the facts—to expand on a specific situation. For example, the disappearing traces of Franco's Army Museum become a matter of reflection and debate that should interest multiple sectors of thought and creative actions. For these sectors, architecture has the privilege of finding in art a respective *alter ego* that highlights topics to be worked on. Thus, the materials produced by Álvaro Perdices are extremely refined, stemming from a building that has been stripped of its qualifying elements, in a kind of military degradation. The cadaverous state of this container demands a delicate, almost intimate attention to read the subtle traces left by the uses and abuses of the space and its walls, the apparently innocent ornaments presented as the

State's symbolic elements, and the imposing furniture. In this process, Álvaro Perdices even resorts to his own nudity, faintly reflected in the cabinets and mirrors in some photographs. In the photographs, the stripped body, the camera, and the tripod —the subject and the intrusive devices—seek harmony through the vulnerability of the studied object as it bows down, evidencing its fragility in what seems to be a struggle between two opposing masculinities. This isn't demonstrated as a documentation of an inoperative past but as a reflection on the building's process of becoming a ruin, the conflict and cultural violence accompanying the decomposition of values, and the importance of displaying a critical awareness of these processes. *Mirror and Kingdom* doesn't build structures but instead highlights a project expressing compromises and subtleties. Although architecture is a practice based on reflection and action and should continue to be so, an invitation remains to perform in a more reflexive, positioned, and complex manner.

Through its capacity to state problems and formulate questions, art can assist architecture in the reflections which inevitably arise regarding where we are and what criticism is pertinent when redescribing history through the project, without needing to defeat it and while being aware that we operate with a support that's found within ourselves. In *Mirror and Kingdom*'s particular case, Perdices raises the uncomfortable question of how the State's institution resorts to certain image-building to celebrate its power. A problem arises when the State's action becomes ridiculous when described from another perspective, exposing its crevices and thus highlighting that power is a mere deception.

Impermanence, Heritage, and Monument

If buildings and institutions don't withstand the passage of time, and if needs and issues change repeatedly and quickly, constantly demanding corrections, *Mirror and Kingdom* contemplates the futility of striving to build permanent architecture. Recent observations agree that the fundamental dichotomy between disciplinary orthodoxy and disciplinary heterodoxy in 20th century architecture lies precisely within this issue. The modern architecture that occupied the entire stage relegated to the role of a singular visionary those who wished to put in crisis their sublime determination to go down in history. The latter is exemplified by the absence of B. Fuller from the official historiographies of American architecture; despite the notable recognition he received in his lifetime, he was systematically categorized as a rarity. The same incidents occurred in Europe with Cedric Price or Yona Friedman, and in Japan during the

Metabolist movement. All of these figures discussed a changing architecture, open and ready to mutate to the time's rhythm and therefore capable of surviving, aware that the eruption of technology would cause a sensitivity to obsolescence. However, it's the insistence in the destruction of architecture that leads this elemental design towards vulnerability. Thus, it's not a coincidence that Alejandro de la Sota, a Spanish master of agility, has been in the press for the extreme mutilation and often total destruction of his works. As such, it's exhausting to think that today we must build in a resistant and durable manner, because building with a certain lightness, while simple to renovate, doesn't always result in an evolutionary and timely work, and unfortunately, calls for the degradation and loss of a valuable heritage site. What become problematized in these reflections are the discussions on what to preserve and destroy as a result of patrimony, or rather, the formation of a cultural rather than a political idea of patrimony that evolves over time, proving that the supposedly objective values granted to buildings are just as inconsistent as time itself.

Thus, it's imperative to underline that *Mirror and Kingdom* discusses a historical patrimony that doesn't mold or fit into the convention, with Perdices's work becoming more of a rescue-like critique than a recorded documentary. In his proposal, the architectural content is more important than the continent; to this end, he proposes rescuing the ephemeral occurring in the height of an intervention, preserving, with great technical expertise, the permanent structures of the original building. A building that, protected by the official list declaring what must remain, annihilates the superficial applications that characterized it for centuries. The images in *Mirror and Kingdom* capture values being modified and giving way to others, while the wooden floors are being restored from their decay and the walls, poorly supported, are being consolidated. The dichotomy between stability and impermanence reveals how we live in a moment of profound crisis—we look to the institution to provide security, but simultaneously feel the need to critically undermine its structure. This leads us to think that, despite its contingencies, perhaps the Hall of Realms has perpetuated its essence by maintaining its symbolic, monarchical, and representative value of the State. Perdices indicates that the Hall of Realms maintained this unalterable function even when used as a celebratory space of the State and as the Army Museum. The artist points out the curiousness of the English translation as the *Home of Real*, as well as that its vault still holds the kingdom's shields, adding to its symbolic power—an immanence reminding us how weak our monarchy is and of its need to be strengthened through these mechanisms, against the fading of our unique surroundings.

Hence, the most forceful and present struggle is posed with many facets, including the dichotomy between closed, solidified systems, coated with security through force, and the simplicity of classifications, as well as the absolute conviction that this uniqueness must be destroyed because of the multiple, diverse options to claim its space. Consequently, because these monuments allude to historic and specific values, it becomes difficult for us to recognize these monuments as our own. Thus, we are in need of criteria that allow us to find said value from other perspectives while questioning ourselves what monuments would be reasonable today. If in 1966 Aldo Rossi's *The Architecture of the City* describes the urban environment as a neutral background on which the monuments of the past are outlined, the important question today is: how do we make the desire for impermanence compatible with the monument's claim to perpetuity? And, more specifically, what should the present and future monuments be?

The Hall of Realms is a valid example of what we don't want because it fails in its absurd search for solemnity. Its construction doesn't even meet the desirable standards of quality of its time. Its original function as a space of leisure meant that it was made quickly and simply. In essence, this building is effectively a container that was built rapidly, with bricks instead of noble stones, without basements, and on a basic foundation. However, the interior design is what fulfills its representative function, as the Count-Duke of Olivares, with a collection of spectacular paintings, planned and nourished the space himself. Briefly, it is a *trompe l'oeil* that illustrates the problematic condition of a narrative telling a deficient reality as if it were something extraordinary. Thus, when the installation of the *Mirror and Kingdom* exhibition repeats the action of constructing an additional room—in this case with an architectural scenography of critical content—it illuminates possible answers to the questions that concern us.

Paper, Glass, and Mirror

It's remarkable that Álvaro Perdices's work is "represented" for the first time at the CA2M Museum in Móstoles, a museum resulting in the requalification of an existing fragile, vernacular piece of architecture, which appears to be superimposed by an aggressive new construction that dominates the original fragment of local history, unable to resist the domination of its own extension. A revision and correction project led by the architect Andrés Jaque, working as an archeologist, finds that, once again, traces are impossible to efface. The successive actions executed under his direction create an exemplary model that focuses on the attention given to the fleetingness of time as a necessary construction material. The Museo CA2M is also the experimental space that exhibits projects alluding to the need to transform contemporary ideas about the fluidity and necessary absorptive capacity of institutions into architecture, assuming that to do so, it becomes necessary to shed certain forms of order and balance. The graphic treatments and spatially-oriented objects developed by Murray Branding & Design and Studio Animal shed light on the possibility of building environments for new audiences of contemporary art, which are nothing other than the art of the future.

In this context, the design of the installations is based on the idea of re-staging, transferring the raised walls of the Hall of Realms to the basilica-like space of the Museo CA2M, a move that is materialized through a humble wallpaper that vaguely reproduces the traces of the paintings that have yet to be returned. This new *trompe l'oeil* blurs the fading history while supporting a series of photographs that provide the fantasy of objectivity. The center of the room is occupied by a device consisting of highly conceptual content, formed by two models shattered on three sides, built with perfect finished metal structures and a series of different types of glass. As a pavilion or tent, the construction could very well be the contemporary reprint of the tent that Carlos V used when he camped near the Museo CA2M in 1525, as stated in a commemorative plaque originally exhibited at the Army Museum, where one can guess his supposed footprint on the floor (also recognized as a symbol of the lost Empire). This device contains a series of *estilo español* (Spanish-style) furniture built by the inmates of the Ocaña prison, a penitentiary institution founded in 1883—barely twelve years after the first Artillery Museum opened in the Hall of Realms—whose carpentry workshop received orders for furniture for the Army Museum. The furniture that Álvaro Perdices transfers to the Museo CA2M, along with other objects, are exhibited as fictitious appropriations, mere ephemeral rescues whose installation is proposed as a reflective resource rather than as an artwork itself.

The metric aspects of the installation provocatively recreate the scale of the spectator's body, which becomes a protagonist that is given the possibility to redefine history with its mere presence. The height of the palatial plinth, reproduced with just a slat, alongside the overwhelming scale of the wallpapered wall and the glass—deliberately higher and wider than the human figure—convert the public into an unexpected guest. The public —as well as the furniture—is displaced and becomes the project's parasite as an "out of place" subject who, by its presence alone, explains the extent of change as well as the responsibility of the art institution to explain said change, while building alternate, possible worlds.

The spectator becomes more than a viewer, and indeed forms part of the set-up, especially when understanding that Álvaro Perdices's project only uses the real body when the interaction between the two takes place. It's in this precise moment that we understand that the reflection being offered is one that looks toward the future more than the past—that the monument no longer acts as a certifying and immovable annulment, but is revived through the critical, exploratory, and experimental gaze of both the artist and public, becoming useful again by escaping the overprotection of the obvious consensus. For this reason, the construction of the exhibition resorts to deliberately modest and light materiality. It aims to retreat from the solidity of the stones, the stability of the thick walls, and the security provided by the extravagant decorations; instead, there's paper pasted with an urban poster technique, trivial photographs and films, glass from the windows of the neighborhood stores, profiles of the banalest metal constructions...

The glass plays a crucial role throughout this landscape. It catches the reflections that establish the camera's and specular surface's complicity, used by the artist in his secretive exploration, and speaks to the casual and exclusive opportunity to move through space, like the freedom of a hunter who kills to survive, in an environment in which finding stable security is already impossible. The use of glass alludes to the immersion of screens and devices in our inhabited world that return a distorted vision of ourselves, and through which the direct relationship with reality has been reduced to living through technology, as the terrifying series, *Black Mirror*, describes so well. The glass offers the possibility of seeing the same image several times, being transformed, deformed, or obscured by different layers of transparency and tonalities. Additionally, the glass also returns the viewer's image from its condition as a spectator to one that merges with the exhibition, just as the artist himself exhibits his body through the mirror's reflections in the Hall. In essence, the glass melts the continent and content in a fabricated projection that is between friendly and frightening. As a culmination, a particular glass, as black as an unlit television, returns the objects' reflections substantially highlighted in a jet-black background—a veiled tribute to Spanish Baroque painting and its black background that traps the characters' exaggerated mood.

We would like to think that there is no longer a spectator, no longer a passive subject related to art through the uninvolved act of visiting the current exhibition. Thus, the canonical material of the exhibition—the perfectly edited photographs—are presented alongside these layers requiring attention and involvement through a spatio-temporal experience, in which the displacement of bodies in the room forms part of the experiment. The challenged and objectified spectator is thus converted into a character of scenography that recounts a story—which Perdices describes as abject—and that, in the discovered experience of immersion, affects us all.

Against the Forgotten

The project and its installation act as a mechanism against the forgotten, repeatedly stimulated by interventions in historic buildings, when in reality—as this work reveals—there's an intangible heritage nourished by various non-physical elements in permanent risk of disappearance. In our conversations, we imagined stripping the Hall of Laureates, where the paintings of victorious generals and Franco were exhibited and the Eagle of St. John was placed above the golden chair. We envisioned characters dismounting these paintings, detaching the eagle, removing the weapons from the shields, dismantling the cannons from their bases and the busts from their pedestals... Actions that, perhaps, are just as futile as Perdices's was when originally setting the scene, but are just as desperate to "un-write" history. Actions that—filled with formal political weight referencing the adhered superimposed layers of life's value, circumstantial to the architecture that so often operates as a reservoir of incredibly valuable memories—emerge and thoughtlessly vanish, along with the opportunities to develop values to create an improved society. Thus, Álvaro Perdices's thesis proposes that saving the superficial layers of institutional constructions from invisible obliteration, especially those that seem less relevant in the present, will prevent us from falling into the same maltreatments and rewriting history in the future as many times as necessary.

This position reactivates the very idea of the museum as a place for both archiving and exploring reality by inserting space in its crevices to delve into the darkest and most contradictory aspects within history. At this point, the desirable intertwining between art and architecture occurs despite their temporal differences, serving as a discipline concerned with the construction of the people's daily lives more than with the monuments themselves. The latter issue leads to the current distrust in power, engendering the belief that it should be the citizens—at least in the democratic countries surrounding us—that dismantle the power's status-quo, stripping it of both its power and capacity to impose an official narrative. Finally, Álvaro Perdices's project unfolds as a democratizing act, recognizing that history is not known through the active experience of its citizens but through the owners of its history, reflecting his self-exposure as the subject of a personal experience placed at the service of others. Its presentation in a museum, consisting of a structure of a non-documentary visual archive that gathers an experiment with oneself through shedding light on a series of essences bound to disappear, is the key to the proposal. Museums and archives are revisited, demanding that both institutions dedicate themselves to exploring the consolidated environments with urgency, negotiating the possibility of a better world, despite the uncertainty and instability of the present.

*	A note from the editor: Juan Herreros has developed the aforementioned research, "Typological Corrections" as part of his programs at the School of Architecture at Polytechnic University in Madrid, Columbia University in New York City, Aalto University in Helsinki, and San Sebastián University in Santiago, Chile.

Arte, institución y crítica: entre la tensión y la asimilación
Una conversación entre María Virginia Jaua,
Álvaro Perdices y Manuel Segade

MARÍA VIRGINIA JAUA   Haré una pequeña introducción que nos ponga en contexto. La idea de la que parte esta conversación es la de abordar el tema de la crítica institucional y un tema recurrente en el trabajo de Álvaro Perdices: la relación artista-institución. Ya hemos hablado sobre cómo íbamos a dar forma a estos temas. Pienso que tenemos la oportunidad de conversar los tres, contigo como director de la institución en donde se va a presentar el proyecto, para discurrir sobre ello desde varios puntos de vista, no opuestos, sino complementarios. A veces con sus tensiones, a veces con sus aciertos. A partir de la relación del artista y sus cuestionamientos a la institución. No solamente a la institución como entidad que forma parte del Estado, sino también a la institución que soporta, valida y fagocita al artista. Lo institucional se desdobla en varias entidades o capas, mientras que el artista también se desdobla a sí mismo en distintas capas o figuras: la de artista, la de espectador, la de cuerpo, la de ente cuestionador y al final también la de imagen como reflejo del propio ciudadano. A partir de ahí abrimos un diálogo en el que podamos exponer diversos puntos de vista. Luego, podemos introducir otros temas con respecto al trabajo de Álvaro tanto con relación a la tradición española como a la americana.

ÁLVARO PERDICES   He pensado en este proyecto en concreto, y cómo surge esta crítica o esta relación con lo institucional. En la mayor parte de los casos no me planteo una crítica institucional en un sentido calvinista, sino que surge desde un lugar más íntimo, más emocional y personal. Porque creo que aparecen elementos identitarios, de cómo uno se relaciona desde lo personal con la institución. Quizá por eso, en el caso de *Espejo y Reino,* hay un desdoblamiento. En mi caso, trabajar en arte tiene que ver con convertirme en una especie de animal, en un intruso que, desde un supuesto plegamiento, desde una insinuación, entra en la institución desde una relación previa. Es decir, al final en todos los trabajos en torno a la educación que he hecho —cuando fui profesor en las escuelas de Los Ángeles— partieron de una relación previa.

MVJ   Y de una formación.

ÁP   Efectivamente. En el caso de *Espejo y Reino*, estaba trabajando en el Prado, tenía que preparar el proyecto de Cai Guo-Qiang. Entonces, entro y digo: «Coño, esto me pone». Y en ese ponerme, me interesa la posibilidad de desobediencia, de la crítica como ese lugar en el que puedo enunciar una desobediencia, puedo enunciar la crítica como un lugar donde uno no es gobernado. Muchas veces hablamos de la crítica institucional y dónde está su efectividad. ¿Se queda en la propia institución que la asimila? Parece que al final el artista es una suerte de mercenario que lava la cara a la institución. Esto me está pasando con otros proyectos en los que estoy trabajando. A veces se te contrata para lavar la cara a la institución. La crítica institucional puede ser el lugar de la desobediencia, que al final es un poco el trabajo que desempeña el arte, una agitación. Agitar es quebrar un canon, es el lugar desde el cual comienzo a articular. Un lugar personal que no es heroico. No me siento ni un cruzado, ni un cínico.

MANUEL SEGADE   El asunto es que esta exposición no es un encargo que te hace el Prado. Es más, decides realizar el proyecto cuando ya estás fuera de la relación contractual. Cuando te acercas a otra institución como lugar de exposición, ya tienes claro el tipo de proyecto que quieres hacer y en donde encuentras un marco de trabajo. No es por hablar del Museo CA2M, sino por el hecho de constatar que hay un marco de trabajo en el que esa crítica institucional que se proyecta sobre otro museo, también puede tener un efecto sobre este.

ÁP   Efectivamente.

MS   Ahí hay dos cosas que me interesan. Una tiene que ver con cómo desde la institución del arte contemporáneo el arte no es objeto, sino sujeto, y esto es fundamental. De ahí el sentido de la intervención específica. Porque es algo que realmente sí funciona como crítica institucional dentro de nuestro marco, aunque sea el natural en el que se produce históricamente. Digamos que está determinado como un género más, con lo cual está asumido y puede ocurrir. Por otro lado, también la estructura naturaliza o acepta la posible transformación o el efecto institucional de la crítica que pueda tener dentro, si queréis llamarlo así. Naturalmente, tiene que haber un movimiento, o la estructura debería estar preparada para eso, ser como el test fundamental dentro del arte contemporáneo. Por un lado, hablo de la crítica institucional directa y del efecto que tiene en el museo, y, por otro lado, hablo de la sujeción, de qué significa para Álvaro todo lo que tiene que ver con la articulación formal del proyecto con respecto al espacio. Lo digo porque ha habido un trabajo muy largo de muchos años y ha habido diversos colaboradores. Me interesa precisamente ese momento en el que empezamos a hablar los tres y decimos: «Este es el espacio donde se puede componer el Salón de Reinos».

ÁP   Que es un espacio cultural.

MS   Me refiero al espacio físico. Creo que ahí hay algo que también tiene que ver con la naturaleza institucional de por sí, sobre todo cuando estamos hablando de la traslación de unos objetos y unas imágenes que tienen que ver con un lugar, con una especificidad casi genética con respecto al propio código institucional del Prado como el Salón de Reinos.

ÁP   Sí, claro. Yo entro en el Salón de Reinos de una manera más consciente en 2016. Me encuentro con aquello y genero un material, unas fotografías. Entro de una manera determinada: con el trípode y la cámara como protagonistas, son el «estuve aquí». Se hacen los vídeos, luego se van editando. Hubo una propuesta de exposición en Casa Sin Fin, pero la galería cierra en 2017 y eso quedó ahí. Evidentemente, nos pusimos a hablar, y el hecho de plantearlo en el Museo CA2M en Móstoles para mí es importante la manera en la que lo articulamos, porque es reactivar, por un lado, la idea de museo desde otro lugar, desde un lugar arqueológico que reescribe las cosas. Es decir, el Estado escribe las cosas desde su posición, desde su poder, pero en este caso, esta reescenificación que estamos haciendo en las afueras, fuera de la corte, reescribe otra historia, o enuncia otra historia. Esto es importante porque cuando uno articula la crítica institucional con proximidad a la institución, no hay distancia. La institución se lo come todo. Creo que, en este caso, el hecho de la distancia y de *reescenificarlo* en otro contexto y en otro edificio hace más evidente esta activación.

MVJ   Álvaro y yo empezamos a conversar hace mucho tiempo, pero nos acercamos más a partir del trabajo que hizo para el Prado sobre *El jardín de las delicias*, sobre ese encargo específicamente. Me pareció un trabajo fascinante, de un nivel mediático tan fuerte y tan cargado de conflicto, que de alguna manera me impulsó a reflexionar sobre cómo el artista se relaciona con respecto a esos encargos: al ser artista y trabajar para la institución. A partir de ahí iniciamos un diálogo en 2016, antes de que Casa Sin Fin cerrara. Esa charla continuó y surgió la idea de hacer algo juntos, y precisamente estaba comenzando este proyecto del Salón de Reinos como una posibilidad de exposición en la galería que tenía una forma completamente distinta y que a lo largo de estos años se ha transformado radicalmente.

ÁP   No tenía nada que ver.

MVJ   Entonces me dije: «Esa exposición se puede hacer a un nivel institucional más grande que es donde realmente tiene sentido». Y fue cuando busqué a Manuel. Por varias razones, ese lugar en los márgenes era idóneo para llevar a cabo ese proyecto y pensé: «Está bien que eso se haga en Madrid, pero fuera del espacio cortesano». También por las condiciones que se pueden dar de libertad y de flexibilidad con las personas que dirigen las instituciones y que puedan entender o que puedan, aunque la crítica institucional termine siendo asimilada, hacer que se produzca y hacer que tenga sentido.

ms   Me interesa el marco institucional. En la primera conversación que tuvimos me estabais enseñando materiales como el vídeo de Carlos V, el residuo de la supuesta tienda de campaña, recuerdo deciros: «Buscad la filiación histórica y genealógica. ¡Carlos V pernoctó en un edificio que estuvo aquí, la casa de los condes de Puñoenrostro cuando estaba exiliándose en Yuste!». En algún momento hubo esa necesidad de establecer una filiación directa con la historia, con el Prado. Sin embargo, ahora no lo veo desde ese punto de vista. Al contrario, una de las cosas que más me interesa de este proyecto es la capacidad de generar filtros de opacidad con respecto a otras lecturas. ¿Por qué esta formalización final, por qué llegar a esta forma de hacer y a esa concreción? A decidir que este proyecto es unitario, que no tiene ninguna contextualización con otros trabajos del artista... Eso no es solo una cuestión espacial, es una cuestión de decisión de proyecto, que también tiene que ver con el propio compromiso del artista con respecto a la crítica institucional que está ejerciendo. El ejercicio de concreción lo veo aquí como una generosidad por vuestra parte, y es interesante desde una posición crítica.

mvj   No tenía sentido hacer una revisión de otras obras porque restaría efectividad a *Espejo y Reino*. Al ser un trabajo de tantos años con tanta reflexión y conversación y al entender que estamos reconstruyendo un espacio que ya no existe, que va a ser resignificado a la manera antigua, pero con lenguaje moderno, entonces también sumamos a un arquitecto como Juan Herreros, que tiene una cabeza que me interesa, que tiene una concepción acerca de lo que puede ser la arquitectura y que también posee una visión crítica de su práctica. Así como una relación muy estrecha con el arte y alguien con quien desde hace años hemos mantenido un diálogo. Eso ha determinado el que al final el proyecto sea un objeto cultural muy potente en sí mismo. Se trata de un objeto cuestionador, pero al mismo tiempo propositivo. Me pregunto: ¿cómo se va a percibir este artefacto como objeto crítico?

áp   Utilizo la palabra *restaging* del Salón de Reinos. El Salón de Reinos era Museo del Ejército. Es decir, un edificio con una carga simbólica de la noción de Estado muy importante en la historia de este país. Un edificio donde las imágenes, especialmente los cuadros de batallas, los propios retratos ecuestres o toda la simbología heroica; en el Museo del Ejército, todas esas banderas de victorias gloriosas que luego estaban convirtiéndose en polvo en las vitrinas, toda esta gloria estaba cayéndose a trozos. Tenemos eso, cómo la pintura, cómo las imágenes son capaces de contar una historia falsa. Pero una historia que soporta al propio Estado. Cómo el Estado se rodea de todo este artificio panfletario. Era importante esa idea de reescenificación desde un lugar crítico y desde un lugar con humor, porque lo hay, aunque sea algo áspero o seco. Lo hago por medio de la arqueología, de volver al pasado, porque no es un proyecto que vaya hacia el futuro o que blanquee. Al contrario de Foster, que va a blanquear el edificio.

 MS   A partir de una aparente fidelidad de construcción.

ÁP   Entonces hay una deconstrucción, es decir, que va hacia ese pasado buscando esos momentos de ausencia de poder, simbólica, de Estado, pero también de ruina, de esquilmación. Momentos que ya han pasado, que de alguna manera desaparecerán de la historia porque no hay testigo. Ahí es interesante el uso de lo fotográfico y de lo fílmico frente a la pintura. También de la apropiación, en el caso de los muebles, son medios que de alguna manera reescriben.

MS   Hay una recuperación de historicidad literal. Cuando el problema de lo que se va a reconstruir es la asincronía.

ÁP   Efectivamente.

MVJ   Pero ha habido «testigo» y por lo tanto hay «archivo».

MS   Me interesa que hables de la fotografía y del objeto en sí, el material, el *remake*, vamos a decir el árbol ya hecho trasladado al lugar como documento, y el documento fotográfico en sí. Porque ahí hay una cuestión del lenguaje muy presente. Estás utilizando unos dispositivos del lenguaje muy deícticos, muy concretos, por alguna razón.

ÁP   Sí. Evidentemente, aquí hay una parte, que María Virginia Jaua y yo hemos discutido mucho, acerca del archivo. Pero no es un archivo metido en una vitrina. No es un libro que ves sin tocar o sin abrir.

MVJ   Porque no nos interesa la «musealización» del archivo y porque es la deconstrucción del archivo como ruina y como una *desescritura*.

ÁP   Un archivo visual. Es un archivo-obra muy porno que te rodea, y que evidencia esos momentos históricos en los que se reescriben las cosas. Evidencias que han desaparecido. En ese sentido, hablando de la eficacia, es interesante cómo la exposición o cómo el libro se convierten en esa especie de receptáculo residual, pero que reactiva la historia, el Estado, el uso de ornamento, la propia idea de museo. Ese cambio de medios técnicos, de pasar de una pintura que escenifica un supuesto poder político económico del Estado a unas fotografías, o unos vídeos, o unos muebles apropiados que se revuelven contra lo que el Estado quiere contar o contra lo que el Museo del Prado, en este caso, o el Ministerio de Cultura quieren presentarnos.

MS   Que también levantan acta de unas ausencias. Lo digo porque tú vienes de una generación afectada por la crisis del sida, donde la relación entre lenguaje y duelo es fundamental.

ÁP   Claro, enfermedad y estigma.

MS   Y la necesidad de representación.

MVJ   Pienso que una de las cosas más potentes de este trabajo es que registra lo inestables que son las construcciones de relato de las instituciones. Porque finalmente lo que este proyecto reconstruye es la inestabilidad de los relatos y cómo estos cambian y son superpuestos unos sobre otros. Hay una supuesta búsqueda de estabilidad o de fuerza inherente a la institución o al Estado. Pero es falsa, porque lo que se registra es esa debilidad y la necesidad de cambiar. Curiosamente, esa necesidad de cambiar y esa inestabilidad es lo que al final puede dar una idea de estabilidad. Ese es el subtexto del trabajo. Tú lo llamas «lavamiento», pero es la urgencia de resignificarse o de resignificarse reescenificándose.

ÁP   Claro, pero la institución no muestra estas partes o estos momentos.

MVJ   Eso no lo puede mostrar porque no puede evidenciar un momento de debilidad o de astucia para sobrevivir, tiene que ocultarlo. Aquí hay un desocultamiento, que es lo que lo hace potente, tú estás revelando lo que la institución o el Estado omite. Se trata de su propia fragilidad, su propia necesidad de mudar de «rostro», las mascaradas del poder, porque si no lo hace perece. Busca dar la impresión de que es una cosa inamovible y fuerte, pero no lo es, lo que se está revelando aquí es precisamente lo que se busca ocultar. Ahí es donde subyace la potencia crítica, en ese desvelamiento.

ÁP   Evidenciar los fantasmas.

MS   Y demostrar que la institución es un cuerpo, al final. Es un cuerpo de Estado.

ÁP   Es un cuerpo de Estado con sus enfermedades.

MVJ   Me parece necesario introducir la cuestión (que en España no se suele hacer, cosa que resulta una pérdida en lugar de una ganancia) de inscribir los trabajos de los artistas dentro de una tradición. Hablar de tus antecedentes españoles o americanos. Porque este trabajo se inscribe dentro de una tradición de crítica institucional. Estamos inmersos, y unos se contestan a otros, y unos reciben más de unos que de otros. Háblanos de tus genealogías americanas y españolas, cómo te ubicas en ellas.

MS   A mí también me gustaría que nos contases un poco cuál es la filiación.

ÁP   Por un lado está el contexto en el que crecí. Pero, sobre todo, el volver a España en 2012 y curiosamente empezar a trabajar en el Prado, meterme ahí con un montón de cosas que ya estaban presentes, porque mi primer trabajo público, la serie de fotos de cuartos oscuros del 96-97, son monocromías maricas, pero se relacionan con los fondos negros de toda la pintura barroca. Mi manera de trabajar tiene que ver con la desobediencia del cuerpo y cómo el cuerpo y el sujeto se meten dentro de situaciones, como intrusos informes, que son un tanto abyectos y hacen que puedas leer las cosas desde otro lugar. Y esto está vinculado con mi formación en Los Ángeles con Paul McCarthy y Mike Kelley. Artistas que trabajan la crítica institucional, pero desde un lado mucho menos calvinista, mucho más popular, más del cuerpo, más desde otros *layouts*, desde otras capas que no son ecuaciones A más B igual a C.

MVJ   A qué llamas calvinista, ¿a un Hans Haacke?

ÁP   Sí, efectivamente. Paul McCarthy es mormón, Mike Kelley es católico.

MVJ   Pero también hay reminiscencias de Michael Asher.

ÁP   Sí, también. Hay una parte del trabajo de Kelley y de McCarthy que está íntimamente relacionada con el feminismo de una manera que aún no se ha leído. Sobre todo porque plantea la debilidad del discurso masculino como penes flácidos. Ese lugar de alguna manera informe, abyecto, no heroico, me interesa porque es un lugar personal que te permite hablar, deambular, construir situaciones, hablar de enfermedad, de estigma, de lo residual, de lo inadecuado, de lo ridículo. Que son cosas que reescriben precisamente el *mainstream*.

MVJ   Desde una cierta marginalidad.

ÁP   *Uncanny* es una palabra que me gusta, y para la que no encuentro una traducción exacta al español. Que es ese lugar de lo extraño, donde no sabes si es un vórtex que te permite entrar, salir, moverte… La nutria es un animal con el que me identifico, porque es delgado, peludo, se mete por cualquier sitio, de repente con suprema destreza y filigrana danza en el Duero helado como una bailarina. Tiene esa formalidad, ese amaneramiento. Esos lugares que trabajé y aprendí con Paul, con Mike, como alumno y también con alguna colaboración, para mí son clave. No parten del discurso para adentrarse en las instituciones, sino desde algo más personal, más inestable y relacionado con la tradición y los ritos.

MS   ¿Y respecto a las filiaciones locales? Aquí sí que hay un entorno de diálogo, eso lo tenemos claro. Filiaciones no solo de amistad, de trabajo que aprecias y valoras, sino que me refiero a decir: «Si yo tuviese que buscar una genealogía de forma…».

AP   Mi relación con el contexto español tiene dos tiempos. El primero desde el final de los ochenta hasta 1993 en que marcho a Los Ángeles y que son los años de formación en la Facultad de Bellas Artes de la Universidad Complutense. Hay varios momentos significativos: entender lo que no tenía que hacer a nivel formativo; las visitas a la Colección Panza de Arte Minimal, expuesta en lo que hoy es el MNCARS, que fueron una suerte de paseo insinuante de mi cuerpo y sujeto con el peso, la rectitud, la serialidad y la masculinidad de aquellas obras; una exposición de Pedro G. Romero en la Galería Fúcares, en la que había unos *collages* sobre cartón y pequeñas maquetas-monumento de diapositivas, con imágenes precarias, cayéndose a pedazos, impregnadas de un Alkyl chorreante. Estas experiencias exudaban otro tipo de comportamiento y el de un lugar no normativo que abría la posibilidad hacia lo informe. Un lugar en los bordes, seductor y fascinante. El segundo momento ocurre en mi retorno a Madrid a finales de 2012. Aparecen tres elementos: una exposición que realizo en el EACC y que abarca todo el edificio, sus funciones y las de sus empleados; la relación de amistad y trabajo con Julián Rodríguez Marcos, que se convierte en un interlocutor, y los siete años y medio de trabajo en el Museo del Prado, en donde desarrollo labores de coordinación de exposiciones, viajes de correo, algún comisariado y proyectos educativos. Estos trabajos fueron la excusa perfecta para desarrollar una suerte de residencia artística que ha generado numerosos proyectos como la filmación *NEGRO y Luz* y especialmente *Espejo y Reino / Ornamento y Estado*, y resitúan mis maneras de hacer y mis herramientas con un lugar concreto del lenguaje, de la tradición, de cómo entender el canon y sus posibles quiebres o como una cierta radicalidad que uno persigue a veces te la encuentras en un lugar que no coincide con tu tiempo. También se han sucedido múltiples conversaciones con el pintor y amigo Jorge Diezma que han tensado mis intereses, dando fruto a su vez a numerosas colaboraciones entre ambos.

MS   Me interesa ahora hablar de las formas de trabajo. María Virginia estaba hablando de la complicidad necesaria para producir un proyecto de este tipo de crítica institucional. Obviamente, la institución tiene que participar y aceptar esa acción crítica. Mientras que tú, Álvaro, hablabas de los arquitectos, pero me gustaría hablar también de afinidades, de comisaria y de artista. Hay una precisión del trabajo o una precisión de las afinidades y a la vez hay una relación afectiva que lo hace muy fácil. Pero me interesa dónde la precisión se toca con el afecto.

MVJ   Viene de suyo, porque las cosas surgen de una conversación, de un diálogo, de una interlocución que de alguna manera se cruza con Julián en Casa Sin Fin y en la editorial Periférica. Al final de cuentas, el encuentro se produce con las personas con las que has elegido establecer una interlocución. De ella nacen y se construyen los proyectos. A partir de ahí empezamos a trabajar de una manera orgánica y se ha dado de una manera natural. Empieza como una conversación porque me interesa su cabeza y me imagino que a él también le interesará la mía. Luego decimos: «Ah, bueno, aquí hay proyecto, hay algo que "escribir" juntos, entonces vamos a pensar con quién podemos llevar eso a la realidad». Vamos contigo. Y tú desde tu postura institucional dices: «Sí, lo veo factible». Pero tu postura de director está sustentada en tu subjetividad, tu trayectoria como curador.

MS   En otros diálogos que van enlazados.

MVJ   Exacto, tú tienes una línea de trabajo, pero estás abierto a cruzarla con otras lecturas. Entonces, se da la casualidad de que también tú eres otro interlocutor que se suma a la conversación desde su lugar.

ÁP   Desde un lado completamente práctico y hedonista llega un momento en que me digo: «Esto de trabajar solo en mi estudio es realmente un coñazo». Entonces lo importante no es solo la voz personal, sino que el trabajo sea un conjunto de opiniones que se van amalgamando y perfeccionando de manera cada vez más certera. El trabajo se enriquece y se hace más divertido. Nos hemos divertido mucho en estas conversaciones, en estas reuniones. El objetivo no es un nombre, sino el trabajo.

MVJ   Quizá lo que a mí más me puede fascinar o lo que me puede motivar a colaborar con otros es que me permite pensar cuestiones que no he considerado sola escribiendo o haciendo un proyecto individual.

ÁP   Sí, pero pasa otra cosa también, María Virginia, y es que permites al otro que se meta dentro de ti y tú también le puedes responder. Que es lo que ha pasado en este proyecto: sueltas información, sueltas conceptos, imágenes, que otros toman, y luego tú vuelves otra vez, no desde una corrección, sino desde un juego a veces contaminante que hace que aquello se genere como un cuerpo mucho más potente.

MVJ   Pero no todo es color de rosa. Hay que hablar de la parte oscura, de la que no queremos hablar. Muchas veces en estos encuentros se producen conflictos con respecto a la noción de individualidad y de autoría. Parte del éxito subyace no solo en el nivel de lo que cada uno aporta, sino cómo se resuelven esos conflictos en la colaboración.

MS   Esa contaminación y esos conflictos me interesan. Recuerdo que en un momento os pregunté: «¿De verdad queréis trabajar con un “arquitecto estrella”?». «Vais a tener que respetar una autoría que va a venir». Cuando tomaba las notas hace meses, registré una frase muy oportuna de Hannah Black, que es la del *connective layering*. Sería como una conectividad en capas, que son las que precisamente permean y conforman un sistema de pieles contaminadas y en contacto que permiten que las cosas se produzcan, como un roce. Lo que más me interesa de esto es que esa forma de trabajo también se traduzca al espacio de exposición. Que el cuerpo del público vaya a vivir eso mismo.

ÁP   Creo que el equipo de estudio Herreros: Juan, Jens, Carlos no son diseñadores de la exposición, son arquitectos. Pensamos en ellos porque ya los conocíamos y porque es un proyecto de arquitectura con relación al hecho expositivo, a la institución, al Estado, a la arquitectura donde se exhiben cosas que la arquitectura estatal esconde. Es decir, que para ellos también es hablar de arquitectura desde otro lugar. Cada uno es lo que es en el proyecto, sin maquillaje ni diseño.

MVJ   Lo más interesante es que lo que cada uno es y ha aportado se funde en un solo objeto, que es la instalación: la obra.

MS   Institucionalmente hablando, ¿pensáis en un algún efecto, no solo en este, sino en el otro museo?

ÁP   ¿En el Museo del Prado, en el Salón de Reinos? Lo he pensado bastante.

MVJ   Es una pregunta muy buena, pero algo difícil y osado contestar.

ÁP   ¿El lugar de esta pieza sería la sala que está debajo del Salón de Reinos? ¿O una sala por encima? ¿Eso reactivaría la propia condición de la institución, mostrando lo que celebra y lo que desaparece? ¿O el hecho de que pudiera estar allí lo desactiva? ¿O crea una lectura transversal?

MVJ   Si en España tuviéramos un nivel intelectual, a nivel institucional, con una formación y una conciencia humanista del saber en el sentido más profundamente francés de la palabra, esa pieza sería parte del «nuevo-viejo» Salón de Reinos como una instalación permanente.

MS   Para mí es fascinante que el desplazamiento, el *restaging* de este Salón de Reinos ocurra en un sitio que todo el mundo sabe que no es ese espacio y que a la vez lo contamina brutalmente, ya que por medio de la intervención volverá a ser un edificio, como lo que era en origen. Pero, además, las fotos del lugar emperifollado y disfrazado para un evento, en cierto modo, para mí recogen la posibilidad de que hubiera podido ocurrir aquí.

ÁP   La distancia permite precisamente la posibilidad de crítica.

MVJ   Por eso tiene sentido que esto se produzca en un espacio como el Museo CA2M. Pero entendiendo a la institución como esta entidad conservadora que se apropia de los discursos, llevarlo a un espacio de una distancia en el que se va a producir la experiencia de ese objeto cultural, y el Prado podría llegar a decir: «No, eso no les pertenece a ellos, es nuestro».

ÁP   Ese es el problema de la asimilación.

MVJ   El de asumir o no la contradicción.

MS   ¿Sois conscientes de que en el momento que inauguremos ya se va a llamar museo centro de arte?

MVJ   Sí, claro, pero yo también te doy una primicia. *Espejo y Reino* es una pieza única, es decir, que no va a haber dos.

MS   Regresando a la idea de producción que son estas piezas de Ocaña 1. Ya no hablo de la decoración del Salón de Reinos en sí, sino de esa idea de decoración que historizas a través de cómo ese mobiliario va estructurado en cadenas de producción que, evidentemente, van ligadas y cómo nace esa forma decorativa. Es una de las cosas que cambió todo el proyecto.

ÁP   Bueno, es de producción y de cómo lo que producimos nos cultiva. En este caso, estos muebles provienen de unos talleres del centro penitenciario de Ocaña 1, que nacen a finales del siglo XIX. José Cadalso, que es un penitenciario, es el primer reformista en España, hace viajes a Estados Unidos, entiende que la prisión se tiene que convertir en un reformatorio para reeducar, para reinsertar a la persona que está presa, para que vuelva a la sociedad con una profesión, y que la sociedad lo acepte. Entonces, se crean estos talleres de ebanistería, zapatería, incluso de bellas artes. Estamos hablando de principios del siglo XX. Curiosamente, muchos muebles de este estilo remordimiento español se hacen allí, en este centro. Cuando la dictadura franquista construye un edificio que simboliza el Estado, no mira a los arquitectos contemporáneos, porque muchos se han exiliado de España. Entonces acude a figuras como Villanueva o Herrera. Se quedan con Herrera, que era ingeniero militar. Se mira a ese pasado heroico y a la idea de construir un país a través de pilares culturales que den una idea de unidad. Se mira en unos estilos que habían existido en los veinte y que promueven la idea del *revival* español. Con Franco todo esto se incrementa hasta el punto de que muchos encargos son para instituciones, para militares y notarios, abogados, etc. En el contexto del centro penitenciario de Ocaña, quienes los hacen son presos que seguramente cobran nada o poco por este trabajo, pero además tienen que labrar esta heroicidad ejemplarizante que los convierte casi en esclavos de estos señores feudales, de estos conquistadores labrados.

MS   Una cosa que produce la naturalidad de esta estética del régimen.

ÁP   La reeducación impuesta desde el trabajo y el estilo. Una especie de reeducación a través del ornamento. Lo ornamental es cultural y sirve para reeducar, o reformar. En ese sentido, lo ornamental es político, depende de los fines con los que se haga. Fruto de la casualidad, aparece una microescultura, también labrada en madera, que es una pitillera para cerillas y para cigarrillos, hecha por el alcalde republicano de Manzanares el Real, que acabó preso en Ocaña en el año 40. Como preso, fabrica esos muebles y, en el ámbito privado de la celda, compartida en principio con Miguel Hernández, elabora esta pitillera que lleva sus iniciales y el nombre de Ocaña. Tenemos la macroescultura ornamental de estas escribanías y de estos baúles, y de repente también el objeto personal.

MVJ   Que además está también desprovisto de ornamentación, es humilde. Ese objeto personal no busca emular el ornamento. Al contrario, es la respuesta, en forma de desnudez ante el ornamento como funcionalidad pura. De una manera quizá inconsciente se adscribe a los principios de Loos sobre la ausencia absoluta del ornamento, porque el ornamento se sufre como imposición.

MS   Bueno, y como un trabajo manual, evidentemente.

MVJ   También la autoridad que le obliga a hacerlo. Y la única manera de poder manifestar rechazo es haciendo estéticamente lo opuesto, es como tu manera de rebeldía porque no puedes hablar, no te puedes quejar.

ÁP   Lo hace en el ascetismo de la celda, también como *un chant d'amour.*

MS   Mi última pregunta también tiene que ver con lo formal. Tiene que ver con la anoxia de los muebles y la preservación de sus basuras, de sus telarañas, de su polvo. Está el papel de pared y todo lo residual, que ahí se muestra del propio espacio, de toda la ruina de ese pasado. Estoy obsesionado con el tema de cómo a mediados del siglo XIX los hombres empiezan a tener miedo al espacio doméstico, porque tienen que ocuparse de él, por estas profesiones liberales en las que el hombre precisamente se trae a la mujer a casa a follar, porque vive en la buhardilla, ese escritorcillo de periódico, todos los que conocemos, un Balzac... Hay ahí un momento en el que de repente surge el miedo, porque obviamente no tiene ni puta idea de cómo funcionan las cosas del hogar. Se desata una crisis de masculinidad que se refleja en los relatos de detectives, en donde la casa es una sintomatología de un crimen, todo te puede matar. Y resulta que aquí es donde encontramos ese lugar lleno de indicios, de distintos tipos de criminalidades gubernamentales. Juan Muñoz en sus dibujos de mobiliario hablaba de crimen de lo doméstico. De repente relacionas esta domesticidad de Estado en ese mobiliario que va a acabar en una consulta, que va a ser la imagen de poder, pero también el confort de la seguridad que te da el notario o el médico.

ÁP   Esa solidez.

MS   Literalmente crédito, en este mobiliario hay un crédito bancario de fe en un régimen.

ÁP   Y de estabilidad.

MS   Pero resulta que, después, tú en la exposición haces lo contrario. Esas ausencias de cuadros que no están, esas marcas de suciedad, de humedad, de huella, de cable roto, pero a eso se añaden unos cristales que tampoco dejan verlo todo y la mierda, con perdón, que hay encima de esos materiales.

ÁP   La carcoma, la pátina de mugre. Precisamente cómo esos elementos de nuevo que reescriben las cosas desde otro lugar.

MS   Ojo, os habéis decidido por un techo. No solo para concentrar, sino para que la luz no le dé del todo. En cierto modo hay un control de...

ÁP   De la experiencia.

MS   Pero no solo la experiencia, sino de todo lo adherido.

ÁP   Para que cuando el espectador llegue todo aquello lo envuelva, una cierta casposidad.

MVJ   Tampoco queríamos que se mezclaran demasiado otras interferencias que te puedan distraer. Buscamos crear un espacio dentro del espacio porque si dejas abierto te distraes con otras cosas y te acuerdas de que estás en otro sitio.

ÁP   Ahí por ejemplo funcionan los cristales negros, transparentes o espías y los agujeros, es decir, son un poco trampas que atrapan.

MVJ   Trampas muy bien puestas que no solo sirven para resolver el tema escultórico, sino que también tienen la intención de forzarte a pensar a través de lo que ves. Estableciendo su propio régimen escópico. Determinan qué cosas son más o menos visibles y cuáles son imposibles de atravesar con la mirada. Entonces allí hay algo que tiene que ver con cuestionar y *desocultar* el dispositivo de visión. También de juego con la propia manera en la que Álvaro retrata su reflejo desnudo, que no es en el espejo, sino en el vidrio. Hay un juego con la idea de espejo, pero más etéreo porque el reflejo se atraviesa. No es el reflejo de apariencia sólida del espejo contundente que te regresa la figura de un rey vestido. Sino que aquí es un vidrio en el que hay pérdida de la corporalidad, hay pérdida de la presencia. Que te regresa el reflejo de una imagen incompleta, desnuda, desvanecida y espectral.

ÁP   Sí, es fantasmático y, de hecho, hay fotografías donde estoy reflejado, pero también hay ventanas reflejadas, que son un poco como ese rectángulo de luz de *Las meninas* que podrían articularlo todo, reflejos incrustados en los que sobrevuelan las ausencias. Uno de los vídeos comienza con una visión del Retiro desde una ventana de la biblioteca del edificio del Museo del Ejército, donde supuestamente Tejero y sus colegas articularon el golpe de Estado. Ese vidrio está sucio.

MVJ   Está mugroso.

ÁP   La visión empieza desde esa mugre que también envuelve a estos arcones. Quizá hay un techo precisamente para que esa mugre no se escape y nos acabe contaminando un poco a todos.

Art, Institution, and Criticism: Between Tension and Assimilation
A conversation between María Virginia Jaua, Álvaro Perdices, and Manuel Segade

MARÍA VIRGINIA JAUA   I will start with a short introduction to set the context. The idea behind this conversation is to address the issue of institutional critique and a recurring theme in the world of Álvaro Perdices: the relationship between the artist and the institution. We've already talked about how we will shape these topics. I think that the three of us have the opportunity, with you as the director of the institution where the project will be presented, to discuss this topic from various points of view, not opposing but complementary. Sometimes with its tensions, sometimes with its successes. From the artist's relationship with the institution and his questioning of it. Not only the institution as an entity that forms part of the State, but also the institution that supports, validates, and absorbs the artist. The institution unfolds into several entities or layers, while the artist also unfolds himself in different layers or figures: the artist, the spectator, the body, the questioning entity, and, in the end, his own image as a reflection of the citizen. We will successively create a dialogue in which we'll expose different perspectives. From there, we'll introduce other themes with respect to Álvaro's practice, in relation to both Spanish and American traditions.

ÁLVARO PERDICES   I've been thinking about this particular project and how this institutional critique or relationship emerged. I don't usually consider institutional critique from a Calvinistic sense: it emerges from a more intimate, more emotional and personal space. Because I believe that there are elements of identity in how one relates to the institution from a personal perspective. Perhaps, that's why there is an unfolding in *Mirror and Kingdom*. I personally think that working in art entails becoming a kind of animal, an intruder who, from a supposed folding and from an insinuation, accesses the institution from a previous relationship. That's to say, all the work that I completed in education when I was teaching in Los Angeles ultimately stemmed from a previous relationship. There's nothing you just happen to find—there's always previous knowledge.

MVJ   And training.

ÁP   Exactly. In *Mirror and Kingdom*'s case, I was working at the Prado and had to work on Cai Guo-Qiang's project. At the time, I went in and said, "Damn, this turns me on." And in that state, I'm interested in the possibility of disobedience, of using criticism as a space where I can enunciate disobedience—I can enunciate criticism as a space where one isn't governed. We often talk about institutional critique and where its effectiveness can be found. Does it remain in the institutions that assimilate it? It seems to me that, ultimately, the artist that works on this subject matter is a sort of mercenary who washes the institution's face. This is happening with other projects I'm working on. Sometimes, the artist might be hired to wash the institution's face. Institutional critique can be a space of disobedience, agitation—that's somehow the role that art plays. To agitate is to break a canon, a place where I begin to articulate from. A personal space that isn't necessarily heroic. I don't feel like a crusader, nor a mere cynic.

MANUEL SEGADE   As a matter of fact, this exhibition isn't a commission from the Prado. In fact, you decided to execute this project once you had finished the contractual relationship. When you approach another institution as an exhibition space, you already have a clear idea of the type of project you want to carry out and where you can find a framework. I say this not to speak of the Museo CA2M but to ascertain that a framework exists in which an institutional critique projected onto another museum can also have an effect on this one.

ÁP   Exactly.

MS   There are two things that interest me. One has to do with how, from the contemporary art institution's perspective, art is not an object but a subject. This is paramount, hence, the sense of this specific intervention. Because it's something that really functions as an institutional critique within our framework, even if it's a natural one that's historically produced. Let's say that it's determined as another genre, assuming it can happen. On the other hand, the structure also naturalizes or accepts the possible transformation or institutional critical effect it may have, if you want to call it that. Naturally, there must be movement—or a structure that is prepared for it—to be a fundamental test within contemporary art. I'm talking about direct institutional critique and its effect on the museum, subjection, as well as everything that has to do with the formal articulation of the project and what it means to Álvaro. Considering the many years of work and several collaborations that this project entailed, I'm interested precisely in that moment when the three of us started talking and stated, "This is the space where the Hall of Realms can be composed."

ÁP   Which is a cultural space.

MS   I'm referring to the physical space. I think there's something there that appertains to the institutional nature itself, especially when discussing the translation of objects and images that concern a particular space with an almost genetic specificity, with respect to the Prado's own institutional code such as the Hall of Realms.

ÁP   Yes, of course. I entered the Hall of Realms in a more conscious way in 2016. I entered and with what I found, I created material, some photographs, and videos. I entered in a particular way, with the tripod and camera as protagonists, as symbols of "I was here." The videos were shot and then edited. There was an exhibition proposal at the Casa Sin Fin Gallery, but the gallery closed in 2017, and that proposal ended there. We began to talk about how we would approach this idea and exhibition at the Museo CA2M in Móstoles. On one hand, it reactivates the idea of the museum from a different space, from an archeological space that rewrites things. So, the State writes history from its position and from its power, but in this case, this re-staging we're executing in the outskirts and outside of the court rewrites or enunciates another history. This is important because when one articulates institutional critique in proximity to the institution, there's no distance. The institution absorbs it all. I think that in this case, the reality of the distance—and of re-staging it in another context and in another building—makes this activation more evident.

MVJ   Álvaro and I began talking a long time ago, but we got closer after his work at the Prado, specifically when he worked on the commission for the Garden of Earthly Delights. I found it fascinating, with such a strong mediatic presence and so filled with conflict, that it somehow prompted me to reflect on how the artist relates to these commissions, being both an artist and working for the institution. From there, we began speaking in 2016, before the Casa Sin Fin Gallery closed. That conversation continued and we began to discuss the idea of collaborating. It was precisely at that moment when I started to consider the Hall of Realms project as a possible exhibition at the gallery, which had a completely different form, and that over time has changed radically.

ÁP   It was completely different.

MVJ   And then I said to myself: "This exhibition could take place in a larger space, which is where it would really make sense." That's when I looked for Manuel. This place, for various reasons, was an ideal ground to execute this project, and I thought: "It's good that this project is in Madrid, but outside of the courtly space." Also because of the conditions concerning flexibility and liberty with the people who run the institutions, or who can understand and can—even if the institutional critique ends up being assimilated—make it happen and make it understandable.

MS   I'm interested in the institutional framework. In the first conversation we had, you showed me materials such as the video of Charles V and the residue of the supposed tent, and I remember saying to you: "Look for the historical and genealogical affiliation. Charles V spent the night in a building that was here, the Count of Puñoenrostro's house, when he was going into his retirement in Yuste!" At some point, there was a need to establish a direct affiliation with history, and with the Prado. However, I don't see it from this perspective now. On the contrary, something that really interests me about this project is its ability to generate opaque filters with respect to other readings. Why this final formalization, or why this approach and this accumulation? Deciding that this project is unique, that it's not framed in the artist's prior works... That's not a spatial question; it's a question related to the project's decision, which also has to do with the artist's own commitment to institutional critique. I see the exercise of specificity here as generous and very interesting from a critical position.

MVJ   It didn't make sense to review other works because doing so would detract from *Mirror and Kingdom*'s power. Because this is a work that has taken so many years and so much reflection, conversation, and understanding—it's a work in which we're reconstructing a space that no longer exists, that will be re-signified, but through modern language. Then, we also teamed up with architect Juan Herreros. He's someone whose mind interests me and who has a conception of what the possibilities are concerning architecture, and who also holds a critical vision of his practice as well as a very close relationship with art and someone with whom I've been in conversation for many years. This has determined that, ultimately, the project was a powerful cultural object itself. It's an object that questions and is simultaneously proactive. I wonder how this artifact is going to be perceived as a critical object.

ÁP   I like to use the word "re-staging" when speaking of the Hall of Kingdoms. The Hall of Kingdoms became the Army Museum, a building that holds symbolic weight concerning the notion of State, which is very important in the history of this country. A building containing symbolic imagery—especially that of the paintings of battles, the equestrian portraits, and the heroic symbolism of flags from glorious victories—that was turning to dust in cabinets. All of this glory was deteriorating. We explore how painting and images can falsify a narrative. But a narrative that supports the State. How the State surrounds itself with this propaganda. It was important the idea of re-staging from a critical perspective—a place of humor, because there is humor, even if it's somewhat harsh or dry. I achieve this through archeology, by going back to the past, because it's not a project that goes toward the future, nor that whitewashes. Unlike Foster, who is going to whitewash the building.

MS   From an apparent fidelity of construction.

ÁP   So there's a deconstruction that returns to the past, searching for moments of an absence of power, of the symbolic, of the State, but also of ruin and depletion. Moments that have already passed, that somehow will disappear from history because no witness was present. The use of photography and film, as opposed to painting, is interesting and revealing. Also of appropriation; in this case, the use of furniture is also a way to rescript.

MS   There's a recovery of literal historicity. When the problem of what will be reconstructed is asynchrony.

ÁP   Exactly.

MVJ   But there's been a "witness" and, therefore, an "archive" exists.

MS   I'd like for you to talk about photography and the object itself, the material, the remake, let's say the "tree," already made and transferred to the new place as a document, as well as the photographic documents themselves. There's a very present question of language here. For some reason, you're using very deictic, concrete language devices.

ÁP   Yes, obviously there is a part here, which María Virginia Jaua and I have discussed a lot, regarding the archive. But the archive isn't placed in a cabinet. It's not a book that you can see without touching or opening.

MVJ   Because we're not interested in the "musealization" of the archive and because it's the deconstruction of the archive as a ruin, as a deconstruction itself.

ÁP   A visual archive, a work-archive that surrounds you in a very pornographic way, evidencing those historical moments when things are rewritten. Evidence that has disappeared. So, speaking of efficiency, it's interesting how the exhibition or how the book becomes a kind of residual receptacle that reactivates history, the State, the use of ornament, the very idea of the museum as a container. That change of technical means from a painting that stages the supposed political and economic power of the State to photographs, videos, or furniture that revolt against what the State wants to tell us, or against what the Prado Museum (or in this case, the Ministry of Culture) wants to present to us.

MS   They also record some absences. I mention this since you come from a generation affected by the AIDS crisis, where the relationship between language and mourning is fundamental.

ÁP   Of course, disease and stigma.

MS   And the need for representation.

MVJ   I think one of the most powerful aspects of this work is how it records the instability across the narratives of the construction of institutions. Because ultimately, what this project reconstructs is the instability of narratives and how they change and are superimposed on top of one another. There is an alleged search for stability or inherent strength of the institution or of the State. But it's false because what's registered is that weakness and the need to change. Curiously, that need to change and that instability are ultimately what can give you an idea of stability. That is the subtext of the work. While you call it "washing," it's actually the urgency to re-signify oneself, or to re-signify by re-staging oneself.

ÁP   Sure, but the institution doesn't show these parts or moments.

MVJ   It can't be shown because the institution can't show a moment of weakness or cunning in order to survive—it has to hide it. A concealment is present here, which is what makes it powerful; you're revealing what the institution (or the State) omits. It's about its own fragility, its own need to change its "face"—the masquerades of power—because if it doesn't do so, it perishes. It seeks to give the impression that it's an immovable, strong force, but it isn't—what's being revealed here is precisely what it seeks to hide. Its critical power lies in that unveiling.

ÁP   Exhibiting the ghosts.

MS   And showing that, ultimately, the institution is a body. A body of the State.

ÁP   A State body with its illnesses.

MVJ   I think that it's necessary to introduce the question of inscribing artists' work within a tradition, something that isn't typically done in Spain, which is a loss rather than a gain. Please talk about your Spanish or American background. Because this work is inscribed within a tradition of institutional critique. We're immersed, some reply to others, and some receive more from one than from others. Tell us about your American and Spanish genealogies, and how you place yourself within them.

MS   I'd also like for you to tell us a little bit about your affiliation.

ÁP   On one hand, there's the context that I grew up in. But above all, there's returning to Spain in 2012 and, curiously, starting to work at the Prado, in a space where a lot of the things I was thinking about were present—my first public work, the series of photographs of dark rooms from 1996-1997, are queer monochromes related to the black backgrounds of Baroque paintings. My working method has to do with the disobedience of the body and how the body and subject infiltrate situations, like shapeless intruders that are somewhat abject, allowing you to read through another lens. And this is linked to my training in Los Angeles with Paul McCarthy and Mike Kelley. Artists who love institutional critique, but from an outlook that's less Calvinist and much more popular, more of the body, more from other layouts, from other layers that aren't "A+B=C"—like equations.

MVJ   What do you refer to as a Calvinist, a Hans Haacke?

ÁP   Yes, indeed. Paul McCarthy is a Mormon and Mike Kelley is a Catholic.

MVJ   But there are also reminiscences of Michael Asher.

ÁP   Yes, as well. There's a part of Kelley and McCarthy's works that's intimately related to feminism in a way that hasn't been read yet. Especially because they raise the weakness of male discourse as flaccid penises in their works. That somewhat formless, abject, non-heroic place interests me because it's a personal place that allows you to speak, to wander, to construct situations, to speak of illness, of stigma, of the residual, of the inadequate, of the ridiculous. Those are things that precisely rewrite the mainstream.

MVJ   From a certain marginality.

ÁP   I like the word "uncanny," a word I can't find exactly translated in Spanish. It's that strange place where you don't know if it's a vortex that allows you to enter, leave, move... The otter is an animal I identify with because it's thin, hairy, it gets in anywhere and suddenly it dances in the frozen Duero like a ballerina, with supreme dexterity and filigree. The places where I worked with and learned from Paul and Mike, as a student and also as a collaborator, are key for me. They didn't approach their discourse from a space of entering institutions but from a more personal space, more unstable and related to tradition and rituals.

MVJ   And what about local affiliations? There's a dialogical environment that's very present here, that is clear to us. Affiliations, not only of friendship, of work that you appreciate and value, but, what I mean to say is: "If I had to look for a genealogy in a way..."

ÁP   My relationship with the Spanish context can be divided into two periods. The first period spans from the end of the eighties until 1993 when I left for Los Angeles, which were my formative years at the School of Fine Arts at the Complutense University of Madrid. Several moments were particularly significant: understanding what I didn't have to do from a formative approach; visiting the Panza Collection of Minimal Art, in what is now the Reina Sofía Museum, in which these walks insinuated my body and subject to the weight, straightness, and masculinity of the exhibited works; the Pedro G. Romero exhibition at the Fúcares Gallery that exhibited collages on cardboard and small model-monuments of slides, alongside precarious images, falling apart, impregnated with dripping Alkyl. These experiences exuded another kind of behavior from a non-normative space, opening the possibility toward the informal. A place on the edges, seductive and fascinating. The second period started with my return to Madrid at the end of 2012. There were three elements or occasions: when I exhibited at the EACC, which embodied the entirety of the building, both its functions as well as those of the employees; my friendship and working relationship with Julián Rodríguez Marcos, who became an interlocutor; and finally, my career at the Prado Museum, where I worked as an exhibitions coordinator and courier, as well as on some curatorial and educational projects. These works were the perfect excuse to develop a sort of artistic residency within the museum, which generated various projects, such as the filming of *NEGRO y Luz*, and especially *Mirror and Kingdom / Ornament and State*. They also re-situated my approach and tools with a specific language and tradition, and an understanding of the canon and its possible breaks, or how a certain radicalism that you pursue you sometimes find in a place that doesn't coincide with your time. There have also been multiple conversations with the painter and friend of mine, Jorge Diezma, that have strengthened my interests and have resulted in numerous collaborations between the two of us.

MS   I'm interested in talking about your approach. María Virginia talked about the complicity needed to produce a project that tackles the institutional critique. Obviously, the institution has to participate and accept that critical action. Whereas you, Álvaro, talked about architects, I would also like to talk about affinities, about the curator and the artist. There's a precision within the work, or a precision within the affinities, and simultaneously, there's an affective relationship that simplifies it. But, I'm interested in where precision touches affection.

MVJ   It comes naturally because things arise from having a conversation, from a dialogue, from an interlocution that somehow crosses paths with Julián at Casa Sin Fin Gallery and at the Periférica publishing house. Ultimately, an encounter occurs with people with whom you've chosen to establish an exchange. Following this, projects are born and built. In this case, from there we began to work in an organic manner and it has happened very naturally. It started as a conversation because I was interested in his mind, and I imagined that he would also be interested in mine. Then we said: "Ah, well, here's a project, there's something we can 'write' together, so let's think about with whom we can make it a reality." We decided to go with you. And you said, from your institutional position: "Yes, I believe it's feasible." But, your position as a director is based on your subjectivity, your trajectory as a curator.

MS   In other dialogues that are interlinked.

MVJ   Exactly, you're working within a field but are also open to crossing this field with other lines of work. It so happens that you are also another interlocutor who joins the conversation, from your own space.

ÁP   From a completely practical and hedonistic perspective, there comes a time when I say to myself: "Working alone in my studio is really a pain in the ass." So, the important thing is not only my personal voice, but that work is a set of opinions that are amalgamated and perfected in an increasingly accurate way. Work becomes richer and more fun. We have had a lot of fun in these conversations, in these meetings. The objective is not a name, but the work.

MVJ   Perhaps what fascinates me the most, or what initially motivates me to collaborate with others, is that it allows me to think about questions that I hadn't considered alone, through writing or in an individual project.

ÁP   Yes, but something else also happens too, María Virginia, and that is that you allow the other person to get inside of you and you, in turn, respond. That's what happened in this project: you released information, concepts, and images that others took and then you returned, not from a correction, but from a sometimes contaminated game that makes what's generated a much more powerful body.

MVJ   But not everything is rosy. We should talk about the dark side, something we don't want to talk about. In these meetings, there are often conflicts concerning the notion of individuality and authorship. Part of the success hinges not only on what each one contributes but on how those conflicts are resolved in the collaboration.

MS   That contamination and those conflicts interest me. I remember at one point asking you both, "Do you really want to work with a 'starchitect'? You're going to have to respect a degree of authorship that will follow." When I was taking notes months ago, I recorded a very timely phrase from Hannah Black: "connective layering." It would be like connectivity in layers, which are precisely those that permeate and form a system of contaminated skins in contact, allowing things to happen like friction. What interests me most about this approach is also translated in the exhibition space—that the viewer's body will experience the same essence.

ÁP   I think the estudioHerreros team—Juan, Jens, and Carlos—are not exhibition designers; they're architects. We thought of them because we already knew them, and because it's an architectural project relating to the exhibition, the institution, the State, as well as to the architecture that exhibits what the State's architecture hides. In other words, for them, it's also about discussing architecture from elsewhere. Each thing is what it is in the project, without makeup or design.

MVJ   The most interesting part is that every single person's contributions have merged into a single object, which is the installation: the artwork.

MS   Institutionally speaking, are you thinking of a particular effect, not only in this museum but in the other one?

ÁP   In the Prado Museum, in the Hall of Realms? I've given it a lot of thought.

MVJ   It's a very good question, but a difficult and daring one to answer.

ÁP   Would the place for this piece be the room below the Hall of Realms? Or the room above it? Would that reactivate the very condition of the institution, exhibiting what it celebrates and what disappears? Or does the fact that it could be there deactivate it? Or does it create a transversal reading?

MVJ   If we had an intellectual level at the institutional level in Spain, with a humanist training and awareness of knowledge, in the most profoundly French sense of the word, that piece would be part of the "new-old" Hall of Realms as a permanent installation.

MS   Personally, I find it fascinating that the displacement, the re-staging of the Hall of Realms, occurs in a place that everyone knows isn't the original space but brutally contaminates it anyway, since through the intervention it becomes a building again, as it initially was. But, in addition, the photos of the place dolled up and disguised for an event in a certain way, for me, capture the possibility that it could have happened here.

ÁP   The distance precisely allows for the possibility of criticism.

MVJ   That's why it's reasonable for this to take place in a space like the Museo CA2M. But—understanding the institution as a conservative entity that appropriates discourses—taking them to a distant space where the experience of that cultural object is going to be produced, the Prado could say: "No, that doesn't belong to them, it's ours."

ÁP   That's the problem of assimilation.

MVJ   Whether or not to assume the contradiction.

MS   Are you both aware that when we inaugurate the exhibition the museum will be called the Museo Centro de Arte Dos de Mayo?

MVJ   Yes, of course, but I'll share the scoop with you. *Mirror and Kingdom* is a unique piece; that's to say, there won't be two.

MS   Going back to the idea of production which is the pieces from Ocaña I. I'm not talking about the decoration of the Hall of Realms itself, but about that idea of decoration that you historicize through the furniture, how it's structured in production chains that are obviously linked, and how that decorative form is born. This is one of the things that changed the whole project.

ÁP   Well, it's about production and how what we produce cultivates us. In this case, this furniture derives from some of the Ocaña I penitentiary center's workshops, which were initiated at the end of the 19th century. José Cadalso, a penitentiary, was the first reformer in Spain—he traveled to the United States and understood that prisons had to become a reformatory to re-educate, to reintegrate the person who was imprisoned, so that they could return to society with a profession and that society would accept them. So, these cabinetmaking, shoemaking, and even fine art workshops were created. We're specifically talking about the beginning of the 20th century. Curiously, many pieces of the Spanish *remordimiento*-style furniture were produced there, in this penitentiary center. When the Franco dictatorship constructed a building to symbolize the State, they didn't look for contemporary architects because many had been exiled from Spain. So, they turned to historical figures like Villanueva or Herrera. They got stuck with Herrera, who was a military engineer. They turned to that heroic past and to the idea of building a country through cultural pillars that gave a sense of unity. They looked at styles that had existed in the twenties that had promoted the idea of the Spanish revival. With Franco, all of this increased to the point that many commissions were for institutions, the military, notary publics, lawyers, etc. In the case of the penitentiary center of Ocaña, the prisoners were the ones that worked, receiving little to nothing, but they also had to carve this exemplary heroism that converted them to almost-slaves of these feudal lords, of these cultivated conquerors.

MS   One thing that produces the naturalness of this regime's aesthetic.

ÁP   The re-education imposed from work and style. A kind of re-education through ornamentation. Ornament becomes cultural and serves to re-educate or reform. In that sense, ornament is political, depending on the purposes for which it's used. Consequently and by chance, a micro-sculpture, also carved out of wood, appeared; they were two cigarette cases holding matches and cigarettes made by Casimiro Morcillo, the Republican mayor of Manzanares el Real, who was imprisoned in Ocaña in 1940. As a prisoner, he built this furniture, and in the private sphere of his cell that he shared with the poet Miguel Hernández, he made this cigarette case, on which his initials and "Ocaña" are inscribed. We had the ornamental macro-sculpture of these writing desks and trunks, and suddenly, the personal object as well.

MVJ   Which is also devoid of ornamentation—it's humble. This personal object doesn't seek to emulate the ornament. On the contrary, it's the answer, in the form of nudity, to ornamentation as pure functionality. In perhaps an unconscious way, you adhere to Loos's principles on the absolute absence of ornament, because the ornament is suffered as an imposition.

MS   Well, and as manual labor, obviously.

MVJ   And the authority that forces him to do it. And the only way you can express rejection is by aesthetically doing the opposite—it's like your way of rebelling because you can't speak or complain.

ÁP   He does it in the cell's asceticism as a *chant d'amour*.

MS   My last question also has to do with formality. It also concerns the anoxia of the furniture and the preservation of its garbage, its cobwebs, its dust. The wallpaper and all the residual—which are shown from the space itself, from all the ruin of that past—are also present. I'm obsessed with the theme of how men began to fear the domestic space in the mid-nineteenth century because it concerned them, due to these liberal professions in which the man brought the woman home to have sex with because he lived in the attic, that little newspaper writer, everyone we know, a Balzac... That's the moment when fear suddenly arises because he obviously has no fucking idea how things work at home. A masculinity crisis is unleashed and reflected in detective stories, where the house is a symptom of a crime and everything can kill you. And it turns out, this is the place where we find many clues on different types of governmental criminality. In his furniture drawings, Juan Muñoz talks about domestic crime. Suddenly, one can relate the State's domesticity with the furniture that will end up in an office, acting not only as the image or space of power, but also as the comfort of the security that the notary or the doctor gives you.

ÁP   That solidity.

MS   Literally credit: in this furniture, there's a bank credit consisting of faith in a regime.

ÁP   And of stability.

MS   But later on, the opposite is executed in the exhibition. The absence of paintings, those marks of dirt, humidity, footprints, broken cables... But to them, they add some glass panes that don't allow you to see everything, not even the crap, excuse me, that's on top of those materials.

ÁP   The woodworm, the patina of dirt. Precisely how those new elements rewrite things from another place.

MS   Watch out... You opted for a roof. Not only for concentration, but so that light doesn't affect it at all. In a way, there's a control of...

ÁP   ...Of the experience.

MS   But not only of the experience, but of everything surrounding it.

ÁP   So that when viewers arrive, everything encapsulates them: a certain temperature, a certain tawdriness.

MVJ   We didn't want other distractions to interfere. We sought to create a space within the space because if you leave it open, you get distracted and remember that you're elsewhere.

ÁP   Here, for example, the black or transparent crystals or the holes and spies, work like traps.

MVJ   Very well-placed traps that not only serve to resolve the sculptural theme but are also intended to force you to think through what you see, establishing your own scopic regime. They determine which things are more or less visible and which are impossible to look through. So, there's something there that has to do with questioning and unhiding the vision's device. There's also a game with the very way that Álvaro portrays his naked reflection—not through the mirror, but through the glass. There's a game with the idea of the mirror, but in a more ethereal way, because it's reflected. It's not the solid-looking reflection through the blunt mirror that returns the figure of a dressed king. Here, it's a glass where there's a loss of corporeality, a loss of presence. It gives you back the reflection of an incomplete, naked, faded, and spectral image.

ÁP   Yes, it is ghostly, and in fact, there are photographs where I'm reflected, but there are also windows that are reflected resembling that rectangular light in *Las meninas* that could articulate everything, embedded reflections where absences fly over. One of the videos begins with a view of the Retiro from a library window at the Army Museum, where Colonel Tejero and his colleagues supposedly staged the *coup d'état*. That glass is dirty.

MVJ   It's filthy.

ÁP   The vision begins from that filth surrounding these chests. Perhaps, there's a roof so that this dirt doesn't escape and ends up contaminating us all a little bit.

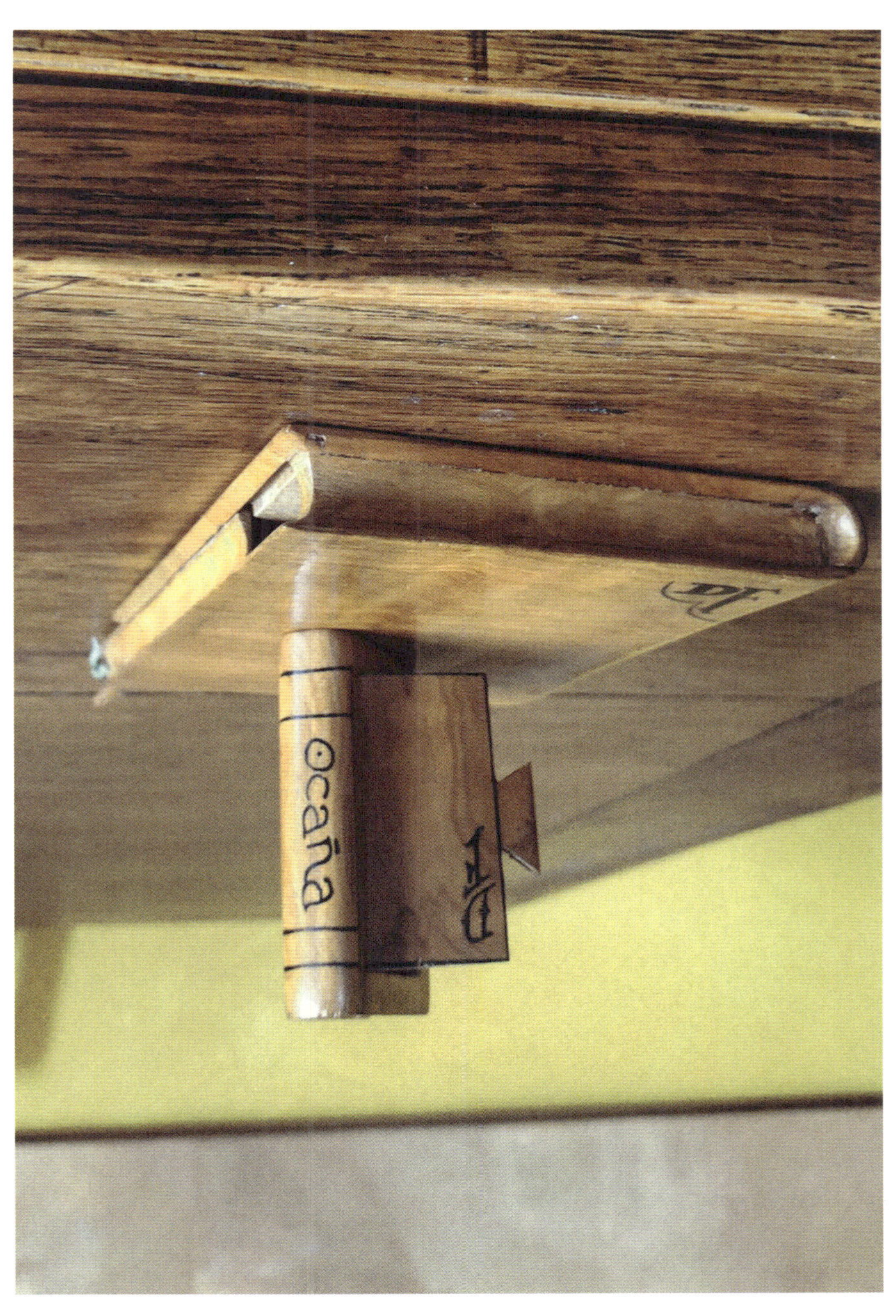

ocaña

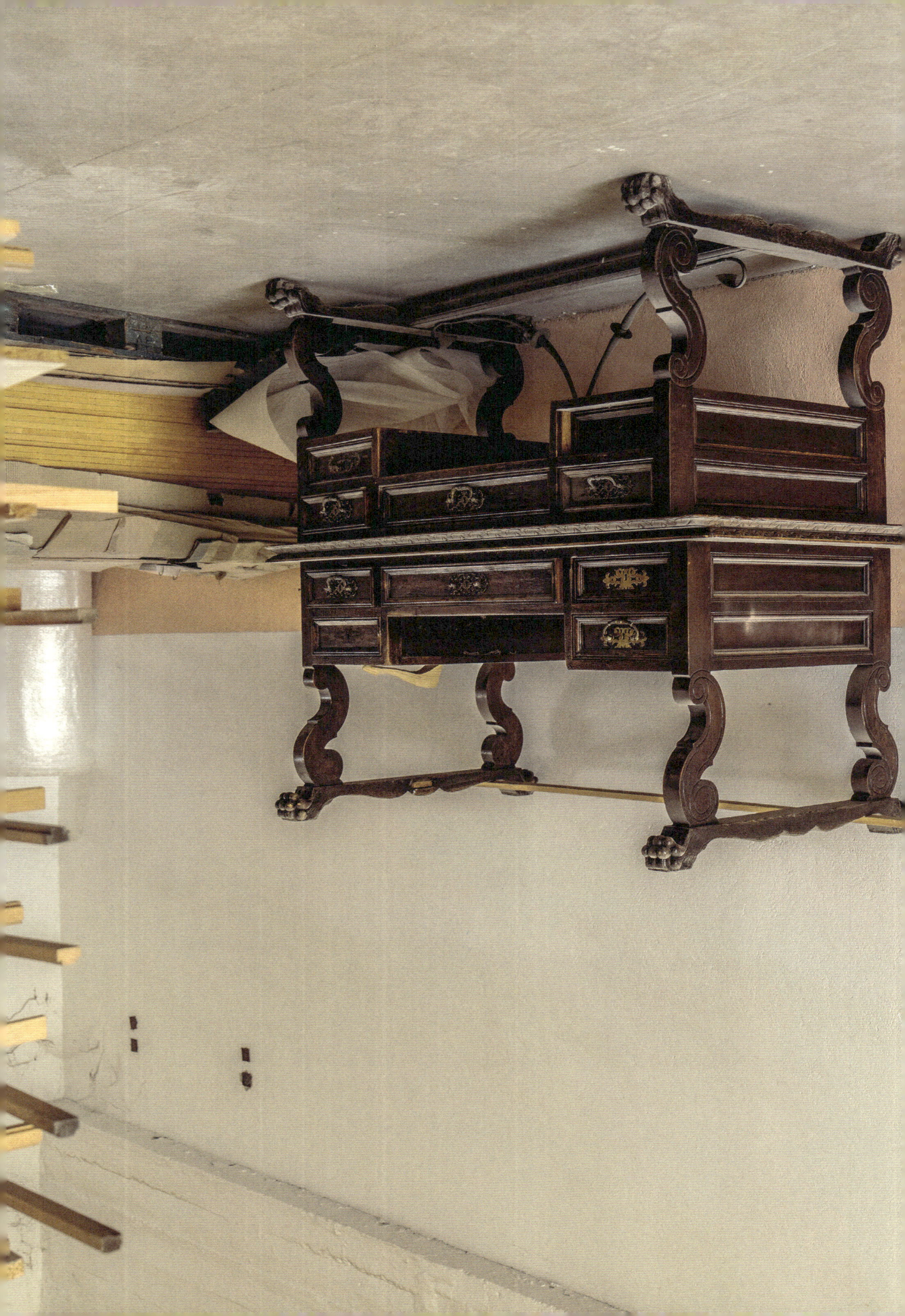

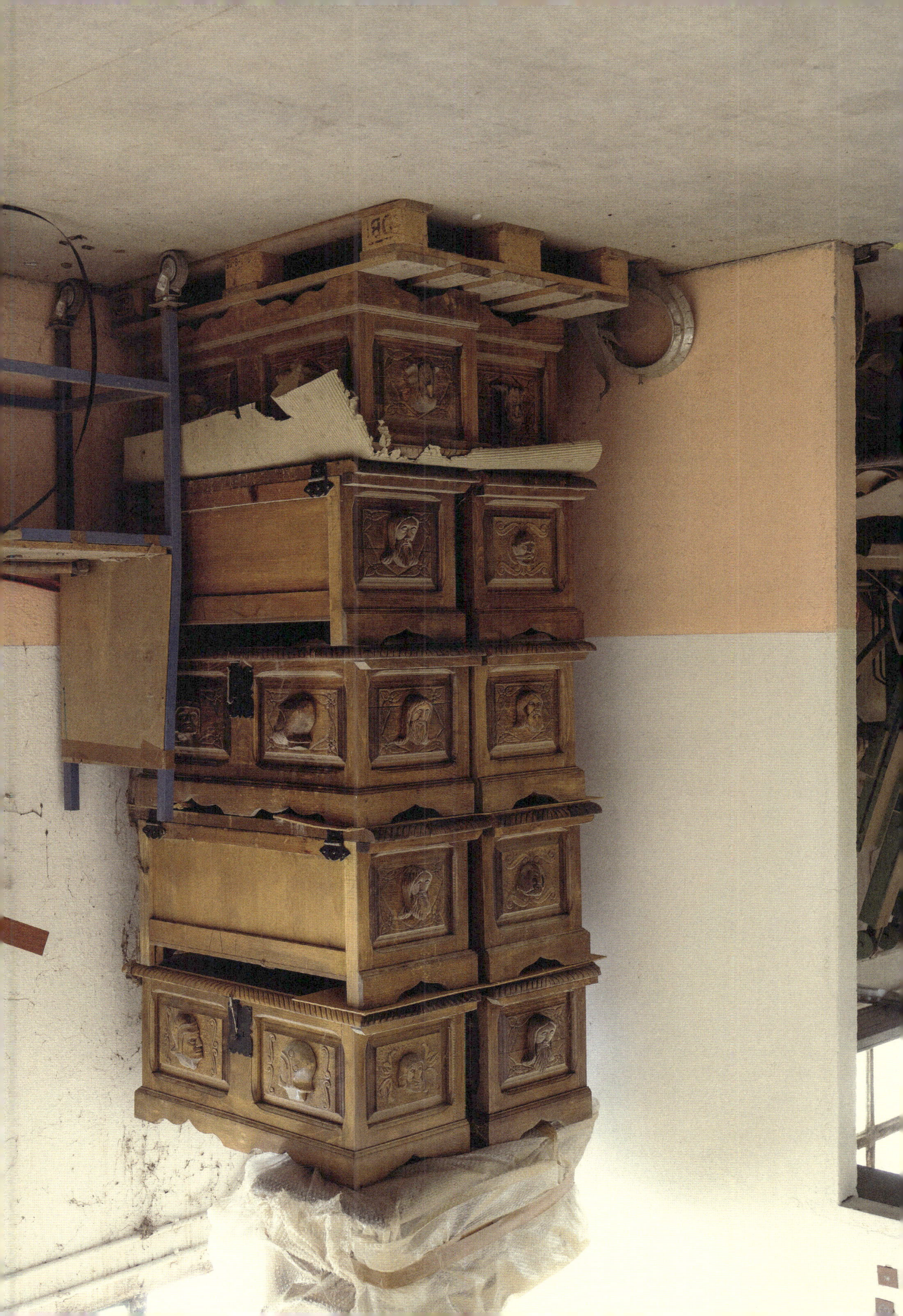

Listado de imágenes

1   Ventana del rellano. Escalera Real.
2   Escudo en Escalera Real.
3   Escudo en torre oeste.
4   Escalera Real (vídeo *still*).
5   Huella de escudo en torre oeste.
6   Horadado en sala aledaña a Sala de Artillería.
7   Balcón 1 en Salón de Reinos.
8   Areca, bambú y Aralia *Schefflera arboricola* con iluminación en rojo. Salón del Cuerpo de Guardia. IMG_6896. 23 de octubre de 2017. 13:29. Canon G12.
9   Balcón 2 en Salón de Reinos.
10 Reflejo 1 en vitrina. Sala adyacente sur del Salón de Reinos.
11 Reflejo 2 en vitrina. Sala adyacente sur del Salón de Reinos.
12 Corredor en oficinas.
13 Corredor de despachos.
14 Detalle en despacho 1.
15 Detalle en despacho 2.
16 Detalle en despacho 3 (dos balaustradas).
17 Salón de Reinos. IMG_6892. 23 de octubre de 2017. 13:33. Canon G12.
18 Reflejo 3 en Sala de Armas o Salón Coloma.
19 Reflejo 4 en Sala de Armas o Salón Coloma.
20 Fluorescente 1. Sala principal de Ingenieros.
21 Detalle corredor y despacho 4.
22 Despacho adyacente a la Sala de Artillería zona oeste.
23 Reflejo 5 en vitrina. Sala adyacente sur del Salón de Reinos.
24 Reflejo 6 en vitrina. Sala adyacente sur del Salón de Reinos.
25 Salón de Laureados. Estrado, columna y ventana.
26 Salón del Cuerpo de Guardia con cortinajes e iluminación en rojo. IMG_6859. 23 de octubre de 2017. 13:21. Canon G12.
27 Salón de Laureados. Columna y bombilla.
28 Salón de Laureados. Estrado.
29 Salón de Laureados. Laminado y relieves.
30 Detalle en despacho 5.
31 Detalle en despacho 6.
32 Sala adyacente a Sala de Artillería.
33 Detalle en despacho 7.
34 Relieve en zaguán entrada principal.
35 Cómoda y arreglo vegetal de bambú y aralia *Schefflera arboricola*. Antesala de la Sala del Cuerpo de Guardia. IMG_6847. 23 de octubre de 2017. 13:23. Canon G12.
36 Artesonado del techo de la Escalera Real.
37 Detalle en despacho 8.
38 Peana sin cañón. Zaguán en entrada principal.

39 Reflejo 7 en vitrina. Sala adyacente sur al Salón de Reinos.

40 Reflejo 8 en vitrina. Sala adyacente sur al Salón de Reinos.

41 Detalle baño de despacho 9.

42 Atlante invertido/durmiente. Sala de Artillería.

43 Cantina privada. Sala de Artillería.

44 Sala del Cuerpo de Guardia en rojo con arreglo vegetal de bambú y aralia *Schefflera arboricola*. IMG_6890. 23 de octubre de 2017. 13:27. Canon G12.

45 Sala de acceso a biblioteca con paloma.

46 Detalle en despacho 10.

47 Luz y ventana del Salón de Laureados.

48 Despacho y restos documentales.

49 Almacén adjunto a la Sala de Artillería.

50 Ventana en sala adjunta sur al Salón de Reinos.

51 Reflejo 9 en vitrina. Sala adyacente sur al Salón de Reinos.

52 Detalle en despacho 11.

53 Arreglo vegetal con bambú, areca, papiro, aralia *Schefflera arboricola* y vela con iluminación en rojo. Ventana del rellano. Escalera Real. IMG_6904. 23 de octubre de 2017. 13:32. Canon G12.

54 Detalle en despacho 12.

55 Fluorescente 2. Sala principal de Ingenieros.

56 Pared con marcas de obras. Sala adyacente a la biblioteca.

57 Bar.

58 Antesala del despacho de Homicidios.

59 Reflejo 10 en vitrina. Sala de Armas o Salón Coloma.

60 Sala de Carlos V.

61 Residuo de la tienda Imperial 1. Sala de Carlos V.

62 Escalera Real con iluminación, cortinaje en rojo y arreglo vegetal de bambú. IMG_6863. 23 de octubre de 2017. 13:35. Canon G12.

63 Residuo de la tienda Imperial 2. Sala de Carlos V.

64 Relieve de escayola en el rellano de la Escalera Real.

65 Pintura de batalla en el techo de la Sala de Ingenieros.

66 Cartela de Brasil. Techo de la Sala de la Independencia (vídeo *still*).

67 Cartela de México. Techo de la Sala de la Independencia (vídeo *still*).

68 Cartela de Venezuela. Techo de la Sala de la Independencia (vídeo *still*).

69 Cartela de Paraguay. Techo de la Sala de la Independencia (vídeo *still*).

70 Ventana en la antesala del Salón de Laureados.

71 Cortinaje e iluminación en rojo. Acceso al Salón de Reinos. IMG_6917. 23 de octubre de 2017. 13:41. Canon G12.

72 Bar. Sala de Artillería.

73 Sala de acceso a la biblioteca.

74 Biblioteca.

75 Sala Árabe 1. Salón de Reinos.

76 Sala Árabe 2. Salón de Reinos.

77 Sala Árabe 3. Entrada desde el Salón de Reinos (vídeo *still*).

78 Reflejo 11 en vitrina. Sala adyacente sur al Salón de Reinos.

79 (p. 5) Mueble del despacho de la Dirección, *pothos* y retrato del rey. Centro penitenciario Ocaña I.

80 (p. 107) Tabaquera y pitillera de Daniel Frutos Morcillo. Cárcel de Ocaña, 1940, colección particular.

81 (p. 108) Tótem mesas. Centro penitenciario Ocaña I.

82 (p. 109) Tótem de arcones. Centro penitenciario Ocaña I.

List of Images

1   Landing window. Royal Staircase.
2   Shield in the Royal Staircase.
3   Shield in the west tower.
4   Royal Staircase (still video).
5   Footprint of shield in the west tower.
6   Perforation in room adjacent to the Artillery Room.
7   Balcony 1 in the Hall of Realms.
8   Areca, bamboo, and *Schefflera arboricola* with red lighting. Hall of the Guard Corps. IMG_6896. October 23, 2017. 13:29. Canon G12.
9   Balcony 2 in the Hall of Realms.
10 Reflection 1 in cabinet. Adjacent room south of the Hall of Realms.
11 Reflection 2 in cabinet. Adjacent room south of the Hall of Realms.
12 Corridor in offices.
13 Office corridor.
14 Detail in office 1.
15 Detail in office 2.
16 Detail in office 3 (two balustrades).
17 Hall of Realms. IMG_6892. October 23, 2017. 13:33. Canon G12.
18 Reflection 3 in the Hall of Weapons or Coloma Hall.
19 Reflection 4 in the Hall of Weapons or Coloma Hall.
20 Fluorescent 1. Main Hall of Engineers.
21 Detail of corridor and office 4.
22 Adjacent office to the Artillery Room in west zone.
23 Reflection 5 in cabinet. Adjacent room south of the Hall of Realms.
24 Reflection 6 in cabinet. Adjacent room south of the Hall of Realms.
25 Hall of Laureates. Stage, column, and window.
26 Hall of the Guard Corps with curtains and red lighting. IMG_6859. October 23, 2017. 13:21. Canon G12.
27 Hall of Laureates. Column and light bulb.
28 Hall of Laureates. Stage.
29 Hall of Laureates. Laminate and reliefs.
30 Detail in office 5.
31 Detail in office 6.
32 Adjacent room to the Artillery Room.
33 Detail in office 7.
34 Relief in main entrance hallway.
35 Chest of drawers and bamboo and *Schefflera arboricola* plant arrangement. Anteroom of the Hall of the Guard Corps. IMG_6847. October 23, 2017. 13:23. Canon G12.
36 Coffered ceiling of the Royal Staircase.

37   Detail in office 8.
38   Pedestal without cannon. Main entrance hallway.
39   Reflection 7 in cabinet. Adjacent room south of the Hall of Realms.
40   Reflection 8 in cabinet. Adjacent room south of the Hall of Realms.
41   Detail of office 9 bathroom.
42   Inverted/sleeping Atlas. Artillery Room.
43   Private canteen. Artillery Room.
44   Hall of the Guard Corps in red with bamboo and *Schefflera arboricola* plant arrangement. IMG_6890. October 23, 2017. 13:27. Canon G12.
45   Library access room with dove.
46   Detail in office 10.
47   Light and window of the Hall of Laureates.
48   Office and remains of documents.
49   Storage room attached to the Artillery Room.
50   Window in attached room south of the Hall of Realms.
51   Reflection 9 in cabinet. Adjacent room south of the Hall of Realms.
52   Detail in office 11.
53   Bamboo, areca, papyrus, and *Schefflera arboricola* plant arrangement with candle and red lighting. Landing window. Royal Staircase. IMG_6904. October 23, 2017. 13:32. Canon G12.
54   Detail in office 12.
55   Fluorescent 2. Main Hall of Engineers.
56   Wall with marks from the works. Room adjacent to the library.
57   Bar.
58   Anteroom of the Homicide Office.
59   Reflection 10 in cabinet. Hall of Weapons or Coloma Hall.
60   Carlos V Room.
61   Residue of Imperial Tent 1.
62   Royal Staircase with lighting, red drapery, and bamboo plant arrangement. IMG_6863. October 23, 2017. 13:35. Canon G12.
63   Residue of Imperial Tent 2. Carlos V Room.
64   Plaster relief on landing of the Royal Staircase.
65   Battle painting on ceiling of the Hall of Engineers.
66   Cartouche of Brazil. Ceiling of the Hall of Independence (still video).
67   Cartouche of Mexico. Ceiling of the Hall of Independence (still video).
68   Cartouche of Venezuela. Ceiling of the Hall of Independence (still video).
69   Cartouche of Paraguay. Ceiling of the Hall of Independence (still video).
70   Window in the anteroom of the Hall of Laureates.
71   Red drapery and lighting. Access to the Hall of Realms. IMG_6917. October 23, 2017. 13:41. Canon G12.
72   Bar. Artillery Room.
73   Library access room.
74   Library.
75   Arabian Hall 1. Hall of Realms.
76   Arabian Hall 2. Hall of Realms.
77   Arabian Hall 3. Entrance from the Hall of Realms (still video).
78   Reflection 11 in cabinet. Adjacent room south of the Hall of Realms.

79   (page 5) Furniture in the director's office, *pothos,* and the portrait of the King. Ocaña I Penitentiary Center.
80   (page 107) Tobacco and cigarette case by Daniel Frutos Morcillo. Ocaña prison, 1940, private collection.
81   (page 108) Totem of tables. Ocaña I Penitentiary Center.
82   (page 109) Totem of chests. Ocaña I Penitentiary Center.

Biografías

JUAN HERREROS es doctor arquitecto, catedrático de la ETSAM-Madrid y Full Professor de la Graduate School of Architecture, Planning and Preservation de la Universidad de Columbia en Nueva York. Además, ha enseñado en otras universidades de Europa, Estados Unidos y Latinoamérica. A través de estudio Herreros despliega, junto con su socio Jens Richter, una práctica global, multidisciplinar y comprometida que aúna actividad profesional, docente e investigadora. Su obra ha sido ampliamente premiada, publicada y expuesta nacional e internacionalmente en múltiples instituciones, que incluyen tres muestras del MoMA de Nueva York y varias Bienales de Venecia, Estambul, Latinoamérica y España. Las realizaciones de estudio Herreros en el mundo del arte incluyen el Munchmuseet de Oslo, la Colección SOLO en Madrid y remodelaciones del MALBA de Buenos Aires y del Museo Nacional Centro de Arte Reina Sofía de Madrid. También ha diseñado estudios de artistas, como el de Luis Gordillo, galerías de arte como Carreras Múgica en Bilbao e instalaciones de ferias de arte como ARCO y Gabinete en dos ocasiones cada una. En la actualidad, construye un nuevo centro de experimentación creativa para SOLO en Madrid, un barrio de la cultura con museo de arte contemporáneo en Guanajuato (México), el espacio para una colección privada de arte contemporáneo en España, y una nueva sede para el MALBA en Argentina.

Sus últimas publicaciones son la recopilación *Textos Críticos*, publicada por Ediciones Asimétricas, y las monografías *Práctica Crítica 2009-2019* y *Technology and Type*, editadas respectivamente por TC y AV Monographs. Juan Herreros posee el International Fellowship Award del Royal Institute of British Architects.

MARÍA VIRGINIA JAUA es escritora y editora. Ha desarrollado y colaborado en diversos proyectos editoriales ligados al arte, la literatura y la cultura. Ha sido editora de la revista de literaturas del mundo y exilio *Líneas de fuga* de la Casa Refugio Citlaltépetl, de la revista *Estudios Visuales* y de la revista de teoría y crítica *online Salonkritik*.

Ha colaborado con instituciones culturales y universidades públicas y privadas de Latinoamérica y España, como el Museo Centro de Arte Dos de Mayo (Museo CA2M), el Espai d'Art Contemporani de Castellón, la Fundación Jumex, la Fundación Cisneros, la Fundación Alumnos, el Instituto de Estudios Críticos, SOMA México, el Museo Universitario del Chopo, el Museo de Arte Contemporáneo de Castilla y León, el Museo Leonora Carrington, la Universidad de Málaga, la Universidad Autónoma del Estado de México, el Banco de la República de Colombia, el Centro de la Imagen de la Ciudad de México, La Virreina Centre de l'Imatge de Barcelona, entre otras, para las que ha comisariado exposiciones, concebido e impartido seminarios, talleres y conferencias sobre análisis de la imagen, historia del arte, relación entre voz, escritura e imagen, entre otros temas relacionados con una visión crítica a la producción simbólica contemporánea.

Trabaja con diversos artistas y es precisamente en el entrecruce de disciplinas en donde se centra la mayor parte de su reflexión y su trabajo. Forma parte del grupo de trabajo e investigación «Escrituras de la modernidad», de la Université Sorbonne Nouvelle, y desde 2016 produce y dirige la revista de crítica, análisis y cultura visual *Campo de relámpagos* (www.campoderelampagos.org).

Entre sus libros se encuentran la novela-ensayo *Idea de la ceniza* (Periférica, 2015), *El cristal se venga: textos, artículos e iluminaciones de José Luis Brea* (Jumex-RM Verlag, 2014), *México: ensayo de un mito* (Colección Iberdrola, 2016) y *3_ERAS* (Editorial Metales Pesados y el Museo CA2M, 2019). Este libro está basado en el guion del teórico español José Luis Brea y va acompañado de un ensayo fílmico que Jaua adapta, dirige y realiza.

MARÍA DOLORES JIMÉNEZ-BLANCO es historiadora del arte. Desde 1998 es profesora titular de Historia del Arte III (Contemporáneo) en el departamento de Historia del Arte de la Facultad de Geografía e Historia de la Universidad Complutense de Madrid. Su interés se centra fundamentalmente en el arte del siglo XX, y sus líneas de trabajo incluyen: arte y política, coleccionismo y museos, y Juan Gris y el cubismo. En 2017 es nombrada King Juan Carlos I Professor of Spanish Culture and Civilization, en la Universidad de Nueva York. Desde 2018 es directora del departamento de Historia del Arte de la Facultad de Geografía e Historia de la Universidad Complutense de Madrid. Desde 2013 es vocal del Real Patronato del Museo del Prado y miembro de su Comisión Permanente. Asimismo, forma parte de la Comisión Técnica del Centro Andaluz de Arte Contemporáneo. Entre 2020 y 2021 fue directora general de Bellas Artes.

Además de *Arte y Estado en la España del siglo XX* (Alianza, 1989), entre sus publicaciones destacan *Juan Gris* (Electa, 2000); *Spanish Art in New York* (El Viso, Amigos de la Hispanic Society, 2004, coautora, junto con Cindy Mack); *Buscadores de belleza* (Ariel, 2007 y 2010, coautora, junto con Cindy Mack); *Julio González, la nueva escultura en hierro* (Fundación Mapfre, 2007); *Juan Gris. Correspondencia y escritos* (Acantilado, 2008); *El coleccionismo de arte en España. Una aproximación desde su historia y su contexto* (Fundación Arte y Mecenazgo, 2013); *Una historia del museo en nueve conceptos* (Cátedra, 2014). En 2016 se publica el catálogo de la exposición *Campo cerrado, arte y poder en la postguerra española 1939-1953*, celebrada en el Museo Nacional Centro de Arte Reina Sofía, de la que es comisaria. En 2018 se publica *Antes, desde y después del cubismo. Picasso, Gris, Blanchard, Gargallo y González, y vuelta a Picasso*, en la editorial La Balsa de la Medusa.

MANOLO LAGUILLO es licenciado en Filosofía Pura y Filología Germánica (Universidad de Barcelona, 1975), catedrático de Fotografía en la Facultad de Bellas Artes de Barcelona desde 1996, donde previamente fue profesor de Fotografía (1980-1989) y más tarde profesor titular de Estética y Teoría del Arte (1989-1996). Entre 1986 y 1992 fue Gastdozent de Fotografía en la Hochschule für Bildende Künste (Escuela Superior de Artes Plásticas) de Braunschweig, Alemania.

Ha traducido al castellano a Walter Benjamin, Franz Hessel y Siegfried Kracauer. Es miembro electo de la Real Academia de Ciencias y Artes de Barcelona desde 2020.

Vive y trabaja en Barcelona desde 1972, y desde 1977 esta ciudad es el objeto principal de su trabajo fotográfico. Entre sus principales proyectos están: *Barcelona. Abril 2020* (2020), *Centrales nucleares* (2019-2020), *El Estrecho de Gibraltar* (2018-2019), *El Besòs* (2018), *Las provincias* (2014-2015), *Lavapiés, Madrid* (2014), *Proyecto Eixample* (2012-2013), *Sit Fast* (2012), *Seis panoramas: Barcelona, Valencia y Palma de Mallorca* (2010).

Formó parte de la Galería Casa Sin Fin de Cáceres y Madrid desde 2013 hasta su desaparición en 2017.

Ha expuesto individualmente en el MUN (Pamplona, 2021), La Virreina (Barcelona, 2020), el Museo ICO (Madrid, 2013) y el MACBA (Barcelona, 2007). Ha participado en muestras colectivas en el Museo ICO (2021), CaixaForum (Barcelona y Madrid, 2019 y 2020), La Virreina (Barcelona, 2018 y 2016), Bombas Gens Centro de Arte (Valencia, 2018), MUSAC (León, 2017), MNCARS (2021, 2016 y 2015) y MACBA (2016 y 2008). Su obra forma parte de las principales colecciones públicas y privadas de España.

ÁLVARO PERDICES es artista. Durante casi veinte años vivió en Los Ángeles. Tras licenciarse en Bellas Artes en la Universidad Complutense de Madrid, realizó un Master of Arts en la Universidad Estatal de California (CSU) y un Master of Fine Arts en la Universidad de California (UCLA). En 2011 volvió a instalarse en España y presentó una amplia exposición de su trabajo en el Espai d'Art Contemporani de Castellón, así como en la Galería Casa Sin Fin de Cáceres.

Fue coordinador de exposiciones en el Museo del Prado de Madrid. Su trabajo artístico ha estado vinculado con instituciones del ámbito educativo o museístico. Su trayectoria profesional abarca la docencia en escuelas de arte europeas y norteamericanas, así como el comisariado en distintas instituciones como el Museo del Prado, el Museo de Teruel, la Galería Soledad Lorenzo y Los Angeles Center for Photographic Studies, entre otras.

Ha expuesto su obra en muestras individuales en La Casa Encendida de Madrid, Sin Duda Exhibitions de Los Ángeles, las galerías Espacio Mínimo y Marta Cervera de Madrid, y la Galería Casa Sin Fin de Cáceres y Madrid; y, de forma colectiva, en Kathryn Brennan Gallery de Los Ángeles, The Luggage Store Gallery de San Francisco, el Instituto Cervantes de Miami, el Mohamed Mahmoud Kahlil Museum de El Cairo, Unit 11 de Los Ángeles, el Yerba Buena Center for the Arts de San Francisco, el Centro de Arte de Salamanca, la Fundación Marcelino Botín de Santander, el Círculo de Bellas Artes de Madrid, el Museo d'Arte Provincia de Nuoro (Cerdeña) y el Giardino di Trieste.

Su último trabajo en vídeo, *NEGRO y Luz* se proyectó en el Museo Nacional del Prado, en el Museo de Bellas Artes de Bilbao y en la National Gallery de Londres.

MANUEL SEGADE es licenciado en Historia del Arte por la Universidad de Santiago de Compostela. Su investigación predoctoral se centró en la revisión de la teatralidad y las estructuras lingüísticas alegóricas en la escultura de la década de los ochenta a través de la obra de Juan Muñoz. Desde 1998 trabaja en fragmentos de una historia cultural de las prácticas estéticas de finales del siglo XIX, en torno a la producción de una subjetividad somática y sexualizada, sobre lo que publicó el ensayo *Narciso fin de siglo* (Melusina, 2008).

Durante 2005 y 2006, fue coordinador de contenidos de METRÒNOM: Fundació Rafael Tous d'Art Contemporani de Barcelona. Entre 2007 y 2009 se desempeñó como comisario en el Centro Galego de Arte Contemporánea de Santiago de Compostela. A partir de 2009 retomó su trabajo como comisario independiente, realizando proyectos para la Fundació Joan Miró, La Casa Encendida, ARCO, MUSAC, Centre d'Art La Panera, Pavillon Vendôme (Francia), Kadist Art Foundation (Francia), Bienal de Cuenca (Ecuador), ArteBA (Buenos Aires), TENT (Róterdam) o el Museo Centro de Arte Dos de Mayo (Museo CA2M). Ha sido profesor de prácticas curatoriales en diferentes programas de posgrado y máster, como Honnours in Curatorship de la Michaelis University en Ciudad del Cabo (Sudáfrica) o el Programa de Estudios Independientes del MACBA, y actualmente es tutor de la École du Magasin de Grenoble (Francia). Ha comisariado el Pabellón Español de la Bienal de Venecia en 2017, con un proyecto del artista Jordi Colomer.

En sus últimos proyectos intenta ofrecer formas de acercamiento gestual al comisariado como otros modos de distribución discursiva, en formatos de pedagogía y educación y en acciones curatoriales cercanas a la performance. Actualmente reside en Madrid, donde dirige el Museo CA2M de la Comunidad de Madrid.

Biographies

JUAN HERREROS holds a Doctorate of Architecture, and is Professor at ETSAM-Madrid and Full Professor at the Columbia University Graduate School of Architecture, Planning and Preservation in New York. He has also taught in universities across Europe, the United States, and Latin America. At his firm, estudio Herreros—together with his partner Jens Richter—he employs a global, multidisciplinary, and committed practice, combining professional, academic, and research activities. His work has been widely awarded, published, and exhibited nationally and internationally in multiple institutions, including three exhibitions at the Museum of Modern Art in New York and several Biennials in Venice, Istanbul, Latin America, and Spain.

Estudio Herreros's accomplishments in the art world include the Munchmuseet in Oslo, Colección SOLO in Madrid, and renovations of the MALBA in Buenos Aires and the Museo Nacional Centro de Arte Reina Sofía in Madrid. He has also designed artists' studios, such as Luis Gordillo's studio; art galleries, such as Carreras Múgica in Bilbao; and art fair installations, such as ARCO and Gabinete, each on two occasions. He is currently building a new center for creative experimentation for Colección SOLO in Madrid, a cultural district with a contemporary art museum in Guanajuato (Mexico), a space for a private contemporary art collection in Spain, and a new headquarters for MALBA in Argentina.

His most recent publications include the compilation of *Textos Críticos* (Ediciones Asimétricas) and the monographs titled *Práctica Crítica 2009-2019* and *Technology and Type* (TC and AV Monographs, respectively). Juan Herreros holds the International Fellowship Award of the Royal Institute of British Architects.

MARÍA VIRGINIA JAUA is a writer and editor. She has developed and collaborated on various editorial projects related to art, literature, and culture. She has been the editor of *Líneas de fuga*, the world literature and exile magazine by the Casa Refugio Citlaltépetl; *Estudios Visuales* magazine; and *salonKritik*, an online theory and criticism magazine.

She has collaborated with cultural institutions, as well as public and private universities across Latin America and Spain, including: the Museo Centro de Arte Dos de Mayo (CA2M), the Espai d'Art Contemporani de Castelló, the Fundación Jumex, the Fundación Cisneros, the Fundación Alumnos, the Instituto de Estudios Críticos, SOMA México, the Chopo University Museum, the Museo de Arte Contemporáneo de Castilla y León, the Leonora Carrington Museum, the University of Málaga, the Autonomous University of Mexico State, the Banco de la República de Colombia, the Centro de la Imagen de la Ciudad de México, and the Palace Virreina Centre de la Imatge de Barcelona. With other institutions, she has also curated exhibitions as well as led seminars, workshops, and lectures on image analysis, art history, the relationship between the voice, writing and image, as well as other topics related to a critical vision of contemporary symbolic production.

She works with various artists, and her work and reflections focus primarily on the interdisciplinary crossroads. She forms part of the working and research group, Writings on Modernity, at the Université Sorbonne Nouvelle in Paris, and since 2016, she has produced and directed *Campo de relámpagos* (www.campoderelampagos.org), a journal of criticism, analysis, and visual culture.

Her books include the novel-essay *Idea de la ceniza* (Periférica, 2015), *El cristal se venga: textos, artículos e iluminaciones de José Luis Brea* (Jumex-RM Verlag, 2014), *México: ensayo de un mito* (Colección Iberdrola, 2016), and *3_ERAS* (Editorial Metales Pesados and CA2M Museum, 2019). This last book is based on the script of Spanish theorist José Luis Brea and is accompanied by a film-essay which Jaua has adapted, directed, and created.

MARÍA DOLORES JIMÉNEZ-BLANCO is an art historian. Since 1998, she is Professor of Contemporary Art History in the Department of Art History of the Faculty of Geography and History at the Complutense University of Madrid. Her interest focuses primarily on 20th century art, and her research includes art and politics, collections and museums, and Juan Gris and Cubism. In 2017, she was appointed King Juan Carlos I Professor of Spanish Culture and Civilization at New York University. Since 2018, she is Director of the Department of Art History of the Faculty of Geography and History at the Complutense University of Madrid. She is a member of the Royal Board of Trustees of the Prado Museum since 2013, and a member of its Permanent Commission. She is also a member of the Technical Commission of the Centro Andaluz de Arte Contemporáneo. From 2020-2021, she was the appointed General Director of Fine Arts at the Spanish Ministry of Culture.

In addition to *Arte y estado en la España del siglo XX* (Alianza, 1989), her publications include *Juan Gris* (Electa, 2000); *Spanish Art in New York* (El Viso, Amigos de la Hispanic Society, 2004, co-author, with Cindy Mack); *Buscadores de belleza* (Ariel, 2007 and 2010, co-author, with Cindy Mack); *Julio González: La nueva escultura en hierro* (Fundación Mapfre, 2007); *Juan Gris. Correspondencia y escritos* (Acantilado, 2008); *El coleccionismo de arte en España. Una aproximación desde su historia y su contexto* (Fundación Arte y Mecenazgo, 2013); *Una historia del museo en nueve conceptos* (Cátedra, 2014). In 2016, the exhibition catalogue for *Campo cerrado. Arte y poder en la postguerra Española. 1939-1953,* which she curated at the Museo Nacional Centro de Arte Reina Sofía, was published. In 2018, she published *Antes, desde y después del cubismo: Picasso, Gris, Blanchard, Gargallo y González, y vuelta a Picasso* (La Balsa de la Medusa).

MANOLO LAGUILLO holds degrees in Philosophy and Germanic Philology (University of Barcelona, 1975) and is Professor of Photography at the Faculty of Fine Arts in Barcelona since 1996. Previously, he was Professor of Photography (1980-1989) and Professor of Aesthetics and Art Theory (1989-1996). From 1986-1992, he was Visiting Lecturer of Photography at the Hochschule für Bildende Künste (School of Fine Arts) in Braunschweig, Germany.

He has translated the writings of Walter Benjamin, Franz Hessel, and Siegfried Kracauer to Spanish. Since 2020, he is an elected member of the Royal Academy of Sciences and Arts of Barcelona.

He has lived and worked in Barcelona since 1972, and since 1977, this city has been the main subject of his photography. His main projects include: *Barcelona. Abril 2020* (2020), *Centrales nucleares* (2019-2020), *El Estrecho de Gibraltar* (2018-2019), *El Besòs* (2018), *Las provincias* (2014-2015), *Lavapiés, Madrid* (2014), *Proyecto Eixample* (2012-2013), *Sit Fast* (2012), and *Seis panoramas: Barcelona, Valencia y Palma de Mallorca* (2010).

His work was displayed in the Casa Sin Fin Gallery in Cáceres and Madrid, from 2013 until it closed in 2017.

His work has been exhibited in solo exhibitions at the MUN (Pamplona, 2021), La Virreina (Barcelona, 2020), Museo ICO (Madrid, 2013) and MACBA (Barcelona, 2007). He has also participated in group exhibitions at the Museo ICO (2021), CaixaForum (Barcelona and Madrid, 2019 and 2020), La Virreina (Barcelona, 2018 and 2016), Bombas Gens Centro de Arte (Valencia, 2018), MUSAC (León, 2017), MNCARS (2021, 2016 and 2015) and MACBA (2016 and 2008). His work forms part of key public and private collections across Spain.

ÁLVARO PERDICES is an artist. He lived and worked in Los Angeles for almost twenty years. After graduating with a Bachelor's in Fine Arts from the Complutense University of Madrid, he completed a Master's of Arts at California State University (CSU) and a Master's of Fine Arts at the University of California (UCLA). In 2011, he moved back to Spain and presented a extensive exhibitions of his work at the Espai d'Art Contemporani de Castelló (EACC) in Castellón and the Casa Sin Fin Gallery in Cáceres.

He was appointed Coordinator of Exhibitions at the Prado Museum in Madrid. His artistic work has been linked to many educational and cultural institutions. His professional career includes teaching in European and North American art schools as well as curating for various institutions including the Prado Museum, the Museum of Teruel, the Soledad Lorenzo, and the Los Angeles Center for Photographic Studies.

His work has been exhibited in solo exhibitions at La Casa Encendida (Madrid), Sin Duda Exhibitions (Los Angeles), Espacio Mínimo Gallery (Madrid), Marta Cervera Gallery (Madrid), and the Casa Sin Fin Gallery (Cáceres and Madrid). He has participated in group exhibitions at the Kathryn Brennan Gallery (Los Angeles), the Luggage Store Gallery (San Francisco), the Cervantes Institute (Miami), the Mohamed Mahmoud Kahlil Museum (Cairo), Unit 11 (Los Angeles), the Yerba Buena Center for the Arts (San Francisco), the Centro de Arte (Salamanca), the Fundación Marcelino Botín (Santander), the Círculo de Bellas Artes (Madrid), the Museo d'Arte Provincia (Nuoro), and the Giardino di Trieste (Trieste).

His latest video, *NEGRO y Luz*, was screened at the Prado Museum, the Bilbao Fine Arts Museum, and the National Gallery in London.

MANUEL SEGADE holds a degree in Art History from the University of Santiago de Compostela. His predoctoral research focused on the theatricality and allegorical linguistic structures in the sculpture of the eighties, through an analysis of the works of Juan Muñoz. Since 1998, he has worked on fragments of cultural history of aesthetic practices in the 19ᵗʰ century, as well as the production of a somatic and sexualized subjectivity, which he addresses in his essay, *Narciso fin de Diciembre* (Melusina, 2008).

In 2005 and 2006, he was appointed Content Coordinator of Metrònom: Fundació Rafael Tous d'Art Contemporani in Barcelona. Between 2007 and 2009 he was Curator of the Centro Gallego de Arte Contemporánea in Santiago de Compostela. In 2009, he resumed his work as an independent curator, executing projects at the Fundació Joan Miró (Barcelona), La Casa Encendida (Madrid), ARCO (Madrid), MUSAC (León), Centre d'Art La Panera (Lleida), and the Museo Centro de Arte Dos de Mayo (CA2M). He has also led international projects at the Pavillon Vendôme (France), the Kadist Art Foundation (France), Bienal de Cuenca (Ecuador), ArteBA (Argentina), and TENT (the Netherlands).

He has taught curatorial practices across various postgraduate and master's programs, including Honors in Curatorship at Michaelis University in Cape Town (South Africa) and the Independent Studies Program at MACBA. He is currently a tutor at the École du Magasin de Grenoble in France. In 2017, he curated the Spanish Pavilion at the Venice Biennale with a project by artist Jordi Colomer.

In his most recent projects, he aims to offer gestural approaches through curating as another mode of discursive distribution, pedagogy, and educational systems, focusing on curatorial activities alongside performance. He currently resides in Madrid, where he is Director of the Museo Centro de Arte Dos de Mayo.

ESPEJO Y REINO / ORNAMENTO Y ESTADO
ÁLVARO PERDICES
19 de febrero – 21 de agosto de 2022

Comisaria / Curator
María Virginia Jaua

Diseño de la instalación / Set up design
estudioHerreros
Juan Herreros, Jens Richter y Carlos Lozano

Impresiones y Montaje / Photo prints and installatation
Juan Luis López Espada y José Antonio Sotelo

Postproducción de vídeos / Video post-production
Edición y Producción / Edition and Production
VISOR AUDIOVISUAL S.L.

Composición original de audio /
Original audio composition
Alejandra Hernández

Prestadores / Lenders
Centro Penitenciario Ocaña I
Antonio García Frutos

Montaje e Iluminación / Installation and Lighting
Intervento S.L.

Transporte / Shipment
InteArt, S.L.

Seguros / Insurance
Aon Iberia Correduría de Seguros y Reaseguros

Con la colaboración del / With the collaboration of
Museo Nacional del Prado

Con la colaboración de / With the collaboration of
Instituciones penitenciarias y el Centro Penitenciario Ocaña I

ESPEJO Y REINO / ORNAMENTO Y ESTADO
ÁLVARO PERDICES 2022
Primera edición / First Edition

Producción / Production
Museo Centro de Arte Dos de Mayo

Editor
María Virginia Jaua

© *Textos / Texts*
Juan Herreros
María Virginia Jaua
María Dolores Jiménez-Blanco
Álvaro Perdices
Manuel Segade

© *Imágenes / Images*
Álvaro Perdices
Museo del Ejército
Manolo Laguillo

Traducción / Translator
Claudia Schafer

Corrección / Copy editor
Isabel García Viejo
Copy Write by Ava

Diseño / Design
This Side Up

Impresión / Printed
BOCM

Fotomecánica / Prepress
La Troupe

Distribuido por / Distributed by TURNER
www.turnerlibros.com

España / Spain
Machado Grupo de Distribución
machadolibros@machadolibros.com

Latinoamérica / Latin America
Océano
info@oceano.com
www.oceano.com

Estados Unidos y Canadá por / United States and Canada
DAP
orders@dapinc.com
www.artbook.com

Europa / Europe
ACC
sales@antique-acc.com
www.accdistribution.com/uk

Este libro ha sido publicado con motivo de la exposición
Espejo y Reino / Ornamento y Estado en el Museo Centro de
Arte Dos de Mayo, entre el 19 de febrero y el 21 de agosto
de 2022. / This book has been published on the occasion of
the exhibition *Espejo y Reino / Ornamento y Estado* at the
Museo Centro de Arte Dos de Mayo, from February 19 to
August 21, 2022.

Todos los derechos reservados. © 2021 el artista, la
comisaria, las autoras, los autores, Turner y el Museo CA2M
/ All rights reserved © 2021 the artist, the curator, the
authors, Turner and Museum Centro de Arte Dos de Mayo

ISBN Turner: 978-84-18895-47-0
ISBN Museo CA2M: 978-84-451-3967-7
DL M-2768-2022

Museo CA2M
Av. Constitución 23
28931 Móstoles, Madrid
Tel.+ 34 912760219
www.ca2m.org

Álvaro y María Virginia desean expresar un agradecimiento muy especial a las siguientes personas / Álvaro and María Virginia would like to express their sincere gratitude to the following people:

Manuel Segade
Miguel Falomir
María Dolores Jiménez-Blanco
Juan Herreros
Jens Richter
Carlos Lozano
Manolo Laguillo
Juan Luis López Espada
José Antonio Sotelo
Bruno Lara
Cecilia Gandarias
Claudia Schafer
Robert Lubar
Victor Cid
Carmen Velasco
Zoraida Estepa
Elsa López
Milagros González
Javier Nistal
Cecilio Ortiz
Pilar Navazo
Salvador Nadales
Marta Hernández
José Manuel Matilla
Marta Rincón
Alejandra Hernández
Esperanza Montero
Antonio García Frutos
Gustavo Portela
María García Carballo
Gustavo Aceves

y al equipo del Museo CA2M / and to the CA2M Museum's team

Tania Pardo
Gemma Bayón
Marta Martínez Barrera
e Ignacio Macua

A la memoria del querido Julián Rodríguez Marcos por haber hilvanado tan finamente las cosas y a la Galería Casa Sin Fin en donde se produjeron nuestros primeros encuentros. / In memory of our beloved Julián Rodríguez Marcos for having interwoven things so finely, and the Casa Sin Fin Gallery where our first meetings took place.